Ganz Brandenburg
76 Ausflüge in die Mark

Inhalt

Highlights	Seite 4
Fahrinfo	Seite 6
Vorwort	Seite 7
Register	Seite 214
Impressum	Seite 216

NORDOSTEN

Tour 1	Wandlitz	▸ Seite 10
Tour 2	Groß Schönebeck	▸ Seite 12
Tour 3	Pinnowseen	▸ Seite 14
Tour 4	Eberswalde	▸ Seite 16
Tour 5	Niederfinow	▸ Seite 18
Tour 6	Kloster Chorin	▸ Seite 20
Tour 7	Brodowin	▸ Seite 22
Tour 8	Joachimsthal	▸ Seite 24
Tour 9	Templin	▸ Seite 26
Tour 10	Lychen	▸ Seite 28
Tour 11	Angermünde	▸ Seite 32
Tour 12	Schorfheide	▸ Seite 34
Tour 13	Stolpe	▸ Seite 36
Tour 14	Schwedt	▸ Seite 40
Tour 15	Prenzlau	▸ Seite 42
Tour 16	Bad Freienwalde	▸ Seite 46
Tour 17	Altranft	▸ Seite 48
Tour 18	Buckow	▸ Seite 50
Tour 19	Neuhardenberg	▸ Seite 54
Tour 20	Oderbruchbahn-Radweg	▸ Seite 58
Tour 21	Seelow	▸ Seite 62
Tour 22	Golzow	▸ Seite 64
Tour 23	Letschin	▸ Seite 66
Tour 24	Oderbruch	▸ Seite 68
Tour 25	Küstrin	▸ Seite 72
Tour 26	Oder-Neiße-Radweg	▸ Seite 74

SÜDOSTEN

Tour 27	Tropical Islands	▸ Seite 80
Tour 28	Bad Saarow	▸ Seite 82
Tour 29	Storkow	▸ Seite 84
Tour 30	Frankfurt (Oder)	▸ Seite 86
Tour 31	Beeskow	▸ Seite 88
Tour 32	Schlaubetal	▸ Seite 90
Tour 33	Eisenhüttenstadt	▸ Seite 92
Tour 34	Neuzelle	▸ Seite 94
Tour 35	Lübben	▸ Seite 96

Tour 36	Lübbenau ▸ Seite 100
Tour 37	Raddusch ▸ Seite 104
Tour 38	Cottbus ▸ Seite 106
Tour 39	Luckau ▸ Seite 110
Tour 40	Altdöbern ▸ Seite 112
Tour 41	Senftenberg ▸ Seite 114
Tour 42	Finsterwalde ▸ Seite 116
Tour 43	Förderbrücke F60 ▸ Seite 118

SÜDWESTEN

Tour 44	Wünsdorf ▸ Seite 122
Tour 45	Baruth & Glashütte ▸ Seite 124
Tour 46	Fläming-Skate ▸ Seite 128
Tour 47	Jüterbog ▸ Seite 132
Tour 48	Kloster Zinna ▸ Seite 134
Tour 49	Jüterbog – Uckro ▸ Seite 136
Tour 50	Blankensee ▸ Seite 138
Tour 51	Beelitz Heilstätten ▸ Seite 142
Tour 52	Beelitz ▸ Seite 144
Tour 53	Bad Belzig ▸ Seite 146
Tour 54	Burg Rabenstein ▸ Seite 148
Tour 55	Potsdam ▸ Seite 150
Tour 56	Sanssouci ▸ Seite 154
Tour 57	Werder ▸ Seite 156
Tour 58	Lehnin ▸ Seite 160
Tour 59	Brandenburg an der Havel ▸ Seite 162
Tour 60	Rathenow – Premnitz ▸ Seite 170
Tour 61	Rathenow ▸ Seite 174
Tour 62	Nauen ▸ Seite 176
Tour 63	Ribbeck ▸ Seite 178
Tour 64	Stölln ▸ Seite 180
Tour 65	Havelberg ▸ Seite 184

NORDWESTEN

Tour 66	Bad Wilsnack ▸ Seite 188
Tour 67	Wittenberge ▸ Seite 190
Tour 68	Wittstock ▸ Seite 194
Tour 69	Heiligengrabe ▸ Seite 196
Tour 70	Fontanestadt Neuruppin ▸ Seite 198
Tour 71	Ruppiner Schweiz ▸ Seite 200
Tour 72	Rheinsberg ▸ Seite 202
Tour 73	Gransee ▸ Seite 206
Tour 74	Zehdenick ▸ Seite 208
Tour 75	Fürstenberg/Havel ▸ Seite 210
Tour 76	Stechlin ▸ Seite 212

HIGHLIGHTS IN

SCHIFFSHEBEWERK
▸ Seite 18

Hier werden tonnenschwere Schiffe mitsamt dem sie umgebenden Wasser in einen gigantischen Aufzug geladen – ein spektakuläres Schauspiel am Übergang vom Barnim zum Oderbruch.

SCHORFHEIDE
▸ Seite 34

Das Biosphärenreservat Schorfheide ist eines der größten und schönsten Naturschutzgebiete Deutschlands. Bei einer Radtour von Angermünde nach Joachimsthal erlebt man es hautnah.

NEUHARDENBERG
▸ Seite 54

Ein strahlend weißes Schloss samt Schlosspark und Nebengebäuden mitten in einem brandenburgischen Dorf – Neuhardenberg ist ein Kulturort vom Feinsten.

LÜBBENAU
▸ Seite 100

Wo der Spreewald am ursprünglichsten ist – rund um Lübbenau gleitet man mit dem Kahn durch das Labyrinth der Spreearme.

BRANDENBURG

BEELITZ-HEILSTÄTTEN
▶ Seite 142

Baumwipfel und malerische Ruinen aus 24 Metern Höhe bewundern – der Baumkronenpfad über den ehemaligen Beelitzer Heilstätten bietet spektakuläre Aussichten auf ein verwunschenes Gelände.

SANSSOUCI
▶ Seite 154

Park Sanssouci ist der wahr gewordene Traum preußischer Könige: ein Gesamtkunstwerk aus Schlössern, Parks, Pavillons und Gärten.

RHEINSBERG
▶ Seite 202

Das anmutige Schloss inmitten der wundervollen Seenlandschaft inspirierte Prinzen und Künstler.

STECHLIN
▶ Seite 212

Tief im Wald versteckt liegt der geheimnisumwobenste See Brandenburgs. Der Große Stechlinsee ist bis zu 70 Meter tief und hat glasklares Wasser.

FAHRINFO

Tipps und Tickets

Die Bahn eignet sich gut für Ausflüge nach Brandenburg: Ein relativ dichtes Netz von Regionalexpresszügen und Regionalbahnen durchzieht das Land. Die **Wahl des richtigen Fahrscheins** will allerdings überlegt sein:
Für Tagestouren in das nähere Umland Berlins sind in der Regel Einzelfahrscheine oder Tagestickets des VBB die günstigste Variante. Wer eine BahnCard hat, erhält seine Fahrkarte zum ermäßigten Preis.
Bei weiter entfernten Fahrzielen in Brandenburg sowie bei mehreren Mitreisenden kann das Brandenburg-Berlin-Ticket der Deutschen Bahn interessant sein.

Fahrkarten und Informationen

Verkehrsverbund Berlin-Brandenburg (VBB)
Tel. (0 30) 25 41 41 41
www.vbb.de

Ansprechpartner Regionalverkehr bei der Deutschen Bahn:
Tel. (03 31) 2 35 68 81/82

Einheitliche Service-Nummer der Deutschen Bahn:
Tel. (01 80) 5 99 66 33
www.bahn.de

Spezial-Tickets der Deutschen Bahn

Brandenburg-Berlin-Ticket: Gilt an einem Werktag (Mo-Fr) von 9 Uhr bis 3 Uhr des Folgetages sowie samstags, sonntags und feiertags schon ab 0 Uhr. Es schließt die Beförderung von bis zu 5 Personen (oder von 2 Erwachsenen mit beliebig vielen eigenen Kindern/Enkeln unter 15 Jahren) in Berlin und Brandenburg ein. Über die Landesgrenzen hinaus gilt es bis Dessau, Hoyerswerda, Kostrzyn, Neubrandenburg, Lutherstadt Wittenberg, Szczecin, Ueckermünde, Jatznik, Mirow und Waren (Müritz).

Preis: 29 € am Fahrkartenautomaten oder im Internet, 31 € am Schalter.

Brandenburg-Berlin-Ticket Nacht: Gilt an allen Tagen der Woche von 18–6 Uhr des Folgetages und bietet darüberhinaus die gleichen Leistungen wie das Berlin-Brandenburg-Ticket.

Preis: 22 € am Fahrkartenautomaten oder im Internet, 24 € am Schalter.

Rad und Bahn

Fahrräder können im Bahn-Regionalverkehr, in S- und U-Bahnen sowie in Straßenbahnen mitgenommen werden, sofern es der Platz erlaubt. Für jedes mitgenommene Fahrrad benötigt man eine Fahrradkarte. Eine **Fahrradtageskarte** kostet pro Tag und Rad für das VBB-Gesamtnetz 6 €. Wer vier oder mehr Ausflüge innerhalb von 4 Wochen unternimmt, für den lohnt sich eine **Fahrradmonatskarte** zum Preis von 22 € (auch als „gleitende" Monatskarte erhältlich).

Radfahrer-Hotline der Deutschen Bahn
Tel. (01 80) 6 99 66 33

Stand der Fahrpreise: Januar 2018

Hinweis zu den Fahrzeiten

Wenn im Anfahrtskasten der Touren **Berlin Stadtbahn** als Abfahrtsort steht, fahren die Züge von den Bahnhöfen Berlin Charlottenburg, Berlin Zoologischer Garten, Berlin Friedrichstraße, Berlin Hauptbahnhof, Berlin Alexanderplatz, Berlin Ostbahnhof (außer RE 2) und Berlin Ostkreuz ab.

Als Fahrzeit ab Berlin zum Zielbahnhof ist dann immer die Fahrzeit ab Berlin Hauptbahnhof angegeben.

VORWORT

Liebe Leserinnen und Leser,

in Brandenburg kann man in wunderbaren Seen baden, durch Wald und Wiesen wandern oder Rad fahren, alte Städte und idyllische Dörfer durchstreifen, Burgen, Schlösser, Parks und Gärten besichtigen.

Oder sich in Spaßbädern und Wellnesstempeln tummeln, Golf spielen, Museumsdörfer besuchen, technische Denkmale bestaunen, Tiere erleben, auf Flüssen paddeln, regionale Küche genießen und, und, und ...

Mit diesem Ausflugsführer möchten wir Sie einladen, das ganze Land mit seinen zahlreichen Erlebnismöglichkeiten zu entdecken. Bei unseren 76 Tourenvorschlägen ist für jeden etwas dabei, egal ob Sie nun einen Ausflug oder einen kurzen oder längeren Urlaub planen.

Damit Sie von Anfang an stressfrei auf Tour gehen können, finden Sie immer auch die Bahnanbindung zu jedem Reiseziel.

Für die vorliegende zehnte Auflage dieses Ausflugsführers haben wir wieder alle Touren gründlich überprüft, dem neuesten Stand angepasst und viele neue Tipps hinzugefügt.

Autoren und Verlag wünschen Ihnen viel Spaß beim Entdecken von ganz Brandenburg!

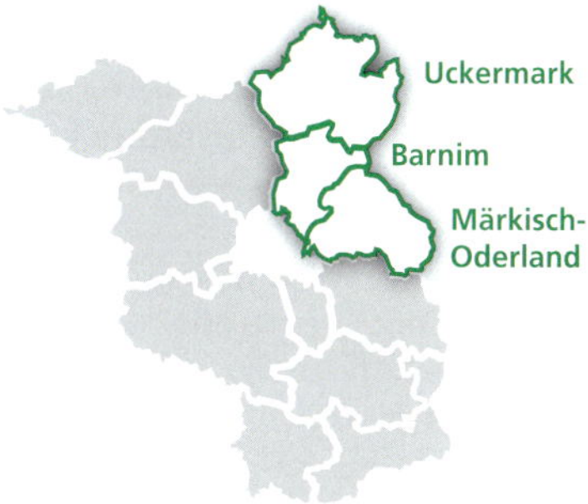

Nord-osten

- Uckermark
- Barnim
- Märkisch-Oderland

TOUR 1

- Klosterfelde
- Wandlitzsee
- Wandlitz
- Basdorf
- Schönwalde (Barnim)

An- & Rückfahrt
RB 27 stündlich ab Berlin-Karow nach Wandlitz (ca. 20 Min.)

(Rad-) Wanderung
Wandlitz – Wandlitzsee – Ützdorf – Waldsiedlung – Wandlitz

Länge
10 km
(bis Bernau 18 km)

Wandlitz

Seen satt

Wandlitz und seine Umgebung gehören zu den schönsten Naherholungsgebieten im Berliner Umland. Wunderschöne Badeseen, tiefe Buchenwälder und märkische Geschichte kann man hier erleben.

Beginnen sollte man eine Wandlitztour zunächst mit einem Spaziergang durch das alte Dorf **Wandlitz**. Der Siedlungsname Wandlitz kommt ursprünglich aus dem Slawischen und bedeutet „Menschen, die am Wasser leben". Von diesem nassen Element gibt es wahrlich genug und in schönster Form rund um Wandlitz.

Das zog vermutlich auch die ersten slawischen Bewohner hierher. Die lebten von 600 bis 1200 n. Chr. am Ufer des Sees. Deutsche Siedler errichteten im 13. Jahrhundert die ersten Gebäude. Bis heute hat sich das Dorf Wandlitz viel von seinem bäuerlichen Charakter bewahrt. Dazu gehören nicht nur der Dorfanger und die Dorfkirche, die ihren Ursprung im 13. Jahrhundert haben, sondern auch das **Barnim Panorama** im historischen Ortskern. Ein Rundgang durch die 2 000 Quadratmeter große Ausstellung vermittelt Wissenswertes aus der Regionalgeschichte der letzten 200 Jahre.

In Sichtweite des gleichnamigen Sees geht es weiter zum Ortsteil **Wandlitzsee**. Hier ändert sich das Bild: Am Nordufer des großen Gewässers bauten wohlhabende Berliner seit Beginn des 20. Jhs. Villen und Landhäuser. Dank der 1901 eröffneten Bahnverbindung mit der „Heidekrautbahn" strömte auch das Volk in großen Scharen hierher. 1926 wurde das große Seebad (heute Strandbad Wandlitzsee) eröffnet, unmittelbar gegenüber des Bahnhofs Wandlitzsee, der ebenfalls damals entstand. Heute ist der Wandlitzsee auch ein beliebter Treffpunkt für Surfer.

Unsere Tour führt nun in östlicher Richtung weiter. Zunächst überqueren wir die Bahngleise, indem wir dem Weg zur Villenkolonie „Heilige Drei Pfühle" folgen – Schilder weisen in Richtung Ützdorf und **Liepnitzsee**. Nach ca. 2 Ki-

Barnim Panorama
Naturparkzentrum und Agrarmuseum mit sehenswerten Ausstellungen zu Natur und Landschaft.
Breitscheidtstraße 8–9
16348 Wandlitz
Tel. (03 33 97) 68 19 20
www.barnim-panorama.de

lometern, jetzt schon mitten im Buchenwald, schimmert die glitzernde Fläche des Liepnitzsees durch das Gehölz. Das glasklare Gewässer bietet an vielen Stellen Gelegenheit zu einem Sprung ins kühle Nass. Dies wissen auch viele Berliner zu schätzen – an den Sommerwochenenden kann es an den schönsten Sandstrandabschnitten schon recht voll werden. Mitten im Liepnitzsee liegt die Insel Großer Werder. Vom großen Parkplatz am Nordufer verkehrt eine Fähre dorthin – und weiter zum weniger belebten Südufer des Gewässers. Wer den See zu Fuß umrundet, kann im winzigen Weiler **Ützdorf** einkehren. Dort sind rustikale Lokale auf Gäste eingestellt.

Hat man nun das Südufer des Liepnitzsees mit der Fähre oder zu Fuß ereicht und weiter den See fast ganz umrundet, bietet sich noch Gelegenheit für einen Abstecher in die **Waldsiedlung** (Richtung Bernau, dann den Wegweisern zur Brandenburg-Klinik folgend, ca. 1 Kilometer). Hier wohnte bis 1989 streng abgeschirmt und hinter hohen Zäunen die Politprominenz der DDR. Die Einfamilienhäuser mit je zwei Etagen wirken heute eher bieder denn luxuriös. Die DDR-Führung hatte sich mitten im Wald ein kleines Komfort-Ghetto geschaffen, mit eigenem Laden und Versorgungseinrichtungen aller Art. Heute hat sich auf dem weitläufigen Gelände die private Brandenburg-Klinik eingerichtet. Man kann die Häuser von Honecker & Co. aber von außen besichtigen.

Wer mit dem Fahrrad unterwegs ist, kann vom Liepnitzsee aus den gut ausgebauten Radweg zum 10 Kilometer entfernten S-Bahnhof Bernau nehmen. Ansonsten empfiehlt sich ab Liepnitzsee der Waldweg zurück zum Regional-Bahnhof Wandlitz (knapp 2 Kilometer).

Strandbad Wandlitzsee
Großzügiges Strandbad unter alten Bäumen, zum historischen Ensemble gehört ein Restaurant mit Seeblick. Gleich gegenüber vom Bahnhof Wandlitzsee.
Mai–Mitte Sep.
tgl. 10–19 Uhr
(Juli/Aug. 9–20 Uhr)

Jägerheim Ützdorf
Wildspezialitäten, frische Fischgerichte und mehr.
Wandlitzer Straße 12
16348 Lanke-Ützdorf
Tel. (03 33 97) 75 30
www.jaegerheim-uetzdorf.de
Tgl. ab 11.30 Uhr

TOUR 2

An- & Rückfahrt
RB 27 alle 2 Stunden ab Berlin-Karow nach Groß Schönebeck (ca. 40 Min.)

Radtour
Groß Schönebeck – Eichhorst – Werbellinsee – Altenhof & zurück

Länge
32 km hin & zurück

Groß Schönebeck

Wildpark und Werbellin

„Tor zur Schorfheide" nennt sich Groß Schönebeck. Denn gleich östlich des Städtchens beginnt die gleichnamige Wald- und Heidelandschaft. Einst Jagdrevier, ist die Schorfheide heute eines der größten Naturschutzgebiete Deutschlands.

Wer mit der Heidekrautbahn aus Berlin in **Groß Schönebeck** ankommt, den empfängt erst einmal viel Ruhe – und etwas Ratlosigkeit: Wo geht es zum Ortszentrum, wo beginnen Wanderwege? Doch bald ist der Weg zur Hauptstraße gefunden und dort sorgen Wegweiser für Orientierung.

Folgt man den Wegweisern zum Schloss, steht man bald vor dem hübschen **Jagdschloss** im alten Ortskern. Seine Ursprünge gehen ins 13. Jahrhundert zurück, die heutige Anlage entstand im frühen 18. Jahrhundert. Das zweistöckige Gebäude mit dem markanten Walmdach diente den Hohenzollern bis 1846 als Jagdschloss. Danach verlor es durch den Bau von Schloss Hubertusstock am Werbellinsee seine Bedeutung und wurde nur noch als Forsthaus genutzt. Heute ist hier das **Schorfheide-Museum** untergebracht.

Größte Attraktion von Groß Schönebeck ist der **Wildpark Schorfheide**. Dieser liegt am nördlichen Ortsrand. Hier kann man Tieren begegnen, die es sonst nicht in unseren Breiten gibt, wie Elchen und Wisenten. Auch selten gewordene heimische Haustiere wie Wollschweine und Kleinpferde können bestaunt werden. Außerdem tummeln sich in dem weitläufigen Gehege Hirsche, Wölfe und weitere Waldbewohner.

Der Wildpark liegt schon im ausgedehnten Waldgebiet der **Schorfheide**. Die Schorfheide war über Jahrhunderte hinweg das bevorzugte Jagdrevier brandenburgisch-preußischer Fürsten, Nazigrößen und schließlich auch der DDR-Führungsriege. Die erklärte sogar Teile der Schorfheide zum „Staatsjagdgebiet".

Die Abschirmung des Gebietes mit Zäunen und Gittern hatte auch ihr Gutes, jedenfalls für

Schorfheide-Museum (im Jagdschloss)
Ausstellungen zur Schorfheide und zur Jagd im Kaiserreich.
Tel. (03 33 93) 6 52 72
www.schorfheide-museum.de
Tgl. 10–16 Uhr

die Natur – seltene Tier- und Pflanzenarten konnten hier ungestört überleben. 1990 schließlich ergriffen Naturschützer die Gunst der Stunde: Große Teile der Schorfheide wurden zum Biosphärenreservat erklärt, um die Vielfalt der Pflanzen- und Tierwelt zu erhalten (▸ Seite 34).

Wer die Ausdehnung der Schorfheide erahnen will, dem sei eine Radtour empfohlen. Eine schöne Route führt nach Altenhof am Werbellinsee. Der Weg dorthin beginnt im Ortszentrum von Groß Schönebeck, an der Kreuzung Berliner Straße/Rosenbeckstraße. Von dort verlässt man über die Rosenbeckstraße den Ort. Wo die Teerstraße endet, weist ein Schild links Richtung **Eichhorst**, das man nach einer halben Stunde über gut befahrbare Waldwege erreicht.

Von Eichhorst, einer wenig spektakulären Ansiedlung von Datschen und Imbissen, führt ein Asphaltweg am Werbellinkanal entlang (linkes Ufer) durch den Wald Richtung Werbellinsee. Bevor der erreicht ist, wechselt man über eine Brücke auf die andere Seite des Kanals, und weiter geht's über einen Waldweg. Der **Werbellinsee** ist jetzt schon in Sichtweite. Bald ist der „Süße Winkel" erreicht: Hier kann man im gleichnamigen Gasthaus eine Rast einlegen und dabei die wunderbare Aussicht auf den Werbellinsee genießen.

Weiter führt der Weg am See entlang, vorbei an einem Campingplatz mit Badestelle und Kiosk bis nach **Altenhof** (▸ Seite 25).

via Tipp

Wildpark Schorfheide
In den großzügig angelegten Gehegen sind Großwildtiere und sehr seltene ursprüngliche Haustierrassen zu erleben.
Prenzlauer Straße 16
16244 Groß Schönebeck
Tel. (03 33 93) 6 58 55
www.wildpark-schorfheide.de
Tgl. 9–17 Uhr
7 € / 4,50 €

Kletterpark Schorfheide
7 Kletterparcours in unterschiedlichsten Schwierigkeitsgraden für Anfänger und Profis. Direkt am Wildpark.
Tel. (03 338) 33 08 41
www.kletterwald-schorfheide.de
Apr.–Okt. (genaue Öffnungszeiten siehe Website)
Ab 16 € / 13 € / 10 €

TOUR 3

Groß Schönebeck (Schorfheide) 🚉

RB27
- Klandorf 🚉
- Golzo
- Ruhlsdorf-Zerpenschleuse
- Lottschesee 🚉   🏛 Ebe

An- & Rückfahrt
RB 27 alle 2 Stunden ab Berlin-Karow nach Groß Schönebeck (ca. 40 Min.)

(Rad-) Wanderung
durch die Schorfheide zum Kleinen und Großen Pinnowsee

Länge
15 km hin & zurück

Pinnowseen

Silke besuchen

Mit der Heidekrautbahn gelangt man an den Rand des Biosphärenreservats Schorfheide-Chorin und somit zum Ausgangspunkt eines außergewöhnlichen Tagesausflugs. Denn in dem ausgedehnten Waldgebiet begegnet man eher einem Waldgeist als einem Menschen.

Die anspruchsvolle Wanderung durch die Schorfheide setzt ein gutes Schuhwerk oder ein geländetaugliches Fahrrad voraus. Vom Bahnhof **Groß Schönebeck** geht es zunächst geradeaus bis zur Rosenbecker Straße. In die biegt man rechts ein und durchquert die Stadt auf der Berliner und Prenzlauer Straße bis zur Alten Joachimsthaler Straße. Hier zweigt die Alte Triftstraße ab, in die Besucher des **Wildparks** (▸ Seite 12) links einbiegen müssen. Unser Weg führt auf der Alten Joachimsthaler Straße weiter und bald auf Kopfsteinpflaster, später Betonplattenweg in das Naturschutzgebiet. Mit fast 65 000 Hektar Fläche bietet es einen Lebensraum für selten gewordene Tierarten wie Biber, Seeadler und Störche. Auch das Heulen von Wölfen begleitet den Wanderer auf seiner Tour; diese leben aber im angrenzenden Wildpark.

Am Schild, das zur Naturwacht Brandenburg weist, biegt man in einen Waldweg ein, um gleich darauf den Pfad links einzuschlagen. Bald gelangt man an ein Fachwerkhaus, das **Wärterhaus Wildfang**. Schon im Mittelalter war die Schorfheide ein beliebtes Jagdrevier der markgräflichen und kurfürstlichen Herrscher. Die folgenden Könige und Kaiser sowie die Größen der Weimarer Republik

fanden ebenfalls Gefallen an der Trophäenjagd. Mit Zäunen und Wärterschlössern markierten sie ihr Gebiet. Das Wärterhaus gehörte zu einem Elchgehege, das Hermann Göring als Reichsforst- und Reichsjägermeister der Nationalsozialisten 1933 an den Pinnowseen anlegen ließ. Später nutzte es Erich Honecker als Jagdsitz. Weiter geht es rechts in einer halbrunden Kehre am Zaun des Wärterhauses entlang. Eine gelbe Eule gibt den Hinweis zum linker Hand gelegenen Weg, der zum **Kleinen und Großen Pinnowsee** führt. Am Graben, der vor einigen Jahren noch Wasser führte, findet man den Zugang zur Badestelle am Großen Pinnowsee. In den 1980er-Jahren fuhren hier sogar Kähne, was heute wegen des sinkenden Grundwasserspiegels nicht mehr möglich ist. Genug Wasser für ein Bad enthält der Große Pinnowsee aber allemal noch.

Nach der Erfrischung steht nun der Besuch der **Buche Silke** an. Dazu geht es den Weg weiter zwischen den Seen bis zur nächsten Weggabelung. Dort links und gleich darauf rechts abbiegend, folgt man dem leicht ansteigenden Weg bis man auf der rechten Seite die etwa 300 Jahre alte Rotbuche erblickt. Die Namensgeberin soll die Frau eines Försters gewesen sein, der ihr den Baum zu ihrem 30. Geburtstag schenkte. Mit einer Höhe von etwa 30 Metern und einem Stammumfang von 6,40 Metern bietet sie einen beeindruckenden Anblick.

Wer mit dem Rückweg sein Tagespensum erfüllt sieht, geht auf gleichem Weg zurück zum Bahnhof. Unerschöpfliche können noch einen Umweg durch das Sumpfgebiet **Meelake** anhängen. Das 45 Hektar große Schilf- und Moorgebiet entstand als Verlandungsmoor des Großen Pinnowsees. Nach dem Abschied von Silke geht es dazu erst einmal zurück zum Seenweg; hier biegt man links ab, um so in südlicher Richtung das Sumpfgebiet zu erreichen. Bei Abzweigungen hält man sich rechts auf eindeutigem Weg und gelangt so in einem großen Bogen wieder zum Wärterhaus Wildfang. Von dort geht es zurück auf bekannter Strecke.

Schorfheider Landtheke
Kleiner Laden mit regionalen sowie Naturkost- und Bio-Produkten.
Rosenbecker Straße 13
16244 Groß Schönebeck
Tel. (01 60) 90 26 09 86
Di/Mi 10–17 Uhr,
Do/Fr 10–18 Uhr,
Sa 9–14 Uhr

TOUR 4

An- & Rückfahrt
RE 3 stündlich ab Berlin Hbf
RB 24 stündlich ab Berlin-Ostkreuz nach Eberswalde
(ca. 50 Min.)

Stadtspaziergang
Familiengarten
Zoologischer Garten
Forstbotanischer Garten

Familiengarten
Park mit Märchenspiellandschaft und weiteren Attraktionen auf dem ehemaligen LaGa-Gelände.
Am alten Walzwerk 1
16227 Eberswalde
Tel. (0 33 34) 38 49 10
www.familiengarten-eberswalde.de
Apr.–Okt. tgl. 10–18 Uhr
🚌 861/862

Zoologischer Garten
Löwen, Affen und andere Tiere in einer Mischwaldlandschaft.
Am Wasserfall
16225 Eberswalde
Tel. (0 33 34) 2 27 33
www.zoo.eberswalde.de
Tgl. von 9 Uhr bis zum Einbruch der Dunkelheit
10 € / 5 € / 5 €
🚌 865

Eberswalde

Lustwandeln am Kanal

Eberswalde, die ehemalige Industriestadt am Finowkanal, hat sich rasant verändert: Wo früher Stahl und Maschinen produziert wurden, ist heute eine Parklandschaft entstanden.

Als Anfang des 17. Jahrhunderts der **Finowkanal** fertiggestellt wurde, war er die erste schiffbare Verbindung zwischen Havel und Oder. Das Städtchen **Eberswalde** lag damit an einer der wichtigsten Wasserstraßen Brandenburgs. Der Finowkanal und der 1914 in Betrieb genommene Oder-Havel-Kanal bildeten die Grundlage für die industrielle Entwicklung der Region: Stahl-, Messing-, Walz- und Eisenwerke entstanden in der 10 Kilometer langen Senke des Eberswalder Urstromtals.

Heute sind die meisten der alten Fabriken der 40 000-Einwohner-Stadt stillgelegt. Eberswalde musste sich neu orientieren und setzte dabei unter anderem auf seine grünen Ressourcen und seine reizvolle Umgebung. Dem alten Finowkanal kommt dabei eine zentrale Rolle zu: Statt Lastkähne zieht der malerisch in die Landschaft eingebettete Wasserweg mit seinen grünen Ufern heute Wassersportler, Radwanderer und Spaziergänger an. Mit dem Fahrrad oder zu Fuß kann man auf dem wieder hergestellten alten **Treidelweg** dem 30 Kilometer langen Kanal folgen. Früher wurde dieser Weg zum Ziehen von Schiffen, dem Treideln, genutzt.

Am Finowkanal liegt auch der **Familiengarten:** Auf dem Gelände der Landesgartenschau 2002 ist eine echte Abenteuerlandschaft entstanden. So kann man unterirdische Kanäle mit einem Tretboot erkunden, die 28 Meter hohe Ausflugsplattform eines Krans erklimmen oder sich von einer Riesenrutsche in die Tiefe gleiten lassen. Weitere Attraktionen sind eine Märchenlandschaft und eine Riesenmurmelbahn. Zu erreichen ist der Familiengarten vom Bahnhof aus mit einer weiteren Besonderheit Eberswaldes, nämlich mit dem elektrisch betriebenen O-Bus.

Interessant für Kinder und Erwachsene ist auch der **Eberswalder Zoo.** Hier leben in einer 24 Hektar großen Mischwaldlandschaft 120 verschiedene Tierarten. Nicht weit davon entfernt liegt der 1830 gegründete, sehenswerte **Forstbotanische Garten,** der einheimische und exotische Gehölze beherbergt.

Auch ein Abstecher ins Stadtzentrum von Eberswalde lohnt sich: Hier sind der **Marktplatz** mit dem Rathaus und dem Löwenbrunnen und die imposante Kirche St. Maria Magdalena sehenswert. Die gotische Backsteinkirche enthält einen Schnitzaltar von 1606 und ein bronzenes Taufbecken aus dem 13. Jahrhundert. In der **Adler-Apotheke,** dem ältesten Fachwerkhaus der Stadt, befindet sich neben der Tourist-Information auch das Stadt- und Regionalmuseum mit einer vollständigen Nachbildung des Eberswalder Goldschatzes, dem bedeutendsten mitteleuropäischen Goldfund aus der Bronzezeit (900 v. Chr.). Rund um die Adler-Apotheke befindet sich außerdem das kleine **Altstadtquartier** Eberswaldes mit Gastronomie und Läden.

Forstbotanischer Garten
Am Zainhammer 5
16225 Eberswalde
Tel. (0 33 34) 65 74 76
Tgl. von 9 Uhr bis zum Einbruch der Dunkelheit
Eintritt frei
BUS 865

Stadt- und Regionalmuseum
Steinstraße 3
16225 Eberswalde
Tel. (0 33 34) 6 44 25
www.museum-eberswalde.de
Di–Fr 10–13 und 14–17, Sa 10–13, So 13–17 Uhr

Familiengarten Eberswalde: In den rotbraunen Würfeln am Gerippe einer alten Werkhalle versteckt sich eine Rutsche

TOUR 5

Anfahrt
RE 3 stündlich ab Berlin Hbf
RB 24 stündlich ab Berlin-Ostkreuz nach Eberswalde
(ca. 50 Min.)

(Rad-) Wanderung
Eberswalde –
Ragöser Schleuse –
Stecherschleuse –
Niederfinow –
Schiffshebewerk

Länge
9 km

Rückfahrt
BUS 916 vom Schiffshebewerk nach Eberswalde oder vom Bhf Niederfinow (2 km vom Schiffshebewerk) alle 1–2 Stunden mit RB 60 nach Eberswalde

Niederfinow

Wo Schiffe Fahrstuhl fahren

Tonnenschwere Schiffe mitsamt dem sie umgebenden Wasser werden in einen gigantischen Aufzug geladen. Dann geht es 36 Meter herunter von den Hängen des Barnim ins Oderbruch, oder umgekehrt von der Ebene auf die Anhöhe. Dieses spektakuläre Schauspiel kann man im Schiffshebewerk Niederfinow live erleben.

Wer die Besichtigung des technischen Denkmals mit einer Wanderung oder Radtour verbinden möchte, dem sei die Anreise über Eberswalde und entlang des idyllischen Finowkanals empfohlen: Dorthin gelangt man, indem man vom Bahnhof **Eberswalde** aus die Eisenbahnstraße zum Stadtzentrum (1,5 Kilometer) nimmt. In die Breite Straße biegt man links ein, überquert auf der Friedensbrücke den Finowkanal – und nimmt gleich nach der Brücke scharf rechts den Weg hinunter zum Kanalufer.

Ab hier radelt oder wandert man auf dem historischen **Treidelweg** entlang des Kanals. Auf diesen Treidelwegen wurden die Lastkähne mit Pferden gezogen. Rund um den Kanal breitet sich üppige Vegetation aus. Linker Hand erstrecken sich die Hänge des Barnim, rechts gleitet der Blick über eine meist weite, flache Landschaft.

Nach der Ragöser Schleuse macht der Weg einen Schlenker in den Wald zum Weiler **Kahlenberg** und führt weiter nach **Stecherschleuse**. Wanderer können in Stecherschleuse auch gleich

Rechts das alte, links das neue Schiffshebewerk Nord, das bis 2025 das alte ersetzen soll

den Weg hügelaufwärts Richtung Schiffshebewerk nehmen, Radfahrer fahren weiter durch das Dorf **Niederfinow** parallel zum Finowkanal.

Am **Schiffshebewerk** angekommen, ist man von den gewaltigen Ausmaßen des Bauwerks überwältigt: Es ist rund 60 Meter hoch, 94 Meter lang und 27 Meter breit. Als die Anlage 1934 eröffnet wurde, waren 13 000 Tonnen Stahl und 72 000 Kubikmeter Beton verbaut worden. Seitdem werden Schiffe aller Art, vom Sportmotorboot bis zum 1 000-Tonnen-Lastschiff, in einem mit Wasser gefüllten Trog an 256 Drahtseilen bergauf oder bergab transportiert.

Das Schiffshebewerk ist 24 Stunden täglich in Betrieb. Die Anlage ist Bestandteil des Oder-Havel-Kanals, einer der wichtigsten Ost-West-Wasserstraßen in Europa. Wegen des zunehmenden Schiffsverkehrs wird direkt neben der bestehenden Anlage ein neues, noch größeres Schiffshebewerk gebaut. Es soll bis 2025 das alte ersetzen. Dann können 110 Meter lange und 11,40 Meter breite Schiffe Niederfinow passieren.

Im heutigen Schiffshebewerk braucht ein Schiff ungefähr 20 Minuten für die Schleusung und Hebung, inklusive der Ein- und Ausfahrtsmanöver. Am besten kann man solch eine Durchfahrt von der Besucherplattform auf der Kanalbrücke in 40 Meter Höhe beobachten. Von dort hat man auch einen herrlichen Ausblick ins Oderbruch.

Schiffshebewerk Niederfinow
Hebewerkstraße 52
16248 Niederfinow
Tel. (03 33 62) 7 13 77
www.schiffshebewerk-niederfinow.info
Sommer tgl. 9.30–17.30,
Winter tgl. 10–16 Uhr

TOUR 6

An- & Rückfahrt
RE 3 stündlich ab Berlin Hbf nach Chorin (ca. 1 Std.)

Spaziergang & Klosterbesichtigung

Länge
4 km

Klosterruine Chorin
Ehemaliges Zisterzienser-Kloster. Klosterladen mit Wanderkarten und Büchern.
Tel. (03 36 66) 7 03 77
www.kloster-chorin.org
Nov.–März 10–16 Uhr,
Apr.–Okt. 9–18 Uhr
6 € / 3,50 €

Kloster Chorin

Märchenhafte Ruine

Inmitten der waldreichen Hügellandschaft des Barnim steht Brandenburgs schönste Ruine: das ehemalige Zisterzienserkloster Chorin. Schon der Weg vom Bahnhof zum Kloster ist märchenhaft.

Um vom Bahnhof Chorin zum Kloster zu gelangen, durchqueren wir erst einmal das Dorf **Chorin**. Das zeigt sich ebenso beschaulich wie verschlafen. Nur die spärlichen Wegweiser deuten darauf hin, das sich in der Nähe eines der bedeutendsten Baudenkmale Brandenburgs befindet.

Das Kloster erreicht man, nachdem man das Dorf in südöstlicher Richtung durchquert hat, auf zwei Wegen: Entweder über die wenig befahrene Landstraße oder, schöner, indem man den Waldweg am Ortsausgang Richtung „Immenstube" nimmt. Nach knapp 25 Minuten zu Fuß ragen bald die roten Ziegeldächer des Klosters über das Baumgrün der Buchen. „Halb märchenhaft, halb gespenstisch" fand Fontane das **Kloster Chorin**. Diesen Zauber verbreitet die Anlage bis heute.

Im Jahr 1273 hatten Zisterzienser-Mönche mit dem Bau des Klosters begonnen. Die Geschichte der Abtei beginnt aber schon 15 Jahre früher und 8 Kilometer entfernt von Chorin: Auf Pehlitzwerder am Parsteiner See (▶ Seite 23) hatten die Mönche angefangen ein Kloster zu bauen, den Bau aber nicht zu Ende geführt. Vermutlich erschien ihnen die Lage nicht mehr günstig.

Doch in Chorin führten sie ihr Vorhaben zu Ende. In wenigen Jahren entstand am Amtssee eine imposante Klosteranlage. Kloster Chorin ist ein typisches Beispiel für das Klosterleben der Zisterzienser: 400 Arbeits- und 80 Betmönche lebten dort. Ihr Dasein war hart und freudlos, die durchschnittliche Lebenserwartung lag bei nur 30 Jahren. Die Arbeitsmönche waren im Westflügel, die Betmönche im Ostflügel untergebracht. Zum Klosterbesitz gehörten 60 Dörfer und drei Städte sowie zahlreiche Mühlen und Seen.

Zauberhafte Kulisse am Waldrand: Kloster Chorin

TOUR 6

Kloster Chorin

1542 wurde das Kloster in Folge der Reformation aufgelöst. Die Bauwerke verfielen. Erst 1818 leitete Karl Friedrich Schinkel die ersten Sicherungsarbeiten ein. Das Forstamt Chorin, dem das Kloster seit 1861 unterstellt war, bemühte sich ebenfalls um die Erhaltung einzelner Teile. Ab 1954 wurden Teile der Klosterruine rekonstruiert. Die Westfassade, der östliche Kreuzgangflügel und das Laienrefektorium sind wiederaufgebaut.

So kann man heute die große Kunstfertigkeit der Mönche bewundern: sie bauten gotisch, die Giebel und Fenster sind reich mit Ornamenten verziert. Der Choriner Stil wurde bald richtungsweisend für die norddeutsche Baukunst. Klosterführungen werden ab 12 Personen angeboten, man kann sich auch bestehenden Gruppen anschließen.

In der warmen Jahreszeit bildet Kloster Chorin die Kulisse für ein besonderes Vergnügen: klassische Musik im fantastischen Ambiente. Seit 1964 finden in der nach Süden hin offenen Klosterkirche die Choriner Sommerkonzerte (jeweils Anfang Juni bis Mitte September) statt. Wegen des großen Andrangs ist eine frühzeitige Kartenbestellung ratsam.

Choriner Musiksommer
Karten und Programm:
Tel. (0 33 34) 81 84 72
oder
www.choriner-musik-sommer.de

Hotel Haus Chorin
Mitten im Wald, mit **Restaurant Immenstube** (Honigspezialitäten).
Neue Klosterallee 10
16230 Chorin
Tel. (03 33 66) 5 00
www.chorin.de
Tgl. 12–21 Uhr

TOUR 7

An- & Rückfahrt
RE 3 stündlich ab Berlin Hbf nach Chorin (ca. 1 Std.)

Radtour
Bhf Chorin – Kloster Chorin – Brodowin (– Pehlitzwerder) – Bhf Chorin

Länge
14 km hin & zurück (mit Pehlitzwerder 20 km)

Fahrradverleih
im Bahnhof Chorin
Tel. (03 33 66) 5 37 00
www.fahrradverleih-chorin.de
1 Tag 9,80 €

Brodowin

Auf holprigen Wegen ins Ökodorf

Auf den ersten Blick ist Brodowin ein ganz normales brandenburgisches Dorf: In der Mitte ein Dorfanger mit Backsteinkirche, entlang der wenig befahrenen Straße stehen eingeschossige Bauernhäuser. Doch Brodowin ist etwas Besonderes: ein ökologisches Modelldorf.

Um in die Heimat der glücklichen Kühe zu gelangen, ist ein Fahrrad hilfreich. Der Bus jedenfalls fährt nur selten, und am Wochenende gar nicht. Also nehmen wir die Bahn und den Drahtesel und radeln nach dem Kulturgenuss im **Kloster Chorin** (▸ Seite 20) zurück ins Dorf Chorin, wo wir rechts einbiegen. Kurz darauf wird die Bundesstraße überquert und wir fahren auf einem Waldweg Richtung Brodowin (Wegweiser). Ab jetzt geht es leicht bergan durch den Forst, der Weg ist teils etwas holprig. Aber wir wollen ja ins Ökodorf, da verzichten wir schon einmal auf asphaltierte Radwege ...

Nach ca. 2 Kilometern biegt der Weg links und kurz darauf wieder rechts ab und nach weiteren 3 Kilometern ist **Brodowin** erreicht. Ruhig ist es hier, nur manchmal rumpelt ein Auto am Dorfanger vorbei, um in Richtung Parsteiner See abzubiegen.

Landschaft bei Brodowin

Dass in Brodowin manches anders ist, merkt man erst auf den zweiten Blick: Die Infotafel in der Dorfmitte bietet naturnahe Erholung auf Bauernhöfen an, informiert über das ökologische Modelldorf und lädt in das Ausstellungszentrum des Projekts ein. Seit 1992 wird in Brodowin auf rund 1200 Hektar ökologischer Pflanzenbau und artgerechte Tierhaltung nach Demeter-Richtlinien betrieben. Die gut 400 Einwohner von Brodowin produzieren Gemüse ohne Chemie, Milch, die nach Milch schmeckt und Fleisch von glücklichen Rindern, Schweinen und Schafen. Auch Landschaftspflege, Naturschutz und Tourismus gehören zum Ökodorf-Konzept.

Natur- und Landschaftsschutz haben Geschichte in Brodowin. Das Dorf in der hügeligen, seenreichen Brodowiner Landschaft 80 Kilometer nordöstlich von Berlin wurde bereits 1957 Bestandteil des Landschaftsschutzgebietes Choriner Endmoränenbogen. Heute ist die Region Teil des 1990 eingerichteten Biosphärenreservats Schorfheide-Chorin (▸ Seite 34).

3 Kilometer von Brodowin entfernt liegt am **Parsteiner See** die Halbinsel **Pehlitzwerder** mit Campingplatz und Badestellen. Eine wenig befahrene Landstraße führt dorthin. Auf Pehlitzwerder finden sich auch Reste der Grundmauern eines Zisterzienserklosters aus dem 13. Jahrhundert.

Für die Rückfahrt nimmt man den gleichen Weg wie auf der Hinfahrt. Dabei kommt man am Ortsausgang von Brodowin auch am Hofladen vorbei, wo man sich mit ökologisch produzierten Lebensmitteln für den Rückweg versorgen kann.

Hofladen Brodowin
Ökologisch erzeugte Lebensmittel, Café mit Terrasse.
Dorfstraße 89
16320 Brodowin
Tel. (03 33 62) 6 00 22
www.brodowin.de
Apr.–Okt. tgl. 9–18 Uhr,
Nov.–März tgl. 10–17 Uhr

Badestellen
Rund um Brodowin liegen reizvolle Seen. Badestellen gibt es am Brodowinsee, am Weißen See und am Parsteiner See.

TOUR 8

```
RB63
□ Joachimsthal
    □ Joachimsthal
      Kaiserbahnhof
       □ Althüttendorf
□ Golzow (b Eberswalde)
```

Anfahrt
RE 3 stündlich ab Berlin Hbf
RB 24 stündlich ab Berlin-Ostkreuz nach Eberswalde und
RB 63 alle 1–2 Std. nach Joachimsthal-Kaiserbahnhof
(ca. 1 Std. 30 Min.)

Wanderung
Joachimsthal – Altenhof

Länge
9 km

Rückfahrt
ab Altenhof im Sommer
Sa/So BUS 917 (mit Fahrradanhänger) alle zwei Stunden rund um den Werbellinsee und nach Eberswalde
Barnimer Busgesellschaft
Tel. (0 33 34) 23 50 03

Biorama
Aussichtsplattform auf einem ehemaligen Wasserturm.
Am Wasserturm 1
16247 Joachimsthal
Tel. (03 33 61) 6 49 31
biorama-projekt.org
Ostern–Ende Okt.
Do–So 11–18 Uhr

Joachimsthal

Wunderbarer Werbellin

Der Werbellinsee ist einer der größten Seen Brandenburgs – und mit 60 Metern einer der tiefsten der Mark. Mit ihm verbunden ist der kreisrunde Grimnitzsee, der mit seinem flach abfallenden Sandstrand ideal für Kinder ist.

Der klassische Weg zum Werbellinsee führt über **Joachimsthal**. Diese Route nahm schon Kaiser Wilhelm II. Der hatte extra für die Anreise in sein bevorzugtes Jagdrevier in der Schorfheide einen Bahnhof bauen lassen. Die Station heißt heute wieder **Joachimsthal-Kaiserbahnhof,** ist schön restauriert und hat als Hörspielbahnhof eine neue Funktion erhalten.

Die Landschaft um den **Werbellinsee** ist romantisch und abwechslungsreich. Wald und Hügel umschließen ihn von allen Seiten. Der 13 Kilometer lange See ist als Rinnsee in der letzten Eiszeit entstanden. Glaubt man aber der Legende, verdankt der Werbellinsee seine Entstehung dem Untergang der Stadt Werbellow. Dort soll ein hartherziger Zauberer in einem Schloss gelebt haben, das von einem Wassergraben umgeben war. Eines Tages begehrte eine alte Frau Zutritt zum Schloss – doch der Schlossherr wies sie zurück. Was der Schlossherr nicht wusste:

Am Schiffsanleger in Altenhof

Die alte Frau verfügte über einen noch stärkeren Zauber als er. Aus Rache ließ sie den Wassergraben überlaufen und das Schloss und die ganze Stadt versanken in einem riesigen See, dem Werbellin.

Vom Kaiserbahnhof in Joachimsthal ist es nicht weit zum Werbellinsee und zum Grimnitzsee. Zu ersterem gelangt man über den Schotterweg vor der Station. Dort weist die blaue Markierung an einem Baum zu einem Pfad, der zum See und zur Schiffsanlegestelle führt. Ein schöner Wanderweg, streckenweise mehr Pfad als Weg, führt von hier ca. 8 Kilometer am Ostufer entlang nach **Altenhof**, dem Hauptort am Werbellin. In der Sommersaison kann man Altenhof auch drei mal täglich per Schiff erreichen.

Schon seit Beginn des 20. Jahrhunderts kommen Touristen in die einstmals von den Askaniern gegründete Siedlung. Heute zieht sich der schmucke Ort mit seinen alten Villen und Ferienhäusern an einem bewaldeten Hang entlang. Das (tagestouristische) Leben spielt sich an der Uferpromenade ab: Zwischen Schiffsanleger und Badestrand (Liegewiese) wird flaniert, sich gesonnt, gegessen und getrunken. Hier finden sich auch Fahrrad- und Bootsausleihe. Der Platz am Schiffsanleger ist zu einem Rondell mit Grünanlage gestaltet, dort wartet man auf den Ausflugsdampfer oder kehrt in eine der drei Gaststätten mit großen Terrassen und Seeblick ein.

Reederei Wiedenhöft
Seerandstraße 23
16247 Joachimsthal
Tel. (03 33 61) 4 74
www.werbellinsee-schorfheide.de
Mai bis Anfang Okt.
Rundfahrten ab Joachimsthal 10, 12.30, 15 Uhr
ab Altenhof 11.45, 14.15, 16.45 Uhr
Fahrradmitnahme möglich

Alte Fischerei
Restaurant und Imbiss, frisch geräucherter Fisch wie Aal oder Maränen.
Am See 3
16244 Altenhof
Tel. (03 33 63) 31 41
Tgl. 11.30–22 Uhr

Baden
Werbellinsee: 7 Badestellen, z. B. Altenhof und am Süßen Winkel
Grimnitzsee: langer, flacher Sandstrand zwischen Joachimsthal und Althüttendorf

TOUR 9

An- & Rückfahrt
RB 12 stündlich ab Berlin-Ostkreuz nach Templin-Stadt (ca. 1 Std. 30 Min.)

Stadtspaziergang

Museum für Stadtgeschichte
Im Prenzlauer Tor wird eine Dauerausstellung über die Entwicklung Templins gezeigt.
Prenzlauer Tor
17268 Templin
Tel. (0 39 87) 2 00 05 26
www.museum-templin.de
Mai–Sep. Di–Fr 10–17, Sa/So 13–17 Uhr,
Okt.–Apr. Di–Fr 10–16, Sa/So 13–15 Uhr

Dampferfahrten auf dem Templiner Seenkreuz
ab Anlegestelle Seestr. (Nähe Prenzlauer Tor)
www.dampfer-templin.de
Apr.–Okt. tgl. 10.30, 13 und 15.30 Uhr

Templin

Seen und Sole

„Perle der Uckermark" nennt sich Templin. Ein Besuch des kleinen Städtchens zeigt, dass das nicht übertrieben ist. Und seit der Eröffnung der NaturTherme trägt Templin auch den Titel „Thermalsoleheilbad".

Obwohl Templin im Lauf der Zeit immer wieder durch Brände, Überschwemmungen und Kriege schwer beschädigt wurde, ist die historische Altstadt fast vollständig erhalten. Innerhalb der mittelalterlichen Stadtmauern geht es beschaulich zu. Einfache, nicht mehr als zweistöckige Fachwerkhäuser säumen die Straßen. Sie zeugen davon, dass Templin immer eine Ackerbürgerstadt war, die vor allem von der Landwirtschaft lebte.

Den **Marktplatz** erreicht man vom Bahnhof Templin-Stadt über die Obere Mühlenstraße in fünf Minuten. Rund um den Platz wagen sich die Gebäude ein bisschen höher hinaus. In seiner Mitte steht das **Rathaus**. Es wurde während des Stadtbrandes im Jahr 1735 zerstört und 1751 wiederaufgebaut. So zeigt es sich heute als barocker Bau mit rosa Fassade und Uhrturm auf dem Dach.

Auch die **Maria-Magdalenen-Kirche** etwas weiter oben an der Mühlenstraße wurde im Brand von 1735 zerstört und anschließend neu aufgebaut. Mit dem massiven Feldsteinsockel und dem hohen Turm wirkt sie trutzig und überragt die umstehenden Häuser um ein Weites. Anmutiger ist die **St.-Georgen-Kapelle** in der Berliner Straße, die den großen Brand überstanden hatte und auf das 14. Jahrhundert zurückgeht. Das kleine Gotteshaus in Backsteingotik ist in die geschlossene Häuserzeile eingefügt, so dass nur die Fassade mit Stufengiebel sichtbar ist.

Vom sehenswerten **Berliner Tor** aus kann man auch einen Rundgang an der **Stadtmauer** entlang beginnen. Die Wehranlage aus dem 13. Jahrhundert ist fast vollständig erhalten und umschließt die Altstadt auf 1,7 Kilometer. Wenn man also nur lange genug läuft, kommt man wieder am

Die Altstadt von Templin ist fast vollständig erhalten

Ausgangspunkt an. In der Mauer befinden sich etwa alle 30 Meter „Wiekhäuser". Das sind halbkreisförmige Ausbuchtungen im Mauerwerk, von denen aus die Außenseite der Mauer bewacht und verteidigt werden konnte, so dass kein Wehrgang notwendig war.

Sehr sehenswert sind die drei noch erhaltenen mittelalterlichen Tortürme in der Stadtmauer. Das **Prenzlauer Tor** im Osten ist das größte der drei. Trutzig wirkt der Backsteinbau mit Stufengiebeln aus dem 14. Jahrhundert. Es lohnt sich, durch das Tor hindurch und die paar Schritte ans Ufer des Templiner Stadtsees zu schlendern. Von hier aus kann man zu Dampferfahrten über das Templiner Seenkreuz starten und im Sommer lockt das Strandbad.

Im Norden gelangt man schließlich zum mächtigen **Mühlentor,** durch das die Straße Richtung Lychen führt. Noch einige hundert Meter weiter kommt man wieder ans Berliner Tor, dem Ausgangspunkt des Rundgangs. Von oben hat man einen wunderbaren Blick auf die gesamte Altstadt.

Nach so viel Stadtbesichtigung ist es nun aber Zeit für ein bisschen Erholung. Am Rand von Templin liegt die **NaturThermeTemplin,** die dem Ort zur staatlichen Anerkennung als Thermalsoleheilbad verholfen hat. In der riesigen Anlage wird Gesundheit mit Spaß kombiniert. Man lasse sich also verwöhnen!

NaturThermeTemplin
Thermalsole-Badelandschaft, Sauna.
Dargersdorfer Str. 121
17268 Templin
Tel. (0 39 87) 20 12 00
www.naturtherme-templin.de
Tgl. 9–21 Uhr
Ab 10 € / ab 4,50 €
🚌 531 Mo–Fr alle 20 Min., Sa/So/Fei alle 30 Min. ab Bhf. Templin-Stadt

Eldorado Templin
Westernstadt mit Main Street, Saloon, Indianerspielplatz und mehr, 4 km von Templin.
Am Röddelinsee 1
17268 Templin
Tel. (03 98 7) 20 84-0
www.eldorado-templin.de
Mai – Anfang Okt. Sa/So 10–18 Uhr, in den Sommerferien täglich
14 € / Kinder 12 €

TOUR 10

RB12
Templin Stadt

Anfahrt
RB 12 stündlich ab
Berlin-Ostkreuz nach
Templin-Stadt
(ca. 1 Std. 30 Min.)

(Rad-) Wanderung
Templin – Alt-Placht –
Lychen – Fürstenberg

Länge
27 km

Rückfahrt
Bhf Fürstenberg
RE 5 stündlich nach
Berlin Hbf
(ca. 1 Std.)

Karte ▶ Seite 30/31

Draisinefahrten
Auf der stillgelegten
Bahnstrecke
Templin – Lychen –
Fürstenberg.
Tel. (0 33 77) 3 30 08 50
www.draisine.com

Treibholz
Kanuverleih, Floßfahrten.
Oberpfuhlstraße 3a
17279 Lychen
Tel. (03 98 88) 4 33 77
www.treibholz.com

Lychen

Die Flößerstadt

Wasser ist in Lychen allgegenwärtig. Die vielen Seen rundherum machen die ehemalige Flößerstadt fast zur Insel. Besonders schön ist eine Radtour von Templin aus, über den sehr gut ausgebauten Radweg „Tour Brandenburg".

Vom Bahnhof Templin Stadt fährt man mitten durch die Altstadt (▶ Seite 26) bis zum Mühlentor. Stadtauswärts geht es ein kleines Stück entlang der Lychener Straße. Bald zeigt das Radtour-Symbol, ein roter Adler, nach links. Durch ein Wohngebiet gelangen wir auf eine von Obstbäumen gesäumte Fahrradstraße.

Nach circa 7 Kilometern erreicht man das Dorf **Gandenitz**. Mitten auf dem denkmalgeschützten Anger steht die Feldsteinkirche Peter und Paul aus dem 13. Jahrhundert, drum herum einige Fachwerkhäuser. Weiter führt uns der rote Adler in das 3 Kilometer entfernte **Alt-Placht**. Am Rand des winzigen Ortes, 200 Meter abseits von unserem Radweg, steht hier zwischen Linden das **Kirchlein im Grünen**. Um 1700 wurde es von Hugenotten im nordfranzösischen Fachwerkstil erbaut. Mit den leuchtend hellen Lehmwänden und blauen Holzbalken passt diese Bauweise ganz hervorragend in die grüne Uckermark.

Gleich nach Alt-Placht führt der Radweg entlang des Moränenwanderwegs. Am Platkow- und Zenssee vorbei sind es weitere 6 Kilometer bis Lychen. Am Ende des Waldes liegt das ehemalige Kurviertel von **Lychen**. Breite Straßen führen vorbei an Gebäuden im Fachwerkbäderstil. 1902 wurde hier eine große Lungenheilanstalt eröffnet und Kurgäste bevölkerten das Städtchen. Der Zweite Weltkrieg setzte dem Betrieb der „Volksheilanstalt" jedoch ein Ende. Leider stehen die meisten der Gebäude heute leer und verfallen.

Vom Kurviertel geht es den Berg hinunter in die **Altstadt**. Dabei hat man einen herrlichen Blick auf Seen und Stadt. Unten angekommen, empfiehlt sich zunächst eine Rast an der Seepromenade am Oberpfuhl.

Das Besondere an Lychen ist, dass es fast wie eine Insel auf allen Seiten von Seen umgeben ist. Die vielen Gewässer und Wälder der Umgebung und die schiffbare Verbindung zur Havel haben es zur Flößerstadt gemacht. Noch bis 1968 wurden hier Flöße als Transportmittel für Holz eingesetzt. Über die Arbeit auf dem Wasser kann man sich im Flößereimuseum unterrichten lassen.

Wer lieber praktische Erfahrungen macht und keine Angst vor nassen Füßen hat, kann sich auch selbst aufs Floß begeben. Oder auf ein Hydrobike, eine Art schwimmendes Fahrrad, mit dem man über die Seen der Umgebung strampelt.

Die Altstadt selbst liegt etwas oberhalb der Seen und wirkt wie eine kleinere Ausgabe von Templin. Teile der Stadtmauer sind erhalten, auch wenn die drei historischen Tortürme nicht mehr stehen. Das barocke Rathaus von 1747 befindet sich wie in Templin in der Mitte des lindengesäumten Marktplatzes. Hinter diesem liegt eine imposante Feldsteinkirche mit mächtigem Turm: St. Johannes wurde in der zweiten Hälfte des 13. Jahrhunderts als Wehrkirche aus massiven Granitblöcken gebaut und widerstand allen Brandkatastrophen.

Flößereimuseum
Im alten Feuerwehrhaus.
Clara-Zetkin-Straße 1
17279 Lychen
Tel. (03 98 88) 49 99 73
www.floesserverein-lychen.de
Juni–Okt.
Di–So 10–18 Uhr

Strandcafé Lychen
Mit schöner Terrasse an der Seepromenade. Deutsche Küche, Fisch, Fleisch und Vegetarisches.
Gartenstraße 21
17279 Lychen
Tel. (03 98 88) 5 29 64

Einer von sieben Seen rund um Lychen: der Große Lychensee

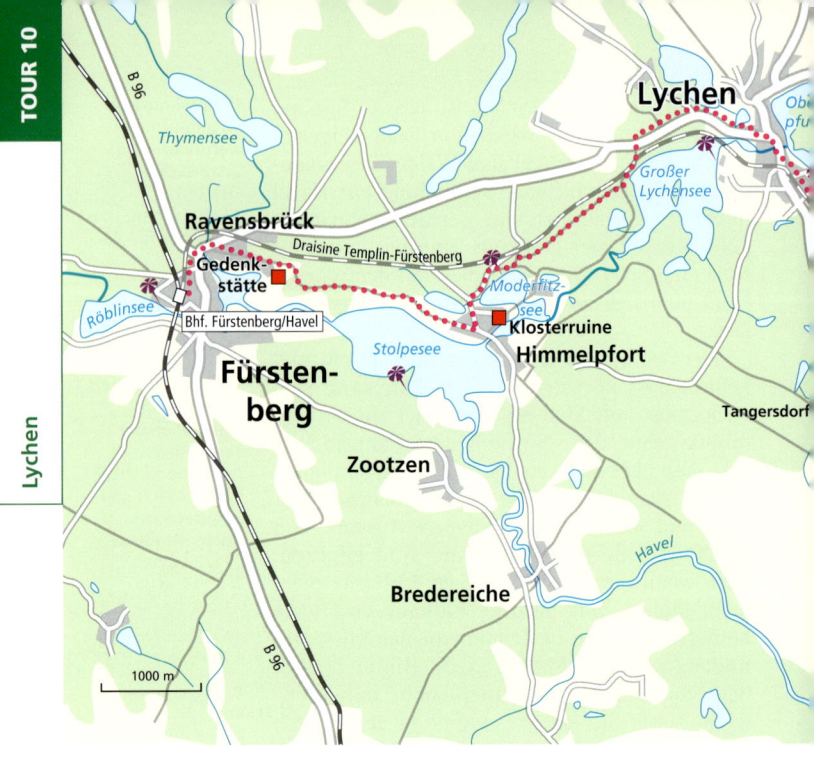

Weiter geht es Richtung Himmelpfort zunächst entlang der Hauptstraße. Bald hinter den letzten Häusern von Lychen führt der Radweg mit Rotem-Adler-Symbol durch eine Unterführung unter der Landstraße hindurch und bald darauf in einen hügeligen Mischwald. Parallel zur Draisinenstrecke verläuft er nun bis zum Moderfitzsee, der bald linker Hand durchs Geäst schimmert. An der nächsten Gabelung folgt der Wegweiser nach **Himmelpfort**. Durch das äußere Dorf führt die Straße zum Klosterbezirk, der eine Art Dorf im Dorf bildet. In einer Parkanlage am Haussee stehen die Überreste des Klosters. Es wurde 1299 von Zisterzienser-Mönchen als Ableger des Klosters Lehnin (▸ Seite 160) gegründet.

Bereits Ende des 19. Jahrhunderts entwickelte sich der Fremdenverkehr, begünstigt durch den Bau der Preußischen Nordbahn. Im Jahr 1925 wurde Himmelpfort zum Luftkurort ernannt, 2002 zum staatlich anerkannten Erholungsort. Das

kleine Dorf mit dem besonderen Namen beansprucht auch, der Sitz des Weihnachtsmannes zu sein. Deshalb gibt es ein Weihnachtspostamt, das die Briefe von Kindern aus aller Welt beantwortet.

Zur Schleusenbrücke hin steht die Ruine des stattlichen, zweigeschossigen **Brauhauses** mit seinem auffälligen Blendengiebel. Gegenüber liegt der **Klosterkräutergarten**. An der Klosterstraße sind einige Gaststätten in die Backsteingebäude eingezogen.

Weiter Richtung Fürstenberg: Wir fahren zurück bis zur Kreuzung außerhalb des Klosterbezirks, wo wir links abbiegen und bald das Dorf verlassen. Auf dem Rad- und Fußweg erinnern Infotafeln an das Konzentrationslager im Fürstenberger Ortsteil Ravensbrück. Es war das größte Frauen-KZ Deutschlands. Heute befindet sich auf dem Gelände die **Mahn- und Gedenkstätte Ravensbrück** (▸ Seite 211) sowie eine Jugendherberge. Vorbei an Ravensbrück erreicht man bald das Zentrum von Fürstenberg (▸ Seite 210).

TOUR 11

An- & Rückfahrt
RE 3 stündlich ab Berlin Hbf nach Angermünde (ca. 1 Std. 15 Min.)

Stadtspaziergang & Wanderung
Angermünde – (Blumberger Mühle)

Länge
8 km hin & zurück

Karte ▸ Seite 34

St. Marienkirche
Die Barock-Orgel stammt aus dem Jahre 1744. Regelmäßige Konzerte, Orgelbesichtigung unter Tel. (03 33 1) 2 10 20

Klosterkirche
Erbaut vom 13. bis 15. Jh. als Kirche für das (zerstörte) Franziskanerkloster.
Tel. (0 33 31) 29 85 57
Mai–Sep.
Mo–Fr 10–16 Uhr,
Sa/So 13–17 Uhr

Angermünde

Stadt am Mündesee

Angermünde (13 800 Einwohner) am südlichen Rand der Uckermark hat einiges zu bieten: ein historisches Stadtzentrum, die reizvolle Umgebung mit zahlreichen Seen und das vor den Toren der Stadt gelegene Naturschutzzentrum Blumberger Mühle.

Weithin sichtbar ragen die gotische **Marienkirche** und die Kirche des ehemaligen Franziskanerklosters aus dem 13. Jahrhundert über die Stadt. Aus dem Mittelalter stammt auch der Pulverturm, ein Verteidigungsbau aus Backsteinen, von dessen Rundgang in 14 Metern Höhe man einen schönen Ausblick auf Angermünde hat.

Das Zentrum der uckermärkischen Stadt bildet der **Marktplatz**. Dort steht das hübsche, spätbarocke Rathaus. Die Figuren des Marktbrunnens davor stammen aus unserer Zeit: Hier haben sich Künstler einen liebevoll-ironischen Blick auf das kleinstädtische Leben erlaubt.

In den Straßen rund um den Marktplatz prägen zweigeschossige Fachwerkhäuser das Stadtbild. Sie stammen überwiegend aus der Zeit nach dem Dreißigjährigen Krieg. Dieser brachte der Stadt fast den Untergang: Nur 100 Einwohner überlebten die Plünderungen und Brandschatzungen, die meisten Gebäude waren zerstört. Die Häuser wurden dann auf dem mittelalterlichen Stadtgrundriss neu aufgebaut.

Angermünde liegt am Wasser, genauer gesagt: am **Mündesee**. Das Gewässer beginnt gleich hinter der Altstadt. Einige Picknick-Bänke laden zum Verweilen und zum Blick auf das fast runde, mit Schilf bewachsene Nass ein. Wer noch mehr Natur sucht, dem sei allerdings der Spaziergang zur Blumberger Mühle empfohlen. Dazu geht man zum Bahnhof zurück und folgt dort den Wegweisern (oder nimmt den Bus dorthin).

Die **Blumberger Mühle** ist ein Naturerlebniszentrum des Naturschutzbundes Deutschland (NABU). Hier, am Rand des UNESCO-Biosphärenreservats Schorfheide-Chorin, erfährt man auf spielerische Art viel Wissenswertes über Natur und Umwelt. Im Hauptgebäude, dessen Gestaltung an einen Baumstumpf erinnert, werden außergewöhnliche Ausstellungen gezeigt: So gibt es nachgebaute Landschaften zu erkunden und der Lebensraum von Tieren wird dargestellt. Ein Highlight ist der sprechende Baum, der von seinem Leben erzählt.

Im großen Freigelände gibt es unter anderem einen Moorweg durch einen Schilfwald, einen Kräutergarten und eine Spiellandschaft für Kinder.

Eine Gaststätte, sehr engagiertes und kundiges Personal am Informationsschalter und ein gut sortierter Souvenirshop sorgen dafür, dass die Blumberger Mühle auch im Winter einen Ausflug wert ist. Für die Ausstellung und eine Führung über das Gelände sollte man sich zwei bis drei Stunden Zeit nehmen. Die Blumberger Mühle eignet sich auch als Ausgangspunkt für eine besonders schöne Radtour durch die Schorfheide (▸ Seite 34).

In der Altstadt von Angermünde

NABU-Zentrum Blumberger Mühle
Naturerlebniszentrum mit tollen Ausstellungen.
Blumberger Mühle 2
16278 Angermünde
Tel. (0 33 31) 26 04-0
www.blumberger-muehle.de
Apr.–Okt. tgl. 9–18,
Nov.–März tgl. 10–16 Uhr

TOUR 12

Schorfheide

Durch die Schorfheide

Anfahrt
RE 3 stündlich ab Berlin Hbf nach Angermünde (ca. 1 Std. 15 Min.)

(Rad-) Wanderung
Angermünde – Wolletz – Altkünkendorf – Althüttendorf – Joachimsthal

Länge
20 km

Rückfahrt
RB 63 von Joachimsthal nach Eberswalde und RE 3 nach Berlin (ca. 1 Std. 30 Min.)

Das Biosphärenreservat Schorfheide-Chorin ist mit einer Fläche von 130 000 Hektar eines der größten Naturschutzgebiete Deutschlands. In dem 1990 gegründeten Reservat sind nicht nur Tiere und Pflanzen besonders geschützt, sondern hier werden auch Formen naturverträglicher Landwirtschaft erprobt.

Die hügelige Landschaft der Schorfheide, die vor ungefähr 15 000 Jahren während einer Eiszeit entstanden ist, erstreckt sich zwischen dem Städtedreieck Templin, Angermünde und Eberswalde. Hunderte von Seen wechseln sich mit Mooren, weitläufigen Wald- und Wiesenlandschaften oder landwirtschaftlich genutzten Flächen ab. Viele vom Aussterben bedrohte Tier- und Pflanzenarten sind hier noch anzutreffen. Unter anderem leben Biber, Fischotter, Kreuzottern und Sumpfschildkröten in dem wasserreichen Gebiet.

Die vielfältige Landschaft lässt sich am besten zu Fuß oder mit dem Fahrrad erkunden. Eine besonders schöne Tour führt über Wolletz und Altkünkendorf zum Grimnitzsee. Dabei durchquert man dichten Mischwald und beschauliche Dörfer. Vorbei am Wolletzsee gelangt man über eine Hügellandschaft mit großartigen Ausblicken schließlich zum tiefer gelegenen Grimnitzsee.

Von **Angermünde** (▸ Seite 32) folgt man den Wegweisern Richtung Wolletzsee. Nachdem man das Stadtgebiet verlassen hat, führt der Weg bald über leicht hügelige Waldwege zum Dorf **Wolletz,** das mitten im Wald liegt. Von dort geht es auf Betonplatten- und Schotterstraßen immer in Sichtweite des Wolletzsees ins idyllische **Altkünkendorf.** Hier grenzt auch der **Grumsiner Forst** an, ein Buchenurwald, der 2011 von der UNESCO zum Weltnaturerbe erklärt wurde.

Ab Altkünkendorf fährt man auf einer sehr ruhigen, schmalen Landstraße (dem Wegweiser nach **Althüttendorf** folgend) 9 Kilometer durch eine sanft hügelige, fast an die Toskana erinnernde Landschaft: einzelne Baumreihen, Obstbäume, Felder und Wiesen, ein Weiler, ein kleines Dorf und viel, viel Horizont. Von Althüttendorf führt der gut befahrbare Seeweg direkt am **Grimnitzsee** entlang vorbei an mehreren Badestellen nach Joachimsthal (▸ Seite 24).

KaffeeKonsum
Selbst gebackener Kuchen und mehr im ehemaligen Konsum.
Zur Welse 4
16278 Wolletz
Tel. (03 33 37) 51 90 90
Juni–Sep. Di–So geöffnet,
Okt.–Mai Do–So, jeweils 12–17 Uhr

Baden
Strandbad Wolletzsee, 3 km westlich von Angermünde, ausgeschildert, außerdem wilde Badestellen am Wolletzsee

Weitere Bademöglichkeiten am Grimnitzsee

In der Schorfheide

TOUR 13

Anfahrt
RE 3 stündlich ab Berlin Hbf nach Angermünde (ca. 1 Std. 15 Min.)

(Rad-) Wanderung
Angermünde – Herzsprung – Neukünkendorf – Gellmersdorf – Stolpe – Criewen – Schwedt

Länge
29 km

Rückfahrt
Bhf Schwedt RE 3 alle 2 Std. nach Berlin Hbf (Fahrzeit ca. 1 Std. 45 Min.)

„Grützpott" bei Stolpe

Stolpe

Der Grützpott

Einst gab ein ungewöhnlicher Waffeneinsatz dem Stolper Turm seinen Spitznamen Grützpott. Heute kann man ganz friedlich die fabelhafte Aussicht über den Nationalpark Unteres Odertal genießen.

Unsere Tour beginnt in **Angermünde** (▶ Seite 32). Vom Bahnhofsplatz geht es zunächst Richtung Innenstadt, indem wir links in die Berliner Straße einbiegen. Am Verkehrskreisel biegen wir rechts ab in die Straße des Friedens (Radweg neben der Straße). Jetzt fahren wir auf dem Uckermärkischen Radrundweg, auf dem wir auch bis zum Ende der Tour bleiben. In 4 Kilometern ist **Herzsprung** erreicht, wo man sich links hält. Nach dem Ortsausgangsschild weist ein Schild nach rechts Richtung Stolpe. Ab hier ist der Fahrradweg bestens ausgeschildert.

Jetzt hat man es auch mit den typischen uckermärkischen Hügeln zu tun, die sehr reizvoll sind, aber auch recht beschwerlich sein können. Tatsächlich erhebt sich rechts des Weges der Gottesberg, der immerhin 105 Meter hoch ist. Ab **Neukünkendorf** wird die Gegend wieder flacher und der Blick kann weit über die Felder schweifen. Hinter **Gellmersdorf** erwartet uns nach Hügeln und Feldern ein drittes landschaftliches Highlight: wunderschöner Laubwald. Auch hier ist es wieder hügelig, zum Glück geht es aber bis **Stolpe** nur bergab. Durch das verschlafene Dörfchen fährt man ganz hindurch. Wo der Weg wieder ansteigt, liegt auf der rechten Seite ein kleines Schloss. Das Renaissancegebäude aus dem 16. Jahrhundert beherbergt heute ein Kinderheim. Wir fahren daran vorbei, immer weiter bergan. Am Parkplatz zum **Stolper Grützpott** kann man die Räder stehen lassen und das letzte Stück zu Fuß gehen, bis der mächtige Turm zwischen den Hügeln und Bäumen auftaucht.

Der Sage nach hatte sich hier der Raubritter Tiloff mit seinen Knappen eingenistet. Als Tiloff auf einem seiner Raubzüge schließlich überwältigt und getötet wurde, wollten sich die ansässigen Bauern auch von dem Rest der Bande befreien und griffen die Burg an. Vom Turm aus wurden alle verfügbaren Waffen gegen die Angreifer eingesetzt: Steine und siedendheißes Pech regnete es auf die Bauern hinab. Zuletzt kippte die Räuberbande das eben gekochte Essen, einen Kessel mit heißem Grützbrei, auf die Angreifer. Umsonst, denn die Bauern eroberten ihre Burg zurück und der Turm heißt seitdem Grützpott.

Soweit die Sage. Historisch sicher ist, dass sich hier zunächst eine slawische Burganlage befand. Im 12. Jahrhundert fiel sie unter die Herrschaft des dänischen Königs Waldemar und wurde zur Wehrburg mit mächtigem Burgfried umgebaut. Der liegt zu zwei Fünfteln unter der Erde, die ringsherum aufgeschüttet wurde. Seit Ostern 2008 hat der Grützpott eine Aussichtsplattform. Von oben hat man einen weiten Blick über die naturgeschützte Oderebene. Allerdings sollte man für den Aufstieg einigermaßen schwindelfrei sein.

Stolpe liegt im **Nationalpark Unteres Odertal**

Tourist-Information
Vierradener Straße 31
16303 Schwedt
Tel. (0 33 32) 2 55 90
www.unteres-odertal.de
Mai–Sep. Mo–Fr 9–18 Uhr, Sa 10–13 Uhr,
Okt.–Apr. Mo–Fr 9–17 Uhr

Stolpe

Blick vom Aussichtsturm Stützkow im Nationalpark Unteres Odertal

Zur Linde
Hausmannskost und Fischgerichte.
B.-von-Arnim-Straße 21
16303 Schwedt-Criewen
Tel. (0 33 32) 52 14 98
www.linde-criewen.de
Di–So ab 11.30 Uhr

Pension & Hofladen Moritz
Im Dorf Meyenburg, etwa 600 m vom Oder-Neiße-Radweg entfernt.
Schwedter Straße 1
16306 Meyenburg
Tel. (0 33 32) 51 64 55
www.landpension-moritz.de

Nach erfolgreichem Abstieg kann man sich nun auf das Naturerlebnis im Nationalpark Unteres Odertal freuen. Dazu fahren wir wieder ins Dorf hinunter und gelangen über die Dorfstraße auf die andere Seite des Gewässers, das den umständlichen Namen „Hohensaaten-Friedrichsthaler-Wasserstraße" trägt. Die Anwohner sprechen allerdings nur vom „Kanal". Der 1926 fertiggestellte Wasserweg diente zum einen der Entwässerung des Oderbruchs. Zum anderen können Schiffe durch ihn auch dann fahren, wenn die Oder – wie häufig im Sommer – Niedrigwasser führt. Parallel zum Kanal verläuft hier der gut ausgebaute Oder-Neiße-Radweg, dem wir jetzt in nördlicher Richtung folgen.

Der **Nationalpark Unteres Odertal,** Brandenburgs einziger und Deutschlands zwölfter Nationalpark, wurde 1995 gegründet. Er ist von Anfang an als Teil eines deutsch-polnischen Naturschutzprojekts angelegt worden, das das gesamte Untere Odertal von Hohensaaten vorbei an der Industriestadt Schwedt bis vor die Tore von Stettin über eine Länge von 60 Kilometern einschließt. Er ist Deutschlands einziger Auennationalpark und zugleich das erste grenzüberschreitende Großschutzgebiet.

Der Park schützt die letzte noch intakte Flussaue Mitteleuropas. Die regelmäßig überfluteten Wiesenflächen bilden zusammen mit den polnischen Auen ein riesiges Rückhaltebecken und damit einen natürlichen Hochwasserschutz. Mit seinen Flussaltarmen und -auen ist das Untere Odertal zudem ein Paradies für Wasservögel und wird als Brut-, Rast und Überwinterungsplatz genutzt. Mehr als 161 Vogelarten brüten im Nationalpark, darunter See-, Fisch- und Schreiadler. Für eine schönen Überblick über die Auenlandschaft lohnt sich ein kleiner Abstecher zum hölzernen **Aussichtsturm Stützkow**, etwa auf halbem Weg zwischen Stolpe und Criewen.

Nach ca. 9 Kilometern auf dem Radweg erreicht man **Criewen,** wo sich das Nationalparkhaus mit dem Informationszentrum befindet. Criewen wurde ursprünglich von Slawen gegründet, worauf auch der Name verweist (criewe = slawisch Pfarrer). Aus der Zeit der Besiedlung mit deutschen Kolonisten stammt die Kirche, ursprünglich ein Feldsteinbau des 13. Jahrhunderts.

1816 kaufte Rittermeister Otto von Arnim das Gut Criewen. Er ließ nicht nur das alte Gutshaus abreißen, sondern das gesamte Dorf: Bis dahin rund um die Kirche gelegen, wurde es nun weiter östlich wiedererrichtet. Der neue Eigentümer ließ sich ein schlossähnliches Herrenhaus bauen und von Peter Joseph Lenné einen **Landschaftspark** anlegen. Dieser großzügige, noch heute gut erhaltene Park scheint in die natürliche Landschaft überzugehen. Die Kirche inmitten der Anlage markiert die Stelle, an der das alte Dorf lag. Sie wurde im Dreißigjährigen Krieg zerstört, 1692 war der Wiederaufbau abgeschlossen. Den Altar schuf 1713 der Oderberger Tischlermeister Christian Kiel. 1830 wurde der Ostgiebel stufenförmig umgebaut und der Fachwerkturm errichtet.

Vorbei an den Dörfern **Zützen** und (in Sichtweite) **Meyenburg** erreicht man auf dem Oder-Neiße-Radweg die Stadt **Schwedt** (▸ Seite 40). Hier kann man die Rückfahrt antreten. Oder weiter durch den Nationalpark bis Stettin radeln.

Nationalparkhaus
Im ehemaligen Schafstall der Criewener Schlossanlage. Die Ausstellung informiert auf lebendige Weise über die Flora und Fauna. Im Mittelpunkt steht ein 15 000 Liter fassendes Oder-Aquarium mit über zwanzig einheimischen Fischarten.
Schloss Criewen
16303 Schwedt
Tel. (0 33 32) 2 67 72 44
www.nationalpark-unteres-odertal.de
Apr.–Okt. Mo–So 9–18,
Nov.–März
Fr–So 10–17 Uhr

TOUR 14

Anfahrt
RE 3 alle 2 Std. ab Berlin Hbf nach Schwedt (ca. 1 Std. 45 Min.)

(Rad-) Wanderung
Schwedt – Gatow – Vierraden – Schwedt

Länge
20 km

Rückfahrt
🚌 484 Vierraden – Schwedt Bhf verkehrt Mo–Fr stündlich, Sa/So alle 2 Stunden

Stadtmuseum Schwedt
Ur- und Frühgeschichte, Mittelalter, Markgrafenzeit im 17./18. Jh., Fischerei- und Tabakgewerbe.
Jüdenstr. 17
16303 Schwedt/Oder
Tel. (0 33 32) 2 34 60
Mi–Fr 10–17 Uhr,
So 14–16 Uhr

Martin's Restaurant
Deutsche und international inspirierte Küche mit Blick auf den Nationalpark Unteres Odertal.
Polderblick 1
16303 Schwedt
Tel. (0 33 32) 58 29 22

Schwedt

Wo der Tabak wächst

Bei Schwedt denkt man zunächst an die industrielle Vergangenheit der Stadt. Doch wer hätte gedacht, dass ganz in der Nähe noch Tabak angebaut wird?

Noch zu DDR-Zeiten entwickelte sich Schwedt zu einem Zentrum für Erdölverarbeitung und Chemieindustrie. Aber auch heute noch zählt die hier ansässige Raffinerie zu einer der größten in Deutschland.

Vom Bahnhof führt die Bahnhofstraße zum **Vierradener Platz**, dem kleinen Altstadtkern Schwedts. Das Amtsgericht, die ehemalige Seifenfabrik und die katholische Kirche St. Mariä Himmelfahrt bilden ein neogotisches Ensemble. Eines der ältesten Bauwerke des Ortes ist jedoch die evangelische Kirche St. Katharinen, ein Feldsteinbau des 13. Jahrhunderts. Von hier gelangt man auf die Einkaufsstraße – die **Vierradener Straße**. Überquert man am Ende die Berliner Straße und anschließend die **Stadtbrücke,** ist man bereits am Stadtrand angelangt. Hier beginnt der **Nationalpark Unteres Odertal,** ein deutsch-polnisches Naturschutzprojekt, das das gesamte Untere Odertal einschließt und sich ungeachtet nationaler Grenzen über eine Länge von 60 Kilometern erstreckt. Eine Alleenstraße führt fast 3 Kilometer an Feuchtwiesen entlang und über zahlreiche Wasserläufe hinweg, ehe sie die Oder und die Grenze zu Polen erreicht. Wir biegen jedoch direkt hinter dem Ortsausgangsschild links ein. Auf dem Deich geht es immer geradeaus. Nach 3 Kilometern passiert man die **Schleusenbrücke** und geht auf der anderen Seite weiter Richtung Gatow.

Nach ca. 5 Kilometern ist der verschlafene Ort erreicht. **Gatow** liegt am Rande eines Tabakanbaugebiets. Früher wurde in den zahlreichen Scheunen der Tabak zum Trocknen aufgehängt. Die Tabakpflanzen sind mit den Hugenotten Ende des 17. Jhs. hierher gekommen. Die östliche Uckermark bietet günstige klimatische Vorausset-

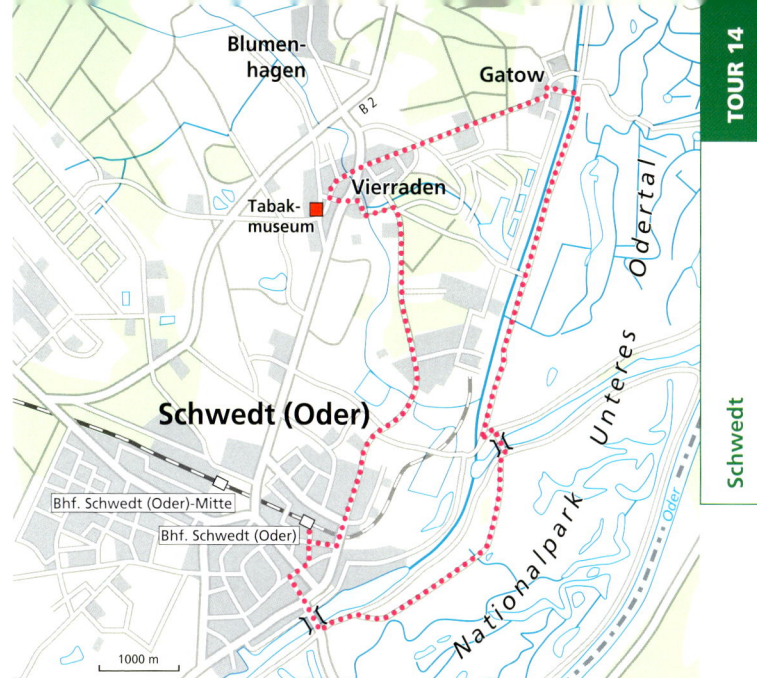

zungen für den Tabakanbau: Überdurchschnittlich viele Sonnentage pro Jahr und die hohe Luftfeuchtigkeit der Oderniederung begünstigen das Wachstum der Pflanzen ebenso wie der leichte Sandboden der Gegend. Gegen Ende des 18. Jahrhunderts hatte die Tabakwirtschaft in der Uckermark ihre Blütezeit. Die Anbaugebiete erstreckten sich von den vorpommerschen Städten Strasburg, Pasewalk und Löcknitz bis nach Wriezen und Seelow im Oderbruch. Heute stehen die Tabakspeicher von Gatow größtenteils leer.

Einzig im 3 Kilometer entfernten **Vierraden** findet sich noch ein Betrieb, der sich der Tabakgeschichte verpflichtet hat und auf einer Fläche von knapp 40 Hektar die Pflanze anbaut. Der Weg dorthin führt von Gatow über die Dorfstraße (später Schwedenweg) immer geradeaus nach Vierraden. Am Ende der Breiten Straße steht die denkmalgeschützte Tabakscheune, die zum Museum ausgebaut wurde. Hier kann man den trockenen Tabak befühlen, seine Aromen beschnuppern und bei der Herstellung von Zigarren und Schnupftabak zuschauen.

Tabakmuseum Vierraden
Breite Straße 14
16306 Vierraden
Tel. (0 33 32) 25 09 91
www.tabakmuseum-vierraden.de
Apr.–Sep.
Do–So 10–17 Uhr

TOUR 15

An- & Rückfahrt
RE 3 alle zwei Stunden ab Berlin Hbf nach Prenzlau (ca. 1 Std. 45 Min.)

Radrundtour
Prenzlau – Röpersdorf – Zollchow – Potzlow – Seehausen – Seelübbe – Prenzlau

Länge
35 km

Kirche St. Marien
Von Mai–Okt. ist eine Besichtigung der Kirche mit einer Turmbesteigung möglich.

Prenzlau

Rund um den Unteruckersee

Weit wandert der Blick über Wiesen, Moore und Felder bei einer Tour rund um den Unteruckersee, die vorbei am historischen Stadtkern Prenzlaus durch beschauliche Dörfer mit reizvollen Kirchen führt.

Das landschaftlich reizvoll am Unteruckersee gelegene Prenzlau ist Ausgangspunkt unserer Fahrradtour, die uns durch die hügelige, uckermärkische Landschaft führt. **Prenzlau,** 1187 erstmals urkundlich erwähnt, ist so etwas wie die Hauptstadt der Uckermark. Das galt schon seit dem Mittelalter. Mitte des 19. Jahrhunderts wurden die ersten Industriebetriebe gegründet, die landwirtschaftliche Produkte der Region verarbeiteten, darunter 1867 eine Brauerei und Malzfabrik, 1872 eine Zuckerfabrik und 1896 eine Margarinefabrik. Heute ist Prenzlau Kreisstadt der Uckermark, des größten Landkreises im wiedervereinigten Deutschland. Mit der Eröffnung der **Landesgartenschau 2013** hat Prenzlau viel an Attraktivität gewonnen: Aufwändig gestaltete Parkanlagen erstrecken sich nun entlang der Stadtmauer und des Unteruckersees.

Das Dritte Reich und seine Folgen haben auch in Prenzlau große Lücken hinterlassen. In der Reichspogromnacht 1938 wurde die Synagoge niedergebrannt und der jüdische Friedhof im Stadtpark verwüstet. Nach letzten Deportationen existierte die traditionsreiche Prenzlauer Synagogengemeinde seit 1942 nicht mehr. Zum Ende des Zweiten Weltkrieges, zwischen dem 25. und 27. April 1945, wurde Prenzlau zu 85% zerstört.

Trotzdem haben sich einige Baudenkmale erhalten oder wurden wieder aufgebaut. Sogar einen Roland hat Prenzlau heute wieder, erstmals wurde er im Jahr 1496 auf dem Marktplatz aufgestellt. Das Symbol der Stadtrechte steht heute vor dem Hotel Uckermark.

Vom Bahnhof fahren wir auf dem Fahrradweg

der Stettiner Straße in die Stadt hinein. Linker Hand geht es bald zum LaGa-Gelände, rechts gelangt man zur **Marienkirche,** dem Wahrzeichen Prenzlaus. Das imposante Bauwerk aus dem 14. Jahrhundert ist ein besonders schönes Beispiel für die norddeutsche Backsteingotik. Von den Türmen bietet sich ein weithin offener Blick über die hügelige Landschaft des Uckertals.

Ein weiteres Architekturdenkmal Prenzlaus ist das Ensemble des **Dominikanerklosters,** das wir über die südlich gegenüber der Marienkirche liegende Heinrich-Heine-Straße erreichen. Es wurde im Jahr 1270 gegründet und gilt heute als eine der am besten erhaltenen mittelalterlichen Klosteranlagen Norddeutschlands.

Vom Kloster aus folgen wir der Stadtmauer bis zur Wasserpforte und sehen linker Hand bald den **Unteruckersee.** Der Unteruckersee mit seinen ca. 10 km² ist 2,25 km breit, 7,36 km lang und an seiner tiefsten Stelle ca. 19,30 m tief. Er ist damit der drittgrößte natürliche See Brandenburgs.

Zur Flora und Fauna des in der letzten Eiszeit entstandenen Sees zählen knapp 20 Vogel-, 12 Fisch- und unzählige Pflanzenarten. Im Frühjahr und Herbst rasten hier viele Wasservögel. Im See werden Forelle, Maräne, Aal und Hecht gefangen.

Den Hauptzufluss des Unteruckersees bildet die Kleine Ucker, die nördlich von Stegelitz in den **Oberuckersee** mündet. Verbunden sind die beiden Uckerseen durch den Uckerkanal. Dessen Mündung in den Unteruckersee bildet gleichzeitig den Quellort des Flusses Ucker, der im weiteren

Dominikanerkloster
Kulturzentrum und Museum
Uckerwiek 813
17291 Prenzlau
Tel. (0 39 84) 75 22 41
www.dominikanerkloster-prenzlau.de
Di–So 10–17 Uhr

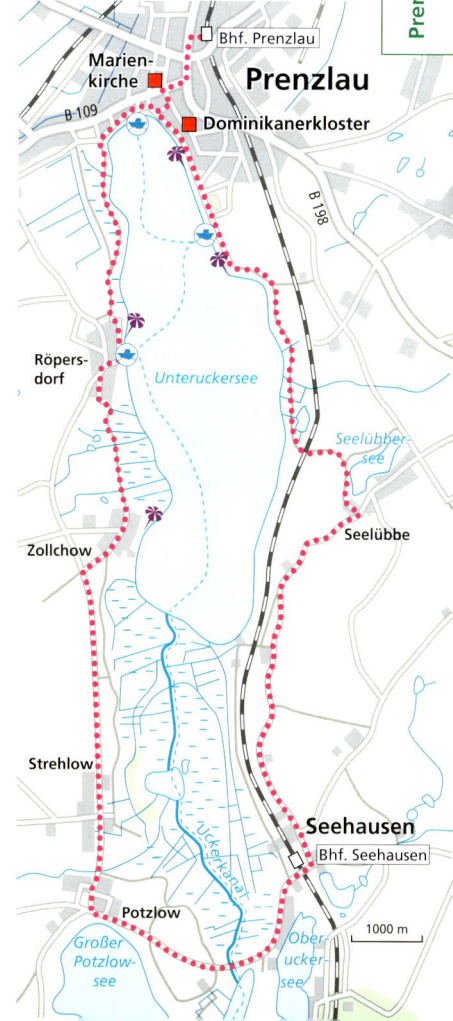

Verlauf „Uecker" heißt und bei Ueckermünde gegenüber der Insel Usedom in das Stettiner Haff mündet.

Wir halten uns am Seeufer rechts. Ab hier muss man immer nur dem gelben Punkt folgen; er weist den Uckersee-Rundweg aus. Über größtenteils asphaltierte, nur selten holprige Wald- und Feldwege führt unsere Tour an den beschaulichen Dörfern **Röpersdorf** und **Zollchow** vorbei nach **Potzlow**. Am kleinen Marktplatz des Dorfes steht eine Nachbildung des alten Potzlower Rolands. Die Potzlower Feldsteinkirche stammt aus dem 15. Jahrhundert. 1760 von den Schweden niedergebrannt, wurde sie 1880 im so genannten „uckermärkischen Barock" erneuert.

Wir halten uns links in Richtung **Seehausen**. Nun geht es ein Stückchen bergauf; oben angekommen, werden wir jedoch mit einem außergewöhnlichen Ausblick belohnt: gleichzeitig sieht man von hier aus den Unteruckersee, den Oberuckersee und den Grossen Potzlowsee.

Kurz darauf gelangen wir ins idyllische Seehausen, das durch Fachwerk- und Feldsteinhäuser geprägt ist. Ein besonderer Blickfang ist die Kirche aus dem 18. Jahrhundert, deren romantisch verwilderter Garten zu einer Pause einlädt.

Seerestaurant „Am Kap"
Auf einer kleinen Anhöhe gelegen, von der Terrasse hat man einen schönen Blick auf den See.
Uckerpromenade 84
17291 Prenzlau
Tel. (0 39 84) 7 18 03 05
www.kap-prenzlau.com
Mo–So ab 11.30 Uhr

Blick auf Prenzlau

Am Ortsausgang hinter den Bahngleisen biegen wir nach links und fahren auf einem leicht bergigen Feldweg bis **Seelübbe**. Immer wieder haben wir hier herrliche Blicke auf den Unteruckersee und die weite, hügelige Landschaft. In Seelübbe müssen wir gleich hinter dem Ortseingang nach links abbiegen. Nach 2 Kilometern auf einem Feldweg überqueren wir die Bahnschienen und fahren nun wieder direkt am Unteruckersee. Wir halten uns rechts und gelangen zu einem besonders interessanten Abschnitt: Auf einem aufgeschütteten Damm durchqueren wir einen Schilfgürtel am Rande des Sees. Am Besten schiebt man hier sein Fahrrad und hält Augen und Ohren nach den Unmengen von Wasservögeln offen. Insekten, Eidechsen und Frösche tummeln sich zudem im schier undurchdringlichen Biotop. An einigen Stellen schlängeln sich schmale Pfade durchs Gesträuch zu wilden Badestellen.

Nach ca. 2 Kilometern haben wir den Damm überquert. Auf dem nun folgenden festen Uferweg gelangen wir schließlich wieder an die Prenzlauer Uckerpromenade, dem Ausgangspunkt unserer Rundfahrt um den See. Von hier aus geht es zurück zum Bahnhof.

Fahrgastschifffahrt Uckerseen
Rundfahrt auf dem Unteruckersee mit dem Fahrgastschiff „Onkel Albert".
Uckerpromenade 44
17291 Prenzlau
Tel. (0 39 84) 83 20 89
www.uckerseeschiff.de

TOUR 16

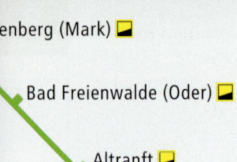

enberg (Mark)

Bad Freienwalde (Oder)

Altranft

An- & Rückfahrt
RE 3 stündlich von Berlin Hbf nach Eberswalde und RB 60 alle 1–2 Std. nach Bad Freienwalde (ca. 1 Std. 30 Min.)

Stadtspaziergang
Schloss
Kurviertel

Bad Freienwalde

Kuren wie ein König

„Freienwalde – hübsches Wort für hübschen Ort." So beschreibt Theodor Fontane knapp aber treffend den ältesten Kurort der Mark, der reizvoll zwischen den Hügeln des Oberbarnims und dem Oderbruch liegt.

Bis ins 17. Jahrhundert lebte „Vrienwalde" – so wird die Stadt 1316 erstmals urkundlich erwähnt – allein von der Landwirtschaft und der Fischerei in den unzähligen Oderarmen. Dann entdeckte der ortsansässige Apotheker Gensichen die Heilkraft einer Freienwalder Quelle. Der gichtgeplagte Kurfürst Friedrich Wilhelm überzeugte sich persönlich von deren Wirkung und ließ die Quelle im Jahr 1684 einfassen. Damit war der Freienwalder Gesundbrunnen gegründet. Der eigentliche Aufstieg zur Kurstadt kam erst Ende des 18. Jahrhunderts unter König Friedrich Wilhelm II. Er und seine Gattin Königin Friederike Luise kurten hier regelmäßig. Mit ihnen kamen adlige Kurgäste, die für Wohlstand in der Stadt sorgten.

Doch beginnen wir unseren Rundgang am Bahnhof. Über die Bahnhofstraße gelangt man zum dreieckigen **Marktplatz**. An seiner höchsten Stelle steht die schöne Kirche **St. Nikolai**. Sie ist das älteste Gebäude der Stadt. Bereits im 13. Jahrhundert aus Feldsteinen begonnen, wurde sie im 16. Jahrhundert in Backstein fertiggestellt.

Flankiert wird St. Nikolai auf der Nordseite von dem 1855 errichteten Rathaus mit spätklassizistischer Fassade und auf der Südseite vom ehemaligen „Freihaus von Loeben". Im spätbarocken Gebäude von 1774 ist heute das stadtgeschichtliche „Oderlandmuseum" untergebracht. Von hier aus biegt man nach rechts in die **Hauptstraße** ein. Hier reihen sich schöne, frisch restaurierte Bürgerhäuser des späten 18. Jahrhunderts aneinander. Man sieht auch schon die Fachwerkkapelle St. Georgen (erbaut 1696). Heute wird die restaurierte Kapelle als Konzerthalle genutzt. Biegt man hinter St. Georgen rechts in die Rathenaustraße ein, gelangt man in den **Schloss-**

Oderlandmuseum
Stadtgeschichte und Kulturgeschichte des Oderbruchs.
Uchtenhagenstraße 2
16259 Bad Freienwalde
Tel. (0 33 44) 20 56
www.oderlandmuseum.de
Mi–Sa 11–17 Uhr

park. Das Schloss (erbaut 1799) ließ sich Königin Friederike Luise als Witwensitz bauen. Das Teehäuschen gegenüber diente vor dem Bau des Schlosses als Sommerwohnung für die Königin und anschließend als Ort höfischer Lustbarkeiten.

Nun aber auf ins **Kurviertel**. In der Gesundbrunnen- und der Goethestraße flaniert man an herrlichen Gründerzeitvillen vorbei zum kleinen Kurpark. Hier steht das historische Badehaus, das Carl Gotthart Langhans, der Erbauer des Brandenburger Tores in Berlin, 1790 als Logierhaus für adelige Kurgäste errichtete. 2002 wurde es als Kurmittelhaus wiedereröffnet. Das Kurhaus gegenüber wurde 1875 als luxuriöses Hotel erbaut, heute ist es eine Fachklinik für Orthopädie. Geht man weiter bis an das Ende des Parks, findet man schließlich auch die etwas versteckt liegende Kurfürstenquelle, mit der 1684 alles begann.

Die Freienwalder wissen ihre Barnimhügel wirkungsvoll zu inszenieren. Zum Beispiel mit den Panoramatürmen auf dem **Schlossberg** und dem **Galgenberg**, die eine spektakuläre Aussicht bieten. Und seit 2001 geht es hier auch sportlich spektakulär zu: seitdem gibt es am Rand des Kurviertels eine Skisprungschanze! Inzwischen sind drei bis zu 40 Meter lange Schanzen in Betrieb, die wegen ihres besonderen Belages auch ohne Schnee nutzbar sind. Die hiesige Jugend trainiert hier fleißig, es werden regelmäßig im Februar Wintersporttage und Turniere ausgetragen. Und Mutige können nach Voranmeldung auch selbst den Sprung in die Tiefe wagen.

Oderbruchware
Laden und Café mit schmackhaften Produkten aus der Region.
Königstraße 7
Tel. (0 33 44) 33 33 33
Do–Di 10–17 Uhr

Wintersportverein 1923 Bad Freienwalde e. V.
Für Schaulustige: die Bad Freienwalder Skisprungjugend trainiert Mi und Fr ab 16 und Sa ab 10 Uhr.
Tel. (0 33 44) 41 30
www.wsv1923.de

Im heutigen Kurmittelhaus logierten einst adlige Gäste

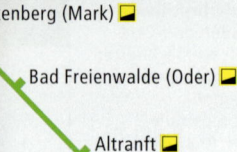

An- & Rückfahrt
RE 3 stündlich ab Berlin Hbf nach Eberswalde und RB 60 alle 1–2 Std. nach Bad Freienwalde oder Altranft (ca. 1 Std. 30 Min.)

Wanderung
Bad Freienwalde – Altranft: Über den Marktplatz, Hauptstraße, rechts Gesundbrunnenstraße, links Melcherstraße, örtlicher Wanderweg (blauer, waagerechter Balken)

Länge
5 km

Museum Altranft
16259 Altranft/Schloss
Tel. (0 33 44) 41 43 00
www.museum-altranft.de
Mitte Apr.–Sep.
Do–So 11–17 Uhr,
Okt.–Mitte Dez.
Sa/So/Fei 11–17 Uhr

Altranft

Geschichte erleben

Zwei mal Wandern ab Bad Freienwalde: Die erste Tour führt malerisch an den abfallenden Barnimhügeln entlang nach Altranft, einem verschlafenen Oderbruchdorf. Der zweite Ausflug geht zum idyllisch gelegenen Baa-See.

In **Altranft** haben sich seit 1990 ein paar Dinge geändert. Seitdem gibt es das Freilichtmuseum, ein Museumsdorf mitten im normalen Dorfleben. Typische Gebäude aus dem 19., 18. und sogar aus dem 17. Jahrhundert wurden nach historischem Vorbild rekonstruiert und zeigen, wie die Menschen im **Oderbruch** in früherer Zeit lebten.

Vor allem wird man an die einschneidendste Veränderung für das Leben im Oderbruch erinnert: die Trockenlegung durch Friedrich II. zwischen 1746 und 1753. Zuvor glich die Landschaft hier mit den vielen Oderarmen einem Sumpfgebiet und wurde mehrmals jährlich von schweren Überflutungen heimgesucht. Die wenigen Bewohner hatten sich auf höher gelegenen Landstücken angesiedelt und lebten dort fast wie auf Inseln. Haupterwerbsquelle war die Fischerei, für den Ackerbau war das Land kaum nutzbar.

Friedrich II. ließ die Oder in ein begradigtes Bett verlegen. Mit Kanalsystemen wurde die Ebene entwässert. So konnten 108 Morgen (ca. 27 Hektar) neuen, fruchtbaren Landes in der Gegend um Freienwalde gewonnen werden. Das Oderbruch wurde zum „Gemüsegarten Berlins".

Auch das **Schloss**, früher Sitz der Gutsherrschaft, geht in seinen Ursprüngen bis auf das 16. Jahrhundert zurück, in seiner heutigen Form stammt es aber von 1874. In seinem Inneren wurden einige Räume im Gründerzeitstil rekonstruiert. Das Schloss ist der Ausgangspunkt für die Besichtigung des **Freilichtmuseums,** außerdem sind hier wechselnde Ausstellungen regionaler Künstler untergebracht.

Gegenüber befindet sich die Dorfkirche von 1752 und nebenan das Spritzenhaus zur Aufbewahrung der Feuerspritzen. In der nahen Schule

kann man wie anno 1920 die Schulbank drücken und das Schreiben auf Schiefertafeln üben.

Auf dem Berg-Schmidt-Hof wird gezeigt, wie eine Bauernfamilie im Oderbruch lebte und arbeitete. Einblicke in das Handwerksleben erhält man in der Schmiede, im Backhaus und in der Spankorbmacherei. Zum Museum gehört übrigens auch die Bockwindmühle Wilhelmsaue in der Nähe von Letschin (▸ Seite 67).

Bei den vielen Aktionstagen des Freilichtmuseums wird Selbermachen übrigens ganz groß geschrieben. Die großen und kleinen Besucher dürfen dann zum Dreschflegel greifen, Hefeteig kneten oder ihr eigenes Hufeisen schmieden.

Baa-See

Durch den Wald und über sieben Hügel geht es zum hübschen kleinen Baa-See, den Theodor Fontane als den „Liebling und Stolz der Freienwalder" beschrieb. Hier kann man in der idyllischen Waldschenke Rast machen, sich ein Boot ausleihen, den Naturlehrpfad rund um den See beschreiten oder einfach nur die Seele baumeln lassen.

Wanderung zum Baa-See
Ab Bhf. Bad Freienwalde, über den Marktplatz, Hauptstraße, rechts Gesundbrunnenstraße, dann Sonnenburgerstraße, Siebenhügelweg zum Baa-See (grüner Punkt), ca. 4,5 km

Waldschenke am Baa-See
Uriges Ausflugslokal am Baa-See.
16259 Sonnenburg
Tel. (0 33 44) 33 09 02
Mi–So 12–18 Uhr
Bootsverleih

TOUR 18

An- & Rückfahrt
RB 26 stündlich ab Berlin-Lichtenberg bis Müncheberg und 🚌 928
oder Museumsbahn (Mai–Okt. Sa/So, feiertags)
oder Wanderung (12 km hin & zurück)

Stadtspaziergang & Wanderung

Karte ▸ Seite 52

Bergschlösschen
Hotel-Restaurant mit Wintergarten und Panoramablick, frische, regionale und saisonale Küche.
Königstraße 38
15377 Buckow
Tel. (03 34 33) 5 73 12
bergschloesschen.com
Mo/Di 17–22,
Mi–So 12–22 Uhr

Buckow

Lunge auf Samt

Eigentlich liegt es fern, Stadtbesichtigung und Naturparkerlebnis am gleichen Ort zu erwarten. In Buckow wird man in diesem Punkt allerdings eines Besseren belehrt, denn gerade in der Stadt kann man die reizvolle Natur der Märkischen Schweiz bewundern.

Wer mit dem Zug über Müncheberg anreist, kann die restlichen 6 Kilometer nach Buckow mit dem Bus oder entlang der Gleise der alten Kleinbahn zu Fuß oder per Rad zurücklegen. Im Sommerhalbjahr steht am Wochenende auch die Museumsbahn als reizvolle Alternative zur Verfügung.

Buckow liegt inmitten des Naturparks **Märkische Schweiz,** der sich über 205 Quadratkilometer ausdehnt. Die Besiedlung der Gegend reicht bis ins 9. Jahrhundert zurück. Die Stadt selbst konnte im Jahr 2003 ihr 750-jähriges Bestehen feiern. Der Name des von Slawen errichteten Buckow bedeutet so viel wie Buchenaue. Im 15. Jahrhundert betreiben die Bewohner des inzwischen zu einem „oppodium", also Städtchen gewachsenen Buckow Hopfenanbau und –handel. Hopfenranken zieren heute das Stadtwappen zur Erinnerung an dieses Gewerbe, dem durch Konkurrenzdruck und den Siebenjährigen Krieg ein Ende bereitet wurde. Im Verlauf der Geschichte hatte die Stadt Plünderungen der Truppen Wallensteins wie der schwedischen Söldner im Dreißigjährigen Krieg und Feuersbrünste zu überstehen.

Eine bessere Zeit erlebte Buckow wieder im 19. Jahrhundert, als man es als Luftkurort entdeckte. Der Leibarzt von Friedrich Wilhelm IV. schrieb 1854: „Majestät, in Buckow geht die Lunge auf Samt!" Mit der 1897 eröffneten Eisenbahnstrecke kam der Ausflugsverkehr in das Erholungsgebiet richtig in Fahrt. Etliche wohlhabende Berliner errichteten sich in den 1920er-Jahren an den Hängen rund um den großen Schermützelsee ihre reich mit Balkonen, Türmchen und Reliefs verzierten Sommervillen, die bis

Das Sommerhaus von Bertolt Brecht und Helene Weigel ist heute ein Museum

heute das Gesicht der Stadt prägen. Auch Künstler wurden von der vielgestaltigen Landschaft nahe der Metropole Berlin angezogen. Theodor Fontane besuchte auf seinen Wanderungen durch die Mark Brandenburg selbstverständlich auch Buckow. Egon Erwin Kisch, bekannt als „rasender Reporter", suchte und fand dort Ruhe, Erholung und Anregungen für seine Arbeit.

Ab 1952 verbrachten Bertolt Brecht und Helene Weigel hier die Sommermonate. 1949 hatten der Schriftsteller und die Schauspielerin nach ihrer Rückkehr aus dem Exil das „Berliner Ensemble" gegründet. 1953 verfasste Brecht die nach seinem Landsitz benannten „Buckower Elegien". Ihre Entstehung ist eng mit dem Arbeiteraufstand vom 17. Juni 1953 verbunden, den Brecht missbilligte und als Umsturzversuch faschistischer Kräfte aus der DDR und dem Westen ansah. Die 1977 in dem ehemaligen Wohnhaus eingerichtete Gedenkstätte für das Paar zeigt unter anderem die original eingerichtete Wohnhalle und den Planwagen, der bei der Aufführung des Brecht'schen Theaterstücks „Mutter Courage und ihre Kinder" zum Einsatz kam. Das **Brecht-Weigel-Haus** liegt direkt am Schermützelsee und ist leicht über die touristenfreundlichen Beschilderungen der Stadt zu finden.

Überhaupt ist Buckow ein Paradies für Spaziergänger: Kurze und längere Wanderwege führen an den Seen und Sehenswürdigkeiten der

Brecht-Weigel-Haus
Bertolt-Brecht-Straße 30
15377 Buckow
Tel. (03 34 33) 4 67
www.brechtweigelhaus.de
Apr.–Okt. Mi–Fr 13–17,
Sa/So 13–18 Uhr,
Nov.–März Mi–Fr 10–12 und 13–16,
Sa/So 11–16 Uhr

Stobbermühle
Restaurant mit Kamin und Rosenterrasse. Heiraten im hoteleigenen Standesamt und Übernachtung in einer Hochzeitssuite.
Wriezener Straße 2
15377 Buckow
Tel. (03 34 33) 6 68 33
www.stobbermuehle.de

SEETOURS
Apr.–Okt. Rundfahrten über den Schermützelsee mit Halt an Ausflugsgaststätten. Abfahrt mehrmals täglich (10–17:30 Uhr) ab Strandbad Buckow.
Bertolt-Brecht-Straße 11
15377 Buckow
Tel. (03 34 33) 2 32
www.seetoursms.de

Strandbad mit Bootsverleih
Am Schermützelsee
Wriezener Straße 38
15377 Buckow

Café am Markt
Pflaumenkuchen mit Sahne auf der Terrasse am Markt.
Am Markt 4
15377 Buckow
Tel. (03 34 33) 5 66 95
Di–So 11–18 Uhr

Stadt vorbei. Einige Zeit braucht man für den „Panoramaweg" um den **Schermützelsee** (ca. 2 Stunden). Mit seinen 146 Hektar ist er der größte See des gesamten Naturparks Märkische Schweiz.

Vom Brecht-Weigel-Haus ausgehend verläuft der erste Abschnitt des Rundwegs zunächst am Ufer des angrenzenden Weißen Sees entlang. Zurück am Schermützelsee geht es an bewaldeten Hängen, über Kehlen und Moorgebiete zu verschiedenen Aussichtspunkten, die die Anstrengungen mit dem Blick über den See und den dahinter liegenden 130 Meter hohen **Krugberg** belohnen. Die landschaftlichen Eigenheiten des Naturparks lassen sich auf diesem Streifzug eindrucksvoll erfahren. Die **Märkische Schweiz** erhielt ihren etwas hochtrabenden Namen aufgrund der Erhebungen rund um die in den

Buckower Kessel eingebetteten Seen. Zwischen Strausberg im Westen, Müncheberg im Südosten und Neuhardenberg im Nordosten liegt das Gebiet, das seine Gestalt der vor 12 000 Jahren zu Ende gegangenen Weichseleiszeit zu verdanken hat. Die Buckower Rinne, die heute mit ihren vielen Schluchten und Seen das Landschaftsbild des Naturparks bestimmt, wurde durch die Kraft des Schmelzwassers ausgewaschen. Für viele Vogel- und Fischarten bieten die Naturschutzgebiete der Märkischen Schweiz ideale Bedingungen. Wer auf halbem Weg müde ist vom Wandern, kann während der Saison mit dem Schiff zurückfahren. Damit geht es bequem zur Schiffsanlegestelle an der Wriezener Straße am nördlichen Ortsrand von Buckow.

An der Wriezener Straße beginnt ein kürzerer und sehr empfehlenswerter Spaziergang. Bei der Brücke über das Sophienfließ, das den Schermützelsee speist, weist ein Schild am Beginn eines leider allzu leicht zu übersehenden Waldwegs zu einem ehemaligen Naturdenkmal: der Wurzelfichte. Auf einem märchenhaften Pfad geht es zu der Stelle, an der ein 30 Meter hoher Baum mit mächtigem freistehenden Wurzelwerk stand. Mit ihren 160 bis 180 Jahren hatte die Fichte ihr maximales Alter bereits erreicht. Leider wurde sie im Januar 2007 vom Orkan Kyrill zerstört.

Zurück ins Stadtzentrum gelangt man über die Wriezener Straße vorbei am **Schlosspark,** der einen kurzen Abstecher lohnt. Den im 17. Jahrhundert als Barockgarten angelegten Park gestaltete Peter Joseph Lenné in einen Landschaftspark englischen Stils um. 1999 wurde die großzügige Gartenanlage, zu der einstmals ein Schloss gehörte, saniert. Das Buckower Schloss, Ende des 17. Jahrhundert erbaut, wurde nach Kriegsbeschädigung 1948 abgerissen.

Attraktionen für Freunde von Waggons und Lokomotiven bietet das **Eisenbahnmuseum** am Bahnhof. Hier kann man Originalfahrzeuge ab dem Baujahr 1934 besichtigen. Die über 100 Jahre alte Bahnstrecke Buckow – Müncheberg wurde 1998 stillgelegt. Sie wird aber als **Museumsbahn** an Wochenenden befahren, wovon vor allem müde Ausflügler profitieren können.

Restaurant Fischerkehle
Fisch- und Wildgerichte auf der Seeterrasse.
Fischerberg 7
15377 Buckow
Tel. (03 34 33) 3 74
www.fischerkehle.de
Tgl. 11–17 Uhr

Eisenbahnmuseum
Im Bahnhof
15377 Buckow
Mai–Okt.
Sa/So 10.30–17 Uhr
Außerhalb der Saison mit Voranmeldung unter
Tel. (03 34 33) 5 75 78
www.buckower-kleinbahn.de

Buckower Kleinbahn
Schöne Fahrt im technischen Denkmal: Die Buckower Kleinbahn ist die einzige elektrisch betriebene Museumsbahn in Deutschland.
Mai–Okt. an Wochenenden und Feiertagen zwischen 10.20 und 17.50 Uhr ca. stündlich Müncheberg – Waldsieversdorf – Buckow.
VBB-Fahrscheine gelten nicht, Fahrräder werden kostenlos mitgenommen.
Aktueller Fahrplan unter www.buckower-kleinbahn.de/fahrplan

TOUR 19

An- & Rückfahrt
RB 26 stündlich von
Berlin-Lichtenberg
bis Müncheberg
(ca. 45 Min.)

Radtour
Bhf Müncheberg –
Dahmsdorf –
Münchehofe –
Hermersdorf –
Neuhardenberg &
zurück

Länge
28 km hin & zurück

Karte ▸ Seite 57

Neuhardenberg

Strahlend schön

Im ersten Moment glaubt man an eine Sinnestäuschung: Mitten im Dorf Neuhardenberg steht ein strahlend weißes Schloss samt Schlosspark und Nebengebäuden.

Um die Schönheit und Anmut von Schloss Neuhardenberg wirklich genießen zu können, empfehlen wir für die Anreise eine Radtour oder ausgedehnte Wanderung von Müncheberg aus – ein Ausflug der Gegensätze.

„45,8 km nach Berlin" steht auf dem Bahnhofsgebäude in Müncheberg und „nach Buckow Gleis 7". Doch da (▸ Seite 50) wollen wir heute nicht hin. Richtung Buckow und Neuhardenberg geht es zunächst über denselben Weg: man überquert die Bahngleise und biegt kurz darauf rechts in den Eisenbahnweg ein – der heißt so, weil er parallel zur Hauptbahnstrecke verläuft. An seinem Ende biegen wir in den gepflasterten Weg links ein, bis dieser sich gabelt: Dort halten wir uns rechts und folgen dem Wegweiser Richtung Dahmsdorf/Münchehofe. Jetzt wird es fast gebirgig, der Weg führt vorbei an saftig-grünen Wiesen – wir befinden uns im **Naturpark Märkische Schweiz**.

Nach 5 hügeligen Kilometern durch Wald und Flur taucht **Münchehofe** auf. Am Eingang des freundlichen Ortes könnte man dem Hinweis zur Badestelle am Klobichsee folgen. Doch wir halten uns geradeaus: Über die geteerte Dorfstraße geht es vorbei an der Gaststätte „Grüne Meile", der Feldsteinkirche und der Jugendherberge wieder in den Wald.

Nach weiteren 3 Kilometern ist **Hermersdorf** erreicht, ein etwas größeres Dorf, in dem die Zeit stehen geblieben zu sein scheint: Autos und Landmaschinen aus DDR-Produktion stehen vor graubraunen Häusern. Am Ortsende zweigt halb links ein Weg ab, ein Straßenschild weist ihn als Marxwalder Weg aus: Auch das ein Hinweis auf die DDR-Vergangenheit, denn Neuhardenberg, das Ziel unserer Tour, hieß zwischen

In der Dorfmitte von Neuhardenberg steht eine Kirche von Karl Friedrich Schinkel

1949 und 1990 Marxwalde. Dieser Feldweg führt direkt nach Neuhardenberg. Radfahrer sollten allerdings besser geradeaus über Wulkow fahren und von dort den Radfernweg R1 benutzen. So oder so ist Neuhardenberg nach etwa 4 bzw. 6 Kilometern erreicht.

Das heutige Dorf **Neuhardenberg** hat eine ereignisreiche Geschichte – und wechselte mehrmals seinen Namen: 1348 als Quilicz (später auch Quilitz) gegründet, bestand es um 1480 aus drei Rittergütern. Im Jahr 1801 zerstörte ein Großbrand mehr als den halben Ort. Daraufhin wurde er nach Plänen von Karl Friedrich Schinkel neu angelegt. 13 Jahre später erwarb Staatskanzler Karl August Fürst von Hardenberg (1750–1822) das Gemeinwesen und ließ es umgehend in Neu-Hardenberg umbenennen.

Während der Zeit des Nationalsozialismus trafen sich im Schloss Neuhardenberg Mitglieder des deutschen Widerstands. Nach dem fehlgeschlagenen Attentat auf Hitler am 20. Juli 1944 wurde Carl-Hans Graf von Hardenberg ins KZ Sachsenhausen gebracht, wo er den Krieg überlebte. Das Gut wurde enteignet.

Nach dem Zweiten Weltkrieg wurde der Ort 1949 zu Ehren Karl Marx' in Marxwalde umgetauft. Man wollte mit dem neuen Ortsnamen den Bruch mit den „preußischen Junkern" demonstrieren, die nach kommunistischer Denkart als mitschuldig an der Entstehung des deutschen

Schloss Neuhardenberg
Schinkelplatz
Tel. (03 34 76) 60 07 50
Schlossbesichtigung März–Okt. So 13–18 Uhr, Ausstellung zum Schloss Di–So 10–18 Uhr.
Im Schloss kann man auch stilvoll übernachten.
www.schlossneuhardenberg.de

Faschismus galten. Schon 1945 wurde Graf von Hardenberg durch die Bodenreform erneut enteignet.

1952 wurde die Marxwalder LPG gegründet, ab 1954 erfolgte die Umgestaltung zum „Sozialistischen Musterdorf". Die Nationale Volksarmee (NVA) zog 1957 mit einer Garnison und 1960 mit einem Jagdfliegergeschwader am Ortsrand ein. Außerdem waren die Flugzeuge der DDR-Regierungsstaffel auf dem Flugplatz stationiert.

Nach der Wende wurde der Ort 1991 wieder in Neuhardenberg (diesmal ohne Bindestrich) rückbenannt. 1996, nach der Rückübertragung des Schlosses Neuhardenberg an die Familie von Hardenberg, verkaufte es diese an den Deutschen Sparkassen- und Giroverband.

Im schmucken Ortskern von Neuhardenberg trauen wir kaum unseren Augen: Ein vornehm geschotterter Weg führt zwischen feinstem Rasen schnurgerade auf eine Schlossanlage zu, die gleißend weiß strahlt. Welch ein Anblick! Die ganze Anlage ist streng geometrisch angelegt, mit Haupthaus, Orangerien, Kirche, Nebengebäuden und großem Schlosspark.

Das **Schloss,** 1763 erbaut, wurde ab 1814 von Karl August von Hardenberg umgestaltet. Dieser ließ bald den Baumeister Karl Friedrich Schinkel die Begräbniskirche der Familie erbauen und die gesamte Anlage klassizistisch umgestalten. Dabei wurde das Schlossgebäude um ein zweites Stockwerk aufgestockt. Vor dem Schloss tut sich mitten im Dorf der Platz mit der **Schinkelkirche**

Schloss Neuhardenberg

und dem Obelisken auf. Die Kirche ist ein ganz ungewöhnlicher Bau: Vorn ein runder Turm auf eckigem Sockel, rückwärtig an einen griechischen Tempel erinnernd. Der Kirchenhimmel im Innern wurde blau gestrichen und mit exakt 6262 Sternen unterschiedlicher Größe bedeckt. Der anmutige **Schlosspark** hinter dem Schloss wurde ab 1821 von Hermann von Pückler-Muskau und Peter Joseph Lenné gestaltet.

Schloss, Kirche und Park sind eines der wenigen erhaltenen Gesamtkunstwerke des Klassizismus in Brandenburg. Das Ensemble wurde 2002 nach vierjähriger Sanierung durch den Deutschen Sparkassen- und Giroverband als Zentrum für Kunst, Kultur und Wissenschaft mit einem Hotel und dem Restaurant „Brennerei" wiedereröffnet. In Letzterem kann man sich vorzüglich für die Rückfahrt stärken.

Restaurant Brennerei
Landgasthaus mit modern inspirierter, regionaler Küche.
In einem Nebengebäude des Schlosskomplexes
Tel. (03 34 76) 60 00
www.schlossneuhardenberg.com
Tgl. ab 11 Uhr

TOUR 20

Anfahrt
RB 26 stündlich von Berlin-Lichtenberg bis Müncheberg (ca. 45 Min.)

Radtour
Müncheberg – Behlendorf – Hasenfelde – Falkenhagen – Lietzow – Seelow

Länge
40 km

Rückfahrt
Bhf Seelow RB 60 alle 2 Stunden via Frankfurt (Oder) (RE 1) nach Berlin-Ostbahnhof (ca. 1 Std. 20 Min.)

Karte ▸ Seite 60

Tourist-Information
Stadtgeschichtliche Ausstellung im Torwächterhaus und Torturm des Berliner Tores.
Ernst-Thälmann-Str. 101
15374 Müncheberg
Tel. (03 34 32) 7 09 31
www.stadt-muencheberg.de

Oderbruchbahn-Radweg

Auf totem Gleis

Einer der reizvollsten Radwege Brandenburgs führt vom Rand der Märkischen Schweiz ins Oderbruch. Er verläuft auf der Trasse der ehemaligen Oderbruchbahn, auf der noch bis in die 70er-Jahre Güter und Personen transportiert wurden. Der Oderbruchbahn-Radweg ist insgesamt 120 Kilometer lang. Wir beschränken uns heute auf die schöne Etappe von Müncheberg nach Seelow.

Vom Bahnhof Müncheberg fährt man ca. 200 Meter entlang der Gleise bis zur Hinweistafel für den **Oderbruchbahn-Radweg**. Dort erfährt man unter anderem, dass die Oderbruchbahn von hier aus östlich der Landstraße nach Müncheberg verlief. Da es bis nach **Müncheberg** bisher keinen Radweg direkt auf der Bahntrasse gibt, führt uns das Symbol mit den Eisenbahnschienen zunächst entlang der Straße ins 3 Kilometer entfernte Stadtzentrum.

Tor zur Müncheberger Altstadt ist der 22 Meter hohe **Berliner Turm**. Er wurde 1319 erbaut und war Teil der Stadtbefestigung. Eine Stadtmauer umschließt bis heute den Altstadtkern von Müncheberg. Im Turm lagerte das Schießpulver, zeitweise diente der Bau auch als Gefängnis. Im angrenzenden Torwächterhaus hat heute die Tourist-Information ihren Sitz.

Wenige hundert Meter weiter gelangt man zum Marktplatz, an dem auch das Rathaus steht. Leider laden rundherum nur wenige Läden und Gastronomie zum Bummeln und Verweilen ein. Eindrucksvoll ist die große **Stadtpfarrkirche St. Marien**, die imposant auf dem Kirchberg thront. Der gotische Backsteinbau aus dem Mittelalter wurde um einen Turm nach Plänen von Karl Friedrich Schinkel ergänzt. Im Zweiten Weltkrieg zerstört, wurde er in den 1990er-Jahren wiederaufgebaut. Dabei erhielt die Kirche einen ungewöhnlichen modernen Einbau und beherbergt nun die Stadtbibliothek und einen Sitzungssaal. Wie ein Schiffsrumpf schmiegt sich dieses Innengebäude an die Nordwand des Kirchenschiffes. Die Raumwirkung der gotischen Kirche ist trotz des Einbaus erhalten geblieben.

Vorbei am **Küstriner Turm** aus dem 15. Jahrhundert verlassen wir wieder die Altstadt. Am Verkehrskreisel biegen wir Richtung Frankfurt (Oder) ein, nehmen aber sofort den geteerten Waldweg links. Voilà, jetzt kann die Erholung beginnen, denn ab jetzt verläuft der Radweg die nächsten 35 Kilometer wirklich abseits vom Autoverkehr auf der alten Bahntrasse.

Nächste Station ist nach 8 Kilometern **Behlendorf,** bestehend aus einem Dorf und dem gleichnamigen Gutshof. Letzterer wurde 1802 nach Plänen von Karl Friedrich Schinkel erbaut. Die sehenswerte Anlage mit Herrenhaus, Landarbeiterhäusern, Brennerei und weiteren Gebäuden wurde kreisförmig um einen Teich gebaut. Heute steht sie unter Denkmalschutz.

Weiter führt der Weg zum **Heinersdorfer See** (schöne Badestelle) und zum gleichnamigen Dorf. Nächster Ort ist **Hasenfelde,** wo sich die beiden Äste des Oderbruchbahn-Radwegs (einer führt nach Fürstenwalde) vereinigen. Über **Arensdorf** geht es weiter zwischen Feldern nach **Falkenhagen.** Das 700 Einwohner zählende Dorf hatte bis

Oderbruchbahn-Radweg bei Müncheberg

Eisgarten Buchholz
Café-Restaurant mit Terrasse, deutsche Küche.
August-Bebel-Straße 15
15306 Falkenhagen
Tel. (03 36 03) 2 88

Komturei Lietzen
15306 Lietzen
Führung über das Gelände, Ferienwohnung.
Lietzen Nord 38
Tel. (03 34 70) 49 60
www.komturei-lietzen.de

ins 17. Jahrhundert Stadtrechte. Seit 1923 ist das Seengebiet um Falkenhagen Landschaftsschutzgebiet. In Falkenhagen knickt unser Radweg in Richtung Lietzen ab und verläuft nun oberhalb einer Seenkette – ein besonders reizvolles Teilstück. Über **Lietzen** erreichen wir **Lietzen-Nord**.

Hier befindet sich die eindrucksvolle **Komturei Lietzen,** die 1229 vom Templerorden gegründet wurde. Über den äußeren Bereich der Komturei gelangt man zum ummauerten Hof mit Kirche, Herrenhaus und Nebengebäuden. Die Komturei-Kirche hat ihren Ursprung vermutlich im 13. Jahrhundert. Jüngeren Datums ist ihr Fachwerkturm mit den viereckigen, laternenartigen Aufbauten. Die Wetterfahne trägt die Jahreszahl 1727. Im Innern der Kirche gibt es einen geschnitzten und bemalten Kanzelaltar aus dem 18. Jahrhundert.

Eigentümer der Komturei Lietzen ist heute wieder die Familie von Hardenberg. 1814 hatte Staatskanzler Fürst von Hardenberg die Anlage vom preußischen Staat als Schenkung erhalten.

Historische Ortsmitte Behlendorf

Zweimal waren die von Hardenbergs enteignet worden, 1944 von den Nationalsozialisten und nach 1945 im Rahmen der Bodenreform in der späteren DDR.

Der nächste Ort am Oderbruchbahn-Radweg ist **Neuentempel** (120 Einwohner), das 1247 vom Templerorden gegründet wurde. Eingebettet in die leicht hügelige Landschaft um das Platkower Mühlenfließ, bietet das Dorf mit seinen alten Scheunen, der massiven Feldsteinkirche und den vielen alten Bäumen einen freundlichen Anblick. Die meisten Bauernhäuser stammen aus der ersten Hälfte des 19. Jahrhunderts. Auch einen kleinen „Tante-Emma-Laden" gibt es in Neuentempel. Wer sich dort eine Stärkung besorgt, kann die Nähe zu Polen erahnen: Mineralwasser und Schoko-Eis tragen polnische Aufschriften.

Einen Kilometer weiter erreicht man **Diedersdorf.** Es liegt an der Bundesstraße 1 und ist daher nicht so weltabgeschieden wie die Dörfer, die wir hinter uns gelassen haben. Auch in Diedersdorf gibt es ein Schloss. Das nennt sich heute „Haus der Beratung" und beherbergt verschiedene Dienstleistungsfirmen.

Ab Diedersdorf verläuft der separate Radweg parallel zur B 1 bis ins ca. 5 Kilometer entfernte **Seelow** (▸ Seite 62). Hier ist die **Gedenkstätte und das Museum Seelower Höhen** besonders sehenswert. Sie liegt am östlichen Ortsausgang nahe des Bahnhofs.

Alte Sensenschmiede
Historische Schmiede aus dem 19. Jh.
Neuentempel 25
15306 Vierlinden-Neuentempel
Tel. (0 33 46) 84 53 62
März–Nov Di–So
10–17.30 Uhr, sonst nur nach Voranmeldung

TOUR 21

Anfahrt
RE 1 alle 2 Std. ab Berlin-Ostbahnhof nach Frankfurt (Oder) und
RB 60 alle 2 Std. nach Seelow (Mark)
(ca. 1 Std. 30 Min.)

Stadtspaziergang & Wanderung
Seelow – Gusow

Länge
6 km

Rückfahrt
RB 26 stündlich ab Bhf Seelow-Gusow nach Berlin-Lichtenberg
(Fahrzeit ca. 60 Min.)

Gedenkstätte Seelower Höhen
Mit Geländemodellen, Waffen, Fotos, Karten u. a. wird an die blutige Erstürmung der Seelower Höhen erinnert.
Küstriner Straße 28a
15306 Seelow
Tel. (0 33 46) 5 97
www.gedenkstaette-seelower-hoehen.de
Apr.–Okt. Di–So 10–17,
Nov.–März Di–So 10–16 Uhr

Seelow

Mahnmal im Oderbruch

Seelow besteht bereits seit über 750 Jahren. Aber erst ein trauriges Kapitel der jüngeren Geschichte hat den Ort am Rand des Oderbruchs weltbekannt gemacht: Im Frühjahr 1945 fand auf den Seelower Höhen die letzte Großschlacht des Zweiten Weltkriegs in Deutschland statt.

Der Angriff auf den Seelower Höhen war Teil der „Berliner Operation" der sowjetischen Armee, einer Großoffensive, mit der die deutsche Reichshauptstadt von mehreren Seiten eingenommen und der Krieg schließlich beendet wurde. Die deutsche Wehrmacht leistete hier den letzten erbitterten, aber sinnlosen Widerstand. An einem einzigen Tag, dem 16. April 1945, starben auf den Seelower Höhen 33 000 Rotarmisten, 5 000 polnische Soldaten und 12 000 Wehrmachtsangehörige.

An diese entscheidende Schlacht und die Zerstörung des Gebietes um Seelow erinnert die **Gedenkstätte Seelower Höhen,** die nur einige Schritte vom Bahnhof Seelow entfernt an der Bundesstraße 1 liegt.

Das Mahnmal des sowjetischen Bildhauers Lew Kerbel sollte in gebührender Weise „an den ruhmvollen Weg" der Roten Armee erinnern. Es stellt einen Rotarmisten dar, der mit dem Maschinengewehr stolz vor der Brust an einem Panzer lehnt. Zu seinen Füßen befinden sich die Gräber der gefallenen Soldaten. Bereits im November 1945 wurde das Mahnmal eingeweiht. In den 70er-Jahren kam noch ein Museumsbau hinzu, in dem heute ohne den Pathos der Außenanlagen an die Schlacht um Berlin erinnert wird.

Am Rande der Grabstätten hat man trotz allem einen wundervollen Ausblick über das Oderbruch bis hin zur polnischen Grenze. Hier wird ein ganz anderes Stück Geschichte der Region anschaulich. Noch bis ins 18. Jahrhundert war die gesamte Ebene mit unzähligen kleinen und großen Oderarmen durchzogen und glich mit Sümpfen und Seen der Landschaft des Spreewaldes. Mehrmals im Jahr verwandelten Überschwemmungen die Ebene in einen riesigen See. So war das Gelände landwirtschaftlich kaum nutzbar. 1746–1753 schließlich ließ Friedrich II. ein begradigtes Flussbett für die Oder anlegen und Dämme bauen. Durch die Trockenlegungen entstand eine fruchtbare Kulturlandschaft und das Oderbruch wurde zum „Gemüsegarten Berlins".

Von der Gedenkstätte sind es nur wenige Schritte bis ins Zentrum von Seelow. Am **Puschkinplatz** ist die 1832 erbaute Kirche, an deren Planung der Baumeister Karl Friedrich Schinkel beteiligt war, zu bewundern. Sie wurde kürzlich restauriert. Auch das 1847 erbaute Rathaus mit spätklassizistischer Fassade an der Küstriner Straße erstrahlt heute in neuem Glanz.

Von Seelow aus empfiehlt es sich, einen Spaziergang nach **Schloss Gusow** zu machen (ca. 6 Kilometer). Schloss Gusow wird 1336 erstmals erwähnt. In der Folgezeit wurde es je nach Zeitgeschmack immer wieder umgebaut. Die Schlossherren im 19. Jahrhundert haben sich vom Stil englischer Landhäuser inspirieren lassen. Davon zeugen noch heute neugotische Schmuckelemente und Fensterbogen, die drei Türme und der Wallgraben.

Heute ist das Schloss in Privatbesitz und wird nach und nach wieder hergerichtet. Von außen erscheint es schon wieder vollständig in seiner neugotischen Gestalt. Außerdem lädt der 25 Hektar große, verwilderte Landschaftspark zu ausgedehnten Spaziergängen ein. Man kann sich etwa auf die Suche nach den Resten der Liebesgrotte begeben. Oder ein kühles Bad im nahen See nehmen.

Wanderung nach Gusow
6 km, auf dem Europawanderweg E 11
ab Bahnhof Seelow über Werbig, nach Überquerung der Bundesstraße 167 rechts nach Gusow

Schloss Gusow
Restaurant, Pension und Museum.
Schlossstraße 7
15305 Gusow
Tel. (0 33 46) 87 25
www.schloss-gusow.de
Apr.–Sep.
Di–So 10–18 Uhr,
Okt.–März Di–Fr 10–17, Sa/So 10–18 Uhr

Gedenkstätte Seelower Höhen

TOUR 22

Anfahrt
RB 26 alle 2 Std. ab Berlin-Lichtenberg nach Golzow (ca. 1 Std.)

Radtour
Golzow – Zechin – Sophienthal (– Wollup) – Letschin

Länge
20 km
(mit Wollup 23 km)

Rückfahrt
RB 60 alle 2 Std. ab Letschin nach Frankfurt (Oder) und
RE 1 nach Berlin
(ca. 1 Std. 45 Min.)

Karte ▶ Seite 71

Filmmuseum Golzow
Alles über die berühmten Golzow-Filme.
Hauptstraße 16
15328 Golzow
Tel. (03 34 72) 5 18 82
www.kinder-von-golzow.com
März–Okt. Mo–Fr 10–17, Sa/So/Fei 11–17 Uhr,
Nov.–Feb. Di–Fr 10–16, Sa/So 11–16 Uhr

Golzow

Die Kinder von Golzow

Diese Radtour auf dem nördlichen Teil des Oderbruch-Bahnradwegs führt vom Filmdorf Golzow durch weite Felder und idyllische Dörfer nach Letschin.

Vom außerhalb gelegenen Bahnhof Golzow führt eine schöne, wenig befahrene Allee in das aufgeräumt wirkende Dorf, der Radweg verläuft parallel daneben.

Golzow ist eigentlich nur ein größeres Dorf im Oderbruch – und doch eine Berühmtheit. Denn hier wurde seit 1961 die längste Langzeitdokumentation der Welt gedreht. Die „Stars" waren seit ihrer Einschulung 18 Schüler einer ersten Klasse der Golzower Schule. Das Leben dieser „Kinder von Golzow" wurde seitdem von einem Filmteam begleitet. 45 Jahre lang reisten die Filmemacher um den Regisseur Winfried Junge immer wieder zu den Kindern von Golzow, um deren Leben zu dokumentieren – auch als diese schon erwachsen und teils in die halbe Welt verstreut waren. Entstanden ist eine einmalige Langzeitdokumentation, die auch nach dem Ende der DDR weitergeführt wurde und am Ende 400 Kilometer Filmrollen umfasste.

Die Geschichte dieser cineastischen Großtat lässt sich im Golzower Gemeindezentrum nacherleben, wo es ein kleines, liebevoll zusammengestelltes **Filmmuseum** gibt. Auf Wunsch kann man sich dort sogar ausgewählte Golzow-Filme vorführen lassen. Als Eintrittskarte erhält man den Schnipsel einer Filmrolle.

Ansonsten ist Golzow ein ganz normales Dorf im Oderbruch: Ursprünglich war es eine slawische Rundsiedlung, woran bis heute der große, kreisrunde Dorfplatz im Dorfzentrum erinnert. Ihn schmückt heute eine Grünanlage, mit Bänken, Geschichtsstele, Infotafeln und einem Denkmal. Im Zweiten Weltkrieg teils zerstört, stammen relativ viele Gebäude im Dorf aus Zeiten der DDR, auch die berühmte Schule in einer Seitenstraße gehört dazu.

Sonnenblumenfeld bei Golzow

Vom deutlich agrarwirtschaftlich geprägten Golzow führt der Oderbruchbahn-Radweg durch weite Sonnenblumen- und Maisfelder, Wiesen und kleine Wäldchen. Die Landschaft ist flach und das Radfahren macht Spaß. Man streift das Dörfchen **Friedrichsaue** (Abstecher ins beschauliche Dorf lohnt sich). In **Zechin** knickt der Radweg nach Osten ab und führt nach **Sophienthal**, ein malerisches, typisches Straßendorf mit Storchennest, das schon in Odernähe liegt. Von hier geht es dann über kaum befahrene Straßen nach Letschin.

Freunden von Gartenarchitektur sei allerdings vorher noch ein kleiner Umweg empfohlen: Im Dorf **Wollup** versteckt sich hinter Agrarzweckbauten ein kleiner verwunschener **Landschaftspark**. Teiche werden umringt von Laubbäumen, Enten und Gänse watscheln über die Wege, kleine Brückchen führen über die Teichzuläufe – ein echtes Kleinod.

Von Wollup aus verläuft ein Radweg direkt neben der schnurgeraden Landstraße nach **Letschin** (▸ Seite 66). Zum einen Kilometer außerhalb des Dorfs liegenden Bahnhof führt ab dem Ortszentrum ein asphaltierter Rad-/Fußweg.

TOUR 23

An- & Rückfahrt
RE 1 alle 2 Std. ab Berlin Stadtbahn nach Frankfurt (Oder) und RB 60 nach Letschin (ca. 2 Std.), ca. 20 Min. Fußweg vom Bhf bis nach Letschin

Wanderung
Letschin – Bockwindmühle Wilhelmsaue & zurück

Länge
8 km hin & zurück

Karte ▶ Seite 71

Letschiner Heimatstuben
Fontanezimmer, Ortsgeschichte, wechselnde Ausstellungen.
Letschiner Birkenweg 1
15324 Letschin
Tel. (03 34 75) 5 07 97
www.letschin.de/heimatstube
Mi–Fr 11–17 Uhr,
Sa/So 14–17 Uhr

Letschin

Der verschwundene Fritz

In Letschin wird das Andenken an Friedrich II. hochgehalten. Und das nicht nur, weil der Alte Fritz mit der Trockenlegung des Oderbruchs Letschin erst zur Blüte verholfen hatte. Sondern weil ein Denkmal des Preußenkönigs hier Geschichte gemacht hat.

Und das kam so: Bereits seit 1905 stand das Denkmal Friedrichs II., das der Bildhauer H. W. von Glümer geschaffen hatte, am alten Letschiner Dorfanger. Zu DDR-Zeiten wurde es dann entfernt, da der Preußenkönig nicht recht ins Bild des sozialistischen Arbeiter- und Bauernstaates passen wollte. Das Denkmal sollte zerstört werden. Einigen beherzten Bürgern gelang es jedoch, den Alten Fritz verschwinden zu lassen. Und so blieb das Standbild 35 Jahre lang in der Scheune des Letschiners Hans Glotz versteckt. 1990 wurde es wieder ans Tageslicht gebracht, restauriert und am gewohnten Platz aufgestellt.

Dass die Letschiner stolz sind auf diese Anekdote und gern darüber berichten, das merkt man sofort. Zum Beispiel bei einem kleinen Schwatz im Wirtshaus direkt neben dem Denkmal in der **Friedrichstraße**. Es heißt – wie könnte es anders sein – „Zum Alten Fritz". Zwischen historischen Fotografien von Letschin kann man hier gutbürgerlich speisen.

Uneinigkeit dagegen besteht über eine andere wichtige Persönlichkeit der Letschiner Geschichte. Die Eltern des Dichters Theodor Fontane betrieben hier von 1838 bis 1850 eine Apotheke. Auch heute noch gibt es eine „Fontane-Apotheke" in der Fontanestraße 20. Es handelt sich aber nicht um das Originalgebäude, das 1866 durch ein Feuer zerstört wurde. Fragt man die Letschiner, wo denn die erste Fontane-Apotheke gestanden habe, bekommt man alle möglichen Antworten. Schließlich würde hier jeder gern behaupten, dass Emilie und Louis Henri Fontane gerade auf dem eigenen Grundstück Salben und Pülverchen über den Ladentisch gereicht haben.

Klarheit erhält man erst in den „Letschiner Heimatstuben", dem Heimatmuseum am Birkenweg. Hier wird einem glaubhaft versichert, dass die Original-Apotheke tatsächlich dort gestanden hat, wo der Nachfolger auch heute noch Aspirin verkauft. Fontane selbst, der sich nur besuchsweise hier aufhielt, liebte Letschin übrigens nicht sehr und nannte es „Klein-Sibirien".

In den **Letschiner Heimatstuben** werden neben einem Fontanezimmer weitere Zeugnisse zur Ortsgeschichte gezeigt. Außerdem finden hier regelmäßig Ausstellungen von regionalen Künstlern statt.

Im Zentrum des Ortes stößt man auf ein weiteres kurioses Bauwerk. Ganz allein steht hier ein achteckiger Kirchturm – ohne Kirche, denn die ist im Zweiten Weltkrieg zerstört und nicht wieder aufgebaut worden. Der Turm in Backsteingotik ist von Karl Friedrich Schinkel entworfen worden und dient heute ebenfalls als Ausstellungsraum.

Der Alte Fritz steht seit 1990 wieder an seinem gewohnten Platz

Bockwindmühle Wilhelmsaue

Spaziergänge rund um Letschin lohnen sich schon wegen der vielen Obstbaum- und Weidenalleen, die man hier überall findet. Umso reizvoller wird ein Fußmarsch mit einem Ziel wie der Bockwindmühle Wilhelmsaue. Sie ist die einzige noch funktionstüchtige Mühle in der Gegend und wurde noch bis 1960 regelmäßig genutzt. Heute gehört die Anlage zum Freiluftmuseum Altranft (▸ Seite 48). Im Inneren staunt der Besucher über ihre ganz aus Holz gefertigte, raffinierte Technik. Und wenn man Wind und nicht zu empfindliche Ohren mitbringt, kann man das mächtige Mühlrad auch in Bewegung erleben.

Spaziergang zur Bockwindmühle Wilhelmsaue
ab Letschin Richtung Groß Neuendorf, nach dem Ortsausgang links ausgeschildert, 3 km Besichtigung Apr.–Okt. Fr–So 10–17 Uhr und nach telefonischer Absprache
Tel. (01 62) 6 31 84 78

TOUR 24

Anfahrt
RB 26 stündlich ab Berlin-Lichtenberg nach Küstrin-Kietz (ca. 1 Std.)

Radtour
Küstrin-Kietz – Bleyen – Genschmar – Kienitz – Groß Neuendorf – Letschin

Länge
35 km

Rückfahrt
RB 60 alle 2 Std. ab Letschin nach Frankfurt (Oder) und RE 1 nach Berlin (ca. 1 Std. 45 Min.)

Karte ▸ Seite 71

TF
Theodor Fontane Radweg

R1
Europäischer Radwanderweg

ONRW
Oder-Neiße-Radwanderweg

Oderbruch

Auf dem Oderdamm

Traumhafte Natur gibt es auf einer Tour zwischen Kietz und Letschin zu erleben: weite Wiesen- und Weidelandschaften, naturbelassene Uferzonen an der Oder, über denen Fischadler und Kormorane kreisen. Aber auch kulturell gibt es einiges zu entdecken: zum Beispiel einen kleinen, fast vergessenen jüdischen Friedhof.

In **Küstrin-Kietz** steigt man aus, bevor der Zug weiter über die polnische Grenze nach Kostrzyn fährt. Klein ist der Abstand zwischen den beiden Orten diesseits und jenseits der Grenze und tatsächlich war Kietz einmal die Fischervorstadt von Kostrzyn (▸ Seite 72).

Nachdem man sein Rad über die Fußgängerbrücke geschleppt hat, biegt man nach links in die Hauptstraße ein. Nach ein paar hundert Metern folgt man der Ausschilderung links nach **Bleyen** (TF, R1). Ab hier radelt es sich leicht auf oder neben dem Damm und man hat einen weiten Blick auf die Wiesen und Weidenbäume der naturgeschützten Oderebene.

Kurz vor **Genschmar** kann man sich entscheiden, ob man auf dem Oderdamm bleibt (ONRW) oder einen Bogen nach links über Genschmar, Friedrichsaue und Sophienthal macht (weiter TF, R1). Auf diesem Umweg bekommt man, nach dem doch immer gleichen Deichblick, noch ein paar beschauliche Dörfchen zu sehen. Außerdem sind die Wege üppig mit Apfel- und Birnbäumen gesäumt, sodass man im Herbst eine kleine Proviantpause einlegen kann.

So oder so gelangt man in **Sophienthal** wieder auf den Deich und fährt weiter Richtung **Kienitz** (ONRW). Kienitz, das ursprünglich aus einem Fischerdorf entstand, wurde erstmals 1234 urkundlich genannt. Seit der Trockenlegung des Oderbruchs durch Friedrich II. war die Haupteinnahmequelle der Bewohner die Landwirtschaft. 1945 war Kienitz der erste Ort hinter der Oder, der von der Roten Armee auf ihrem Weg nach Berlin befreit wurde. Daran erinnert noch heute in schöner sozialistischer Gedenkmanier ein sowjetischer Panzer des Typs T34, der in der Dorfmitte steht. Auch nicht zu übersehen, aber viel ansprechender ist das Gasthaus „Zum Hafen", das seine Tische und Stühle direkt auf dem Deich aufgestellt hat. Seinen Namen hat es von dem kleinen Sporthafen direkt gegenüber, von dem aus auch Oderrundfahrten starten. Die Kirche des 500-Einwohner-Dorfes ist vor einiger Zeit zur **Radfahrerkirche** ernannt worden. Auch Ungläubige sind eingeladen, hier am Oder-Neiße-Radweg einen Moment lang innezuhalten.

Mehr Attraktionen hat das vier Kilometer weiter gelegene **Groß Neuendorf** zu bieten. Am Oderufer fällt gleich der ehemalige **Verladekran** ins Auge. Er steht am alten Hafen, der früher ein wichtiger Warenumschlagplatz war. Heute gibt es hier ein Turmcafé mit schönem Ausblick und einer Ferienwohnung. Auch andere Hafengebäude dienen touristischen Zwecken: Im **Maschinenhaus** ist ein Hotel-Restaurant eingezogen, nebenan kann man in alten Bahn-Waggons übernachten. In ehemaligen Lagerhallen sind ein Fahrrad-Verleih, eine Kanu-Vermietung, ein Landwirtschaftsmuseum und eine Kunstgalerie untergebracht.

Gasthof Zum Hafen
Deichweg 20
15324 Letschin-Kienitz
Tel. (03 34 78) 4 40
Mai–Sep. tgl. 8–20 Uhr
Okt.–Apr. Mo, Di, Fr 12–17 Uhr,
Sa/So 10–17 Uhr

Oderrundfahrten
ab Kienitz unregelmäßig an Wochenenden und nach Vereinbarung
Tel. (01 73) 7 06 62 99

An der Oder bei Kienitz

Landfrauencafé
Ländliche Küche, Tagesgerichte.
Straße der Freundschaft 12
15324 Groß Neuendorf
Tel. (03 34 78) 49 02
www.gross-neuendorf-landfrauen.de
Mi–Mo, Fei ab 11.30 Uhr

Biegt man vom Deich in die Alte Dorfstraße ein, säumen links und rechts niedrige, schmucke Häuser den Weg. Am Ende der Alten Dorfstraße liegt die hübsche **Backsteinkirche** von 1850, deren Kirchenraum sich im ersten Stock befindet.

Fährt man hier, wo die Straße in einen Feldweg übergeht, ein Stück weiter aus dem Dorf hinaus, findet man ein wirkliches Kleinod: einen gut erhaltenen, **jüdischen Friedhof**. 1847 hatte sich hier eine jüdische Gemeinde für die Orte Letschin und Groß Neuendorf gebildet. Ende des 19. Jhs. wurde die Gemeinde mit Seelow zusammengelegt. Es gab auch eine Synagoge, 1865 erbaut, die zu DDR-Zeiten in ein Wohnhaus umgebaut wurde. Zu finden ist sie, wenn man von der Straße der Freundschaft in die Poststraße abbiegt, gleich auf der rechten Seite, in der Hausnummer 32. Geht man um das Gebäude herum, sieht man auf der Rückseite noch die zugemauerten Bogenfenster.

Ein guter Einkehrtipp in Groß Neuendorf ist das bekannte „Landfrauencafé" mit deftigen Gerichten und selbst gebackenem Kuchen.

Von Groß Neuendorf geht es weiter auf der schönen Allee Richtung Kienitz-Nord. Etwa 3 Kilometer hinter **Kienitz-Nord** zweigt rechts die Wilhelmsauer Dorfstraße ab. Hier lohnt sich ein Abstecher zur gut einen Kilometer entfernten **Wilhelmsauer Bockwindmühle** (▶ Seite 67). Oder man fährt gleich geradeaus weiter zu unserem Ziel **Letschin** (▶ Seite 66). Hier braust man geradeaus über die alte Dorfaue in das Städtchen. Vorbei an hübschen Fachwerkgebäuden erreicht man das Zentrum von Letschin mit einigen Läden. Am großen Dorfanger links abgebogen, passiert man das Denkmal des Alten Fritz (▶ Seite 67). Nach dem Verkehrskreisel knickt die Hauptstraße nach links ab, wir aber fahren weiter geradeaus – der Fuß-/Radweg führt ab jetzt fast schnurgerade zum gut einen Kilometer außerhalb liegenden Bahnhof.

Ein sowjetischer Panzer erinnert in Kienitz an die Befreiung durch die Rote Armee

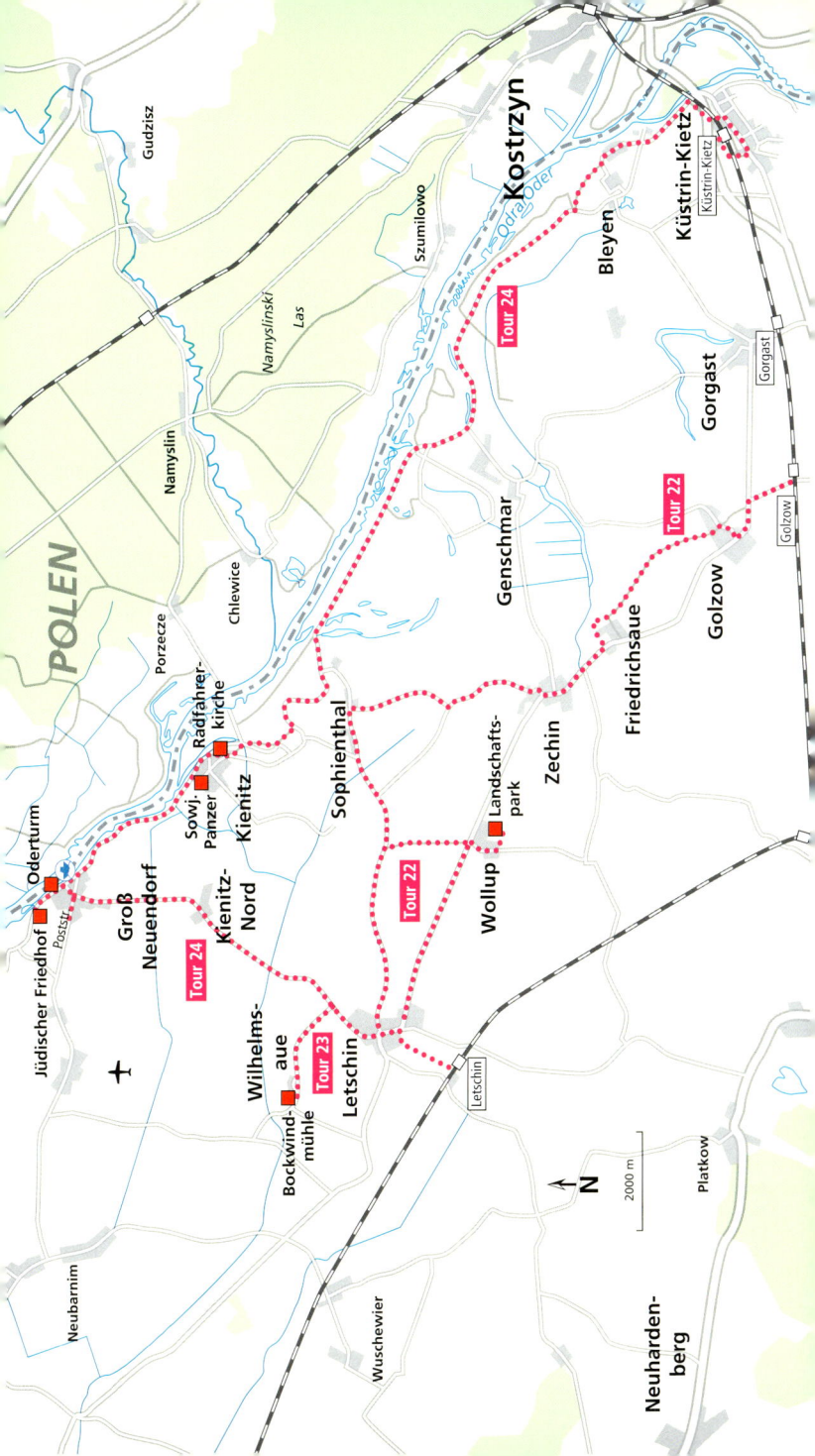

TOUR 25

An- & Rückfahrt
RB 26 stündlich ab Berlin-Lichtenberg nach Küstrin-Kietz und Kostrzyn (ca. 1 Std. 15 Min.)

Stadtspaziergang & Wanderung

Länge
6 km

Karte ▸ Seite 77

Tourist-Information
Mit Fahrradverleih, Vermittlung von Unterkünften.
Festung Küstrin
66-470 Kostrzyn
Tel. (03 34 79) 54 78 45
www.tourist-info-kostrzyn.de

Küstrin

Einst eine Festung

Kostrzyn, ehemals Küstrin, ist heute eine polnische Stadt mit deutscher Geschichte.

Küstrin-Kietz ist eine kleine Ortschaft an der Oder, auffällig allein dadurch, dass unzählige Gleise hindurchführen. Die Züge, die in Küstrin-Kietz auf Gleis 21 halten, passieren bald danach den Bahnhof Küstrin Altstadt. Hier hält seit über 50 Jahren kein Zug mehr. Der Bahnsteig ist mit Unkraut überwachsen, das Bahnhofsgebäude verfällt, auch die umliegenden Gebäude stehen leer. Da muss man durch, wenn man Richtung Oder will, ganz gleich ob zu Fuß, mit Rad, Auto oder Bahn. Die Altstadt verlässt man über eine der Brücken, die über die Oder führen. Hier wird Küstrin-Kietz zum polnischen **Kostrzyn,** hier wechselt die Sprache, die Währung ändert sich.

Bis 1945 war Küstrin eine Stadt, die sich auf beiden Seiten der Oder ausbreitete. Heute deutet lediglich die gemauerte Befestigung am östlichen Ufer auf das einstige Zentrum hin. Von der Festungsanlage aus dem 16. Jahrhundert ist kaum mehr sichtbar als diese Mauern. Eben diese Festung wurde aufgrund ihrer geografischen Lage beim Vormarsch der Roten Armee 1945 zum gnadenlos umkämpften Ziel. In den letzten Kriegstagen wurde hier fast alles zerstört. Heute ist die Anlage eher Mahnmal als ein Pompeji des Nordens.

Folgt man der Ausschilderung ins Zentrum, gelangt man in den größtenteils nach 1945 neu entstandenen Teil Küstrins. In entgegengesetzter Richtung, nach dem Grenzübergang rechts, gelangt man hinter einem Kiosk über einen Parkplatz auf unbefestigten Wegen zu den Festungsruinen.

In einem Teil der Küstriner Festung war ein königliches Gefängnis untergebracht. Hier hielt König Friedrich Wilhelm I. von Preußen 1730 seinen eigenen Sohn, den späteren Friedrich den Großen, wegen dessen Fluchtabsicht nach England gefangen. Vor der Zelle wurde Hans

Die Befestigungsmauer am östlichen Oderufer schützte einst das Stadtzentrum von Küstrin

Hermann von Katte, in die Fluchtpläne eingeweihter Freund und Vertrauter des verhafteten Kronprinzen, mit dem Schwert enthauptet.

Diese Geschichte kann der neugierige Besucher auf einer Informationstafel auf dem Festungsgelände in polnischer und deutscher Sprache finden. Wer das Kopfsteinpflaster der verwaisten Straßen betritt, wer die Treppen der verfallenden Altstadtgebäude besteigt oder unter Trümmern in Kellerräume hineinlugt, bekommt eine Ahnung von dem Leben, das sich hier abspielte.

Naturfreunde müssen sich in Kostrzyn ganz und gar nicht mit der Ruinenstadt begnügen, sie können auf Beobachtungstour im **Nationalpark Warthemündung** gehen. Die Parkdirektion, in der sich neben Ausstellungs- und Seminarräumen auch eine Herberge befindet, ist etwa 2 Kilometer außerhalb Kostrzyns gelegen und über die Straße in Richtung Slonsk erreichbar. Der Nationalpark erstreckt sich über eine Fläche von ca. 8 000 Hektar auf beiden Seiten der Warthe.

Auch wenn es im Nationalpark keine markierten Wanderrouten gibt, einige Wege sind für Radfahrer und Fußgänger zugelassen. Außerdem gibt es zwei Naturlehrpfade: Der „Naturgarten der Sinne" befindet sich gleich neben dem Sitz der Parkdirektion. „Auf der Vogelroute" führt über einen etwa 3 Kilometer langen Rundweg durch Vogelbrutreviere im Naturschutzgebiet **Slonsk**.

Park Narodowy „Ujscie Warty"/ Nationalpark Wartemündung
Chyrzyno 1
69-113 Górzyca, Polen
Tel. (00 48-95) 7 52 40-27
www.pnujsciewarty.gov.pl

TOUR 26

Anfahrt
RB 26 stündlich ab Berlin-Lichtenberg nach Küstrin-Kietz und Kostrzyn
(ca. 1 Std. 15 Min.)

Radtour
Küstrin – Reitwein – Wuhden – Klessin – Lebus – Frankfurt

Länge
25 km

Rückfahrt
RE 1 halbstündig ab Frankfurt (Oder) nach Berlin Stadtbahn
(ca. 1 Std. 15 Min.)

Karte ▶ Seite 77

Oder-Neiße-Radweg

Zu beiden Seiten der Oder

Auf dem Oderdamm von Küstrin nach Frankfurt: Der Radweg ist asphaltiert und führt auf dem Deich entlang, streckenweise auch nebenher, sodass der Blick auf die Oder zwar versperrt ist, dafür frei über die Felder schweifen kann.

Zeitweise ein bisschen eintönig ist es, auf dieser geraden, platten Strecke Kilometer für Kilometer zu fahren, außerdem brennt die Sonne heiß ins Gesicht auf dem Weg nach Süden. Nach ca. 10 Kilometern auf dem Damm heißt uns das Örtchen **Reitwein** willkommen, wir nehmen die Einladung gerne an und biegen in den Ort ab.

In der Mitte des Dorfes wollen uns jede Menge Hinweisschilder auf verschiedene Rad- und Wanderwege locken, zunächst fällt unser Blick allerdings auf die Gaststätte „Zum Heiratsmarkt". Das alljährlich in der Woche nach Pfingsten stattfindende Volksfest gab dem heute für Hochzeiten und Veranstaltungen genutzten Lokal seinen Namen. Anfang des 20. Jahrhunderts hatte auf diesem Fest der Männergesangsverein seine Auftritte, heute kann man für 24 Stunden auf Probe heiraten.

Sehenswert ist die Ruine der Dorfkirche von Reitwein: Sie wurde 1858 im neugotischen Stil erbaut und im Zweiten Weltkrieg schwer beschädigt. Heute ist sie als eindrucksvolle Ruine erhalten, in der auch Gottesdienste und andere Veranstaltungen stattfinden (von der Gaststätte „Zum Heiratsmarkt" einfach die Hauptstraße bis zum Knick und hier weiter geradeaus in den Hathenower Weg fahren).

Zurück auf der Reitweiner Hauptstraße geht es wieder Richtung Oderdamm. Dort angekommen, passiert man bald die unscheinbare **Diplomatentreppe**, die hinauf zum Oderdeich führt. An dieser Stelle überquerte 1945 die Rote Armee die Oder. Die Treppe wurde 1985 aus Anlass der Feierlichkeiten zum 40. Jahrestag der Befreiung errichtet, um die angereisten Botschafter bequem

Reitwein: Blick vom Kirchturm auf die Ruine der Dorfkirche

auf den Deich und damit zum Ausblick auf die Oder und die historische Stätte geleiten zu können.

Weiter am Oderdamm erreichen wir nach 9 Kilometern **Lebus**. Die Landschaft rund um Lebus hat einiges zu bieten. 2003/2004 ist das Lebuser Land vom Naturschutzverband „Naturfreunde International" sogar zur Landschaft des Jahres gekürt worden. Kein Wunder, denn die Vegetation an den Oderhängen und die urwüchsigen Wälder, vor allem auf der polnischen Seite des Flusses, machen es zu einer kleinen Sensation für Naturliebhaber. Besonders das im Frühjahr blühende Adonisröschen, das ursprünglich am Schwarzen Meer beheimatet war, macht die Landschaft einzigartig.

Auch Lebus selbst, dessen kleine Altstadt zwischen Fluss und Oderhang liegt, ist sehenswert und blickt auf eine wechselvolle Geschichte zurück. Im 8./9. Jahrhundert siedelte sich hier der slawische Stamm der Leubuzzi an, der dem Städtchen seinen Namen gab. An der Handelsstraße in West-Ost-Richtung und an einer

Info-Punkt Lebus
Kietzer Chaussee 1
15326 Lebus
Tel. (03 36 04) 6 37 58
www.amt-lebus.de
Geführte Adonisröschen-Wanderungen (Apr.–Mai)

Restaurant Oderblick
Gutbürgerliche Küche und Fischgerichte an der Oderfurt.
Kietzer Straße 22
15326 Lebus
Tel. (03 36 04) 44 94 49
www.restaurant-oderblick.de
Di–So 11–22 Uhr

Blick von der polnischen Seite über die Oder nach Lebus

Oderfurt gelegen, war Lebus ein wirtschaftlicher und politischer Knotenpunkt. 1123 wurde es sogar Bischofssitz, davon zeugt heute noch der Bischofsplatz vor der Pfarrkirche St. Marien. Im 14. Jahrhundert allerdings zog der Bischof nach Fürstenwalde und das nahe Frankfurt hatte Lebus bereits als aufblühende Handels- und Hansestadt überflügelt. Auch die Burg auf dem Burgberg über der Altstadt zerfiel seitdem immer mehr, so dass sie im 17. Jahrhundert vollständig abgetragen wurde. Heute kann man hier noch ein paar Mauerreste der Burg und der Burgtürme finden. Und dabei den Blick über das beschauliche Städtchen am Fuß der träge dahin fließenden Oder schweifen lassen.

Von Lebus aus folgen wir dem Oder-Neiße-Radweg, der auf diesem Teil unbefestigt ist und direkt an der Oder entlangführt (ca. 7 Kilometer). Deshalb ist er nur bei wirklich trockenem Wetter empfehlenswert, sonst kann es sein, dass man irgendwann an eine Stelle kommt, an der man sich entscheiden muss: schwimmen oder umkehren. Alternativ dazu und abseits der Bundesstraße folgt man von Lebus aus weiter dem Fernwanderweg über Wüste Kunersdorf, Siedlung Hexenberg und Kliestow (ca. 10 Kilometer). Kurz vor **Frankfurt (Oder)** führen beide Radwege zusammen und sind auf ein paar hundert Metern sogar noch asphaltiert.

Haus Lebuser Land
Geschichte der Stadt, des Bistums und des Lebuser Landes.
Schulstraße 7
15326 Lebus
Tel. (03 36 04) 2 30
www.heimatverein-lebus.de
Apr.–Sep.
Di–Fr 10–17 Uhr,
Sa/So/Fei 13–16 Uhr,
Okt.–März
Di–Fr 10–15 Uhr

Mit dem Rad von Słubice nach Kostrzyn

Radwanderung östlich der Oder: Słubice – Owczary – Górzyca – Kostrzyn (28 km)

Weniger befahren, aber nur bei wirklich trockenem Wetter empfehlenswert ist der Radweg auf der polnischen Seite der Oder. Auch sollte man Proviant dabei haben, denn auf der Strecke gibt es kaum Gelegenheit, sich zu versorgen.

Von Frankfurt aus (▶ Seite 86) überquert man die Stadtbrücke über die Oder und ist in Słubice auf der polnischen Seite. Gleich hinter der Brücke beginnt ein wunderschöner Radweg auf dem Oderdamm nach Norden. Die ersten vier Kilometer ist er gepflastert, dann passiert man eine Schranke und fährt auf einem zwar nicht mehr gepflasterten, aber gut befestigten Weg. Zwischendurch kommt man an Lebus vorbei, das ruhig und verschlafen auf der anderen Uferseite liegt.

Bei Górzyca (ca. 20 Kilometer) endet derzeit der gut befahrbare Radweg. Ab hier geht es zunächst auf einem Plattenweg oder gleich direkt auf einem unbefestigten Feldweg am Oderdamm entlang (insgesamt 8 Kilometer). Der Feldweg ist nur bei trockenem Wetter gut befahrbar. Danach folgt leider noch ein Kilometer auf einer ungemütlichen Landstraße, bis der Stadtrand von Kostrzyn erreicht ist. Nach einem weiteren Kilometer über Stadtstraßen erreicht man dann den Bahnhof von Kostrzyn.

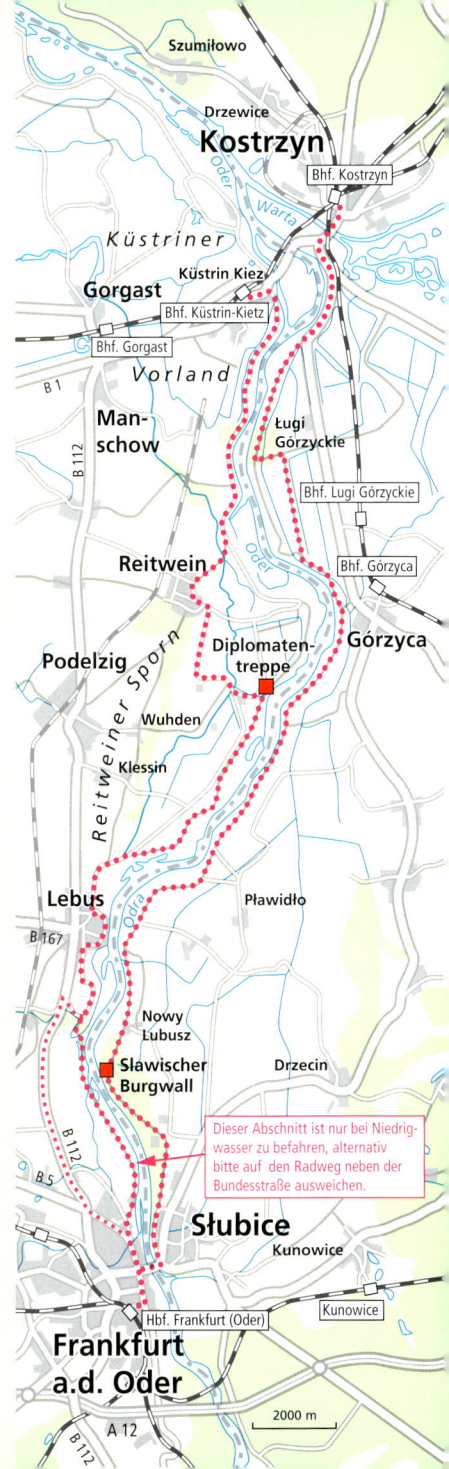

Süd-osten

- Dahme-Seen-Gebiet
- Oder-Spree-Seengebiet
- Spreewald
- Niederlausitz

TOUR 27

- Groß Köris
- Halbe
- Oderin
- Brand Tropical Isl
- Schönwalde
- Lubolz
- Wer Ri

An- & Rückfahrt
RE 2 stündlich ab Berlin Stadtbahn (ca. 50 Min.) oder RB 24 stündlich ab Berlin-Ostkreuz nach Brand Tropical Islands (ca. 45 Min.) Vom Bhf Brand kostenloser Shuttle-Bus

Badeausflug

Tropical Islands Resort
Tropical-Islands-Allee 1
15910 Krausnick
Tel. (03 54 77) 60 50 50
(tgl. 8–21 Uhr)
www.tropical-islands.de
Tgl. 24 Stunden geöffnet

Tageskarten
Erlebnislandschaft & Außenbereich:
42 € / erm. 33 €
(Kinder bis 5 Jahre frei)
inkl. Saunalandschaft:
49 € / erm. 39,50 €
(Kinder bis 5 Jahre frei)

Tropical Islands

Unter Palmen

Weißer Strand, blaue Lagune, Regenwald und die Südsee samt Insel. Das einzige tropische Ferienresort Europas steht mitten in Brandenburg.

Ist es möglich, einen kalten Wintertag bei 25 Grad Celsius zwischen Palmen, Strand und Lagunen in Brandenburg zu verbringen? Ja, es ist möglich. Weniger als eine Stunde benötigt man, um das überdimensionale Gebäude, das diesen Luxus möglich macht, zu erreichen: die ehemalige Cargolifter-Halle in Brand. 1999 hatte die Cargolifter AG das 500 Hektar große Grundstück eines ehemaligen sowjetischen Militärflughafens erworben und eine Halle gebaut, um darin riesige Zeppeline für den Transport von schweren und sperrigen Gütern zu fertigen. Mit 107 Meter Höhe und 360 Meter Länge ist sie die größte freitragende Halle der Welt. Doch im Mai 2002 meldete das Unternehmen Insolvenz an.

Wo einst Luftschiffe gebaut werden sollten, breitet sich heute eine riesige Tropenlandschaft aus: das **Tropical Islands Resort.** Die Halle ist in mehrere Themenbereiche aufgeteilt, die Eindrücke von der Kultur und Natur Südostasiens, der pazifischen Inseln, Südamerikas und Afrikas vermitteln sollen.

Die beiden Badeseen sind groß, 1,30 Meter tief und damit sehr kinderfreundlich. Die künstlich wirkende „Südsee" ist mit 4 000 Quadratmetern so groß wie vier olympische Schwimmbecken und 28 Grad Celsius warm und die „Bali-Lagune" mit 1 200 Quadratmetern zwar kleiner, aber durch 30 Grad Wassertemperatur wärmer. Durch Strömungskanal, Rutschen, Springbrunnen und Whirlpools gehört sie zu den meistgenutzten Angeboten in der Hallenwelt. Kinder können am Sandstrand buddeln und die Großen auf Liegestühlen liegend Cocktails genießen – alles bei angenehmen 25 Grad Lufttemperatur. Leider fehlen Salzwasser und Wellenrauschen, um richtige Südseestimmung aufkommen zu lassen.

Beide Badebecken werden durch den „Regenwald" getrennt, einem mit exotischen Gewächsen bepflanzten Hügel, durch den ein Pfad führt. Vom höchsten Punkt eröffnet sich ein eindrucksvoller Rundblick über die gesamte Anlage. Durch die enorme Höhe der Halle wirken die Palmen allerdings noch winzig. Zur anderen Seite grenzt die Badelandschaft an das „Tropendorf" mit Hütten aus Bali, Thailand, Malaysia, Samoa, Kenia und dem Amazonasgebiet. Hier sind verschiedene gastronomische Einrichtungen, von Bars bis zu einem Selbstbedienungsrestaurant, untergebracht.

Abends finden Tanzshows mit wechselndem Programm statt. Wer mag, feiert durch, schläft am Strand oder in einem der zahlreich aufgestellten Zelte. Darüber hinaus bietet das Tropical Islands Beachvolleyball-Felder, Wellnessangebote und einen Kinderspielbereich. Die Tropen in der Mark sind 24 Stunden geöffnet, das ganze Jahr über. Inzwischen wurde die Tropenlandschaft um einen 6 000 Quadratmeter großen **Wellnessbereich** mit Saunen sowie eine Kinderspielwelt mit Wasserrutschen erweitert. Ob damit das Paradies vollkommen ist, muss jeder selbst überprüfen.

Nicht vergessen:
– viele Handtücher
– Badezeug
– Strandsachen
– Sommerkleidung
– Badeschuhe
– Sonnenbrille
– Sonnenschutz (UV-durchlässiges Dach)

Gut zu wissen:
– Wertschließfächer befinden sich neben dem Umkleidebereich
– Das Mitbringen von Speisen und Getränken ist nicht gestattet
– Übernachtung in Zelten und (Themen-) Lodges möglich (Buchung im Voraus) oder einfach auf einem Liegestuhl

Tropische Badewelt in der Zeppelinhalle: Tropical Islands

TOUR 28

Berkenbrück Briesen (Mark)
Bad Saarow
Bad Saarow Klinikum
RB 35

An- & Rückfahrt
RE 1 alle 30 Minuten ab Berlin Stadbahn bis Fürstenwalde und
RB 35 stündlich bis Bad Saarow
(ca. 1 Std. 15 Min.)

Stadtspaziergang

Karte ▶ Seite 85

SaarowTherme
Thermalsolebad, Wellness-Bäder, Saunalandschaft.
Am Kurpark 1
15526 Bad Saarow
Tel. (03 36 31) 86 80
So–Do 9–21 Uhr,
Fr/Sa 9–23 Uhr
Thermalbad ab 15 €,
Sauna ab 20 €

Schiffsrundfahrten auf dem Scharmützelsee
Tel. (03 36 31) 86 88 00
www.bad-saarow-schiff.de

Bad Saarow

Wellness an Wellen

Schon früher liebten Dichter die Kurstadt am „Märkischen Meer". Heute kann man komfortabler denn je in Moor und Sole entspannen.

Gleich bei der Ankunft am Bahnhof in Bad Saarow, der 1911 im Landhausstil errichtet wurde, überkommt den Reisenden eine gewisse Ruhe. Die Uhren scheinen hier langsamer zu gehen, die Kurgäste auch. Alles riecht nach Urlaub.

Nun kann man eintauchen, in den weitläufigen Ort unter hohen Bäumen. Geht man geradeaus die **Ulmenstraße** entlang, die einerseits von hübschen Sommervillen, andererseits von teils verlassenen DDR-Bauten gesäumt ist, sieht man rechter Hand bald ein leuchtend rotes Holzhaus, das aussieht wie eine Kuckucksuhr. Es ist die ehemalige **Maxim-Gorki-Gedenkstätte**. Der russische Autor war einer von vielen Prominenten, die vor allem in den 1920er-Jahren in Bad Saarow ihre Sommerdomizile errichteten. Aus dieser Zeit stammen die zahlreichen Landhäuser und Villen. Einige altern heute traurig vor sich hin. Viele jedoch verleihen, restauriert in weiß oder Pastelltönen auf großzügig angelegten Grundstücken, Bad Saarow einen Hauch von Luxus.

Weiter geradeaus gelangt man schließlich zum ehemaligen Moorbad. Heute ist der auf einer Anhöhe stehende, pavillonartige Säulenbau Touristeninformation, Bibliothek und Polizeirevier in einem. Wenn man jetzt Lust auf echtes Moor bekommen hat, läuft man die Ulmenstraße ein Stück zurück und biegt dann rechts in die Straße **Am Kurpark** ein.

Am Kurpark 1, zentral gelegen, steht ein moderner Kastenbau: die **Therme**. 1996 erbaut, bildet sie den touristischen Mittelpunkt Bad Saarows. Auf drei Ebenen kann man hier seinem Körper das „Original Bad Saarower Naturmoor" und die Thermalsole angedeihen lassen. Aus einem 450 Meter tiefen Brunnen sprudelt das Wasser aus der Catharinenquelle, deren Entde-

Bad Saarow am Scharmützelsee: ein Paradies für Wasserliebhaber jeder Art

ckung 1927 Saarow den Zusatz „Bad" bescherte. Direkt neben der Therme erstreckt sich der **Kurpark** hügelig hinunter bis ans Seeufer. Glitzernd liegt er da: der Scharmützelsee. Der größte See Brandenburgs, Fontane nannte ihn liebevoll „Märkisches Meer", ist Anziehungspunkt für Wassersportler, Spaziergänger und Radfahrer.

An der **Seestraße**, der villengesäumten Uferpromenade, finden sich viele Einkehr-und Übernachtungsmöglichkeiten auf hohem Niveau. So z. B. die „Villa Contessa": Das mit 8 Zimmern kleinste Luxushotel Deutschlands gilt als Kleinod der verflossenen Villenkultur im Badeort. Seit 2003 steht am Norduger des Scharmützelsees auch wieder das „Esplanade". 1920 als „Kurhaus Esplanade" eröffnet, galt es als „Adlon von Bad Saarow". 1945 brannte es bis auf die Grundmauern ab. Heute watet es mit einem umfangreichen Beauty- und Wellnessbereich auf.

Gleich gegenüber liegt der Hafen. Von hier aus starten **Seerundfahrten**. So kann man auch die Ausläufer Bad Saarows, die sich noch weit am West- und Ostufer des Scharmützelsees erstrecken, auf dem bequemen Seeweg erreichen.

Wer eine Pause vom Entspannen braucht, sollte den Dampfer in **Silberberg** verlassen. Hier kann man in weitläufiger Natur Tennis spielen, ausreiten oder segeln gehen. Harmonie pur. Und wer es dann lieber wieder etwas ruhiger mag, der übt sein Handicap auf der riesigen Golfanlage.

Esplanade Resort & Spa
Wellness-Hotel mit 191 Zimmern.
Seestraße 49
Tel. (03 36 31) 43 20
www.esplanade-resort.de

Villa Contessa
Kleines feines Hotel.
Seestraße 18
15526 Bad Saarow
Tel. (03 36 31) 5 80 18
www.villa-contessa.de

TOUR 29

Friedersdorf (b Königs W)
Kummersdorf (b Storkow)
Storkow (Mark)
Hubertushöhe
Wendisch Rietz   Lindenbe (Mark)

Anfahrt
RB 36 stündlich ab Königs Wusterhausen bis Storkow (25 Min.)

Radtour
Storkow –
Wendisch-Rietz –
Bad Saarow

Länge
20 km

Rückfahrt
RB 35 stündlich ab Bad Saarow bis Fürstenwalde und
RE 1 nach Berlin Stadtbahn
(ca. 1 Std. 10 Min.)

Seehotel Karlslust
Restaurant mit Terrasse am Storkower See, saisonal wechselnde Gerichte, Bootsverleih.
Karlsluster Straße 25
15859 Storkow
Tel. (03 36 78) 64 20
www.seehotel-karlslust.de

Storkow

Von See zu See

Fast immer am Wasser entlang führt diese Radtour von der schönen Kleinstadt Storkow bis nach Bad Saarow am Scharmützelsee. Am Wegesrand liegen eine Burg aus dem Mittelalter und ein preußisches Märchenschloss.

Schon die Anfahrt mit der Bahn ist Erholung pur: Gemächlich gleitet der Zug durch eine Landschaft aus Seen, Wäldern, Wiesen und Feldern. Auch am Bahnhof von **Storkow** keine Hektik, kaum Autoverkehr. Stattdessen Hinweisschilder zu Rad- und Wanderwegen – eine Ferienlandschaft 35 Kilometer vor Berlin. Und so kommt ganz Storkow daher: unaufgeregt, hübsch, aber nicht zu herausgeputzt.

Der **Marktplatz** überrascht durch seine Größe. Ein lang gestrecktes Rechteck unter hundertjährigen Linden, gesäumt von ein- bis zweigeschossigen Häusern, teils mit Fachwerkfassaden. Rund um den Markt liegen Läden, Cafés, Restaurants. Folgt man der Heinrich-Heine-Straße, gelangt man bald zur **Klappbrücke** über den Kanal.

Weiter zur **Burg Storkow**: Im 12. Jahrhundert wurde sie zum Schutz einer wichtigen Verbindungsstraße vom Barnim zum Spreewald gebaut. Sie steht auf einem Feldsteinsockel und war ursprünglich von einem Wassergraben umgeben. Im 16. Jahrhundert wurde sie im Renaissancestil ausgebaut. Heute beherbergt die behutsam restaurierte Anlage die Touristinformation, die Stadtbibliothek, ein Café und eine Ausstellung.

Von der Burg startet man Richtung Osten, wo die Radroute bald nach links zum **Großen Storkower See** abzweigt. Entlang der Seepromenade geht es vorbei an einer Badestelle bis zum Ortsteil **Karlslust**. Ab hier fährt man auf der Ortsstraße parallel zum See. Am Ende der Straße tauchen wir in den Wald ein. Gut 3 Kilometer von Storkow entfernt stößt man auf eine merkwürdige Erscheinung: Zwischen Wald und See liegt, umgeben von einem gepflegten Park, **Jagdschloss Hubertushöhe**. Nähert man sich dem Anwesen, wirkt es wie ein Märchenschloss aus Tau-

sendundeiner Nacht. Erbauen ließ sich das Anwesen um 1900 ein Kommerzienrat von Büxenstein. Zwischenzeitlich befand sich ein exklusives Hotel in dem Gebäude, das allerdings Insolvenz anmelden musste. Derzeit werden nur Hochzeiten und Tagungen ausgerichtet. In Zukunft soll hier ein Kunst- und Literaturpark entstehen, und auch das Hotel soll wieder neu eröffnen.

Ab Hubertushöhe verläuft die Route weiter durch den Wald – allerdings wird der teils hügelige Waldweg im weiteren Verlauf an einer Stelle zum **Holzbohlenweg,** über den man das Rad schieben muss. Alternativ kann man für dieses Teilstück der Strecke auf den Radweg entlang der Landstraße ausweichen. So oder so ist nach 3 Kilometern **Wendisch-Rietz** erreicht, wo der große Storkower See auf den Scharmützelsee trifft.

Um die Südspitze des Sees herum folgt man der Radroute und gelangt nach weiteren 12 Kilometern entlang des „Märkischen Meeres" (Theodor Fontane über den Scharmützelsee) nach Bad Saarow (▶ Seite 82).

Fischhaus
Fisch, Wildgerichte und Vegetarisches unterm Reetdach, DZ ab 90 €.
Am Kleinen Glubigsee 31
15864 Wendisch-Rietz
Tel. (03 36 79) 7 50 73
www.fischhaus-goedicke.de
Tgl. ab 11 Uhr

TOUR 30

An- & Rückfahrt
RE 1 alle 30 Min. ab Berlin Stadtbahn nach Frankfurt (Oder)
(ca. 1 Std. 15 Min.)

Stadtspaziergang
Stadtzentrum
Ziegenwerder
Slubice

Frankfurter Kartoffelhaus
Kartoffelspezialitäten am Holzmarkt, Terrasse mit Oderblick.
Holzmarkt 7
15236 Frankfurt (Oder)
Tel. (03 35) 53 07 47
www.frankfurter-kartoffelhaus.de
Tgl. ab 11.30 Uhr

Kleist-Museum
Dokumente zu Leben und Werk des Dichters.
Faberstr. 7
15230 Frankfurt (Oder)
Tel. (03 35) 3 87 22 10
www.kleist-museum.de
Di–So 10–18 Uhr

Frankfurt (Oder)

Promenade an der Oder

Frankfurt ist vielleicht kein klassisches Ausflugsziel. Dabei hat die grüne Stadt an der Oder einiges zu bieten. Und seit dem EU-Beitritt Polens ist die Grenzstadt wieder mehr in die Mitte Europas gerückt.

Das hätte sich der Besucher nicht vorgestellt: Frankfurt ist eine hügelige Stadt. Um vom Bahnhof ins Zentrum zu kommen, geht es erst einmal bergab ins Odertal. Dort, mitten im Zentrum, verbindet die Stadtbrücke Frankfurt mit Slubice auf der polnischen Seite.

Frankfurt, das auf eine über 760-jährige Geschichte als Handels- und Messestadt zurückblicken kann, wurde im Zweiten Weltkrieg stark zerstört. Auch die **Marienkirche** am Marktplatz war seit Kriegsende eine Ruine – jetzt ist sie äußerlich wieder restauriert. Das Rathaus aus dem

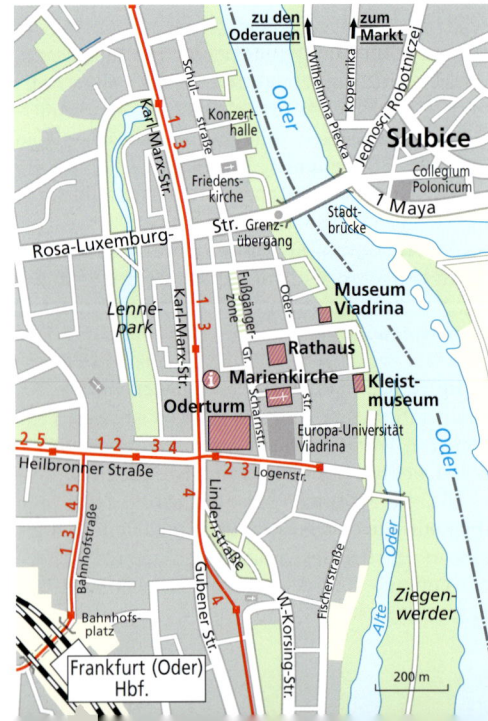

13./14. Jahrhundert blieb erhalten. Rund um die beiden historischen Backsteinbauten ist seit den 50er-Jahren die neue Innenstadt entstanden – mit Wohnblöcken, Plattenbauten und vielen Freiflächen. Seit den 1990er-Jahren füllen sich die leeren Plätze mit mehrgeschossigen Stadthäusern mit Giebeln, Erkern und Ladenpassagen – Frankfurts Innenstadt ist wieder urbaner geworden. Mittelpunkt und Wahrzeichen ist das Einkaufs- und Geschäftszentrum Oderturm.

In der 58 500 Einwohner zählenden Stadt gibt es einige Kleinode zu entdecken: Zum Beispiel den von Peter Joseph Lenné angelegten **Bürgerpark,** das **Kleist-Museum** mit einer Dokumentation zu Leben und Werk des in Frankfurt geborenen Dichters Heinrich von Kleist oder das **Museum Viadrina** mit Sammlungen zu Vor-, Früh- und Stadtgeschichte. Und seit 2003 hat Frankfurt eine neue **Oderpromenade.** Auf der gelangt man auch zu der Brücke, die zur Insel Ziegenwerder führt. Auf dem Eiland mitten in der Oder wurde aus Anlass der 750-Jahr-Feier Frankfurts der Europagarten angelegt, heute ein 20 Hektar großes Park- und Freizeitgelände.

Bei einem Frankfurt-Besuch sollte auch ein Abstecher auf die polnische Oderseite nicht fehlen. **Slubice** auf der anderen Seite der Stadtbrücke hieß bis 1945 Dammvorstadt und gehörte zu Frankfurt. Heute ist die Grenze wieder durchlässiger denn je: Täglich überqueren rund 20 000 Menschen die Stadtbrücke in beiden Richtungen. Zu den Grenzgängern gehören nicht nur Schnäppchenjäger und Touristen, sondern auch mehr als 6 000 Studenten, die an der Europa-Universität Viadrina studieren – die Hörsäle und Lehrstätten der Hochschule liegen auf beiden Seiten der Oder.

In Slubice lädt die direkt an der Oderbrücke beginnende Flaniermeile mit Geschäften und hübschen Gründerzeitfassaden zum Bummeln ein. Reizvoll ist auch ein Spaziergang in den weitläufigen Oderauen in nördlicher Richtung. Hier begegnet man im Sommer nicht nur Anglern und vereinzelten Spaziergängern, sondern auch frei herumlaufenden Kühen – gleich hinter Slubice beginnt das ländliche Polen.

Museum Viadrina
Kulturhistorisches Museum der Stadt in barockem Baudenkmal.
C.-Ph.-E.-Bach-Str. 11
15230 Frankfurt (Oder)
Tel. (03 35) 4 01 56 29
www.museum-viadrina.de
Di–So 11–17 Uhr

Brandenburgisches Landesmuseum für moderne Kunst
im Museum Viadrina und im Rathaus Sammlung ostdeutscher Kunst.
Tel. (03 35) 40 15 66 29
www.blmk.de
Di–So 11–17 Uhr

Markt in Slubice
Preiswerte Lebensmittel und Textilien.
Mikolaja Kopernika
Taxis ab Stadtbrücke

Helenesee
Kristallklares Wasser, 1,8 Kilometer Sandstrände, viele Camping- und Freizeiteinrichtungen: Das bietet der 8 km südlich von Frankfurt gelegene Helenesee.
RB 36 stündlich ab Frankfurt (Oder) nach Helenesee (Apr.–Okt.)

TOUR 31

An- & Rückfahrt
RB 36 stündlich ab Königs Wusterhausen nach Beeskow (ca. 1 Std.)

Stadtspaziergang

Kulturzentrum Burg Beeskow
Regionalmuseum, Mittelaltermagazin mit Folterkeller.
Frankfurter Straße 23
15848 Beeskow
Tel. (0 33 66) 35 27 10
www.burg-beeskow.de
Apr.–Sep.
Di–So 9–19 Uhr,
Okt.–Apr.
Di–So 11–17 Uhr

Ältestes Haus
Wohnen im Mittelalter, Kräutergarten.
Kirchgasse 2
15848 Beeskow
Tel. (0 33 66) 2 29 53
Mai–Sep.
Di–So 10–17 Uhr,
Okt.–Apr.
Di–Sa 10–16 Uhr

Beeskow

Ritterliches Kulturzentrum

Inmitten einer leicht hügeligen Seenlandschaft liegt das 8 000-Einwohner-Städtchen Beeskow, das sowohl Geschichts- als auch Kulturliebhabern einiges zu bieten hat. Die Burg, einst Herrschaftssitz der Ritter von Stele, ist heute Ausstellungs- und Kulturzentrum und bringt Leben in die mittelalterliche Kulisse der Stadt.

Die Stadt Beeskow blickt auf eine über 750-jährige Geschichte zurück, die mit dem Bau der Burg ihren Ausgang nahm. Im Jahre 1250 errichteten die Ritter von Stele hier, am Spreeübergang der Handelsstraße zwischen Frankfurt (Oder) und Leipzig, ihren Herrschaftssitz. In nur wenigen Jahren entwickelte sich die einstige slawische Siedlung zu einer bedeutenden mittelalterlichen Stadt. Das Mittelalter prägt bis heute das Gesicht der Stadt und die Beeskower wissen dieses Erbe zu schätzen: Sämtliche Gebäude im historischen Ortskern der Stadt sind oder werden noch liebevoll restauriert, selbst die kleinen Gassen und Straßen hat man nach altem Vorbild mit Kopfsteinen neu gepflastert. Wer also ein wenig Mittelalterromantik schnuppern möchte, dem sei ein Spaziergang durch die Innenstadt empfohlen – am besten entlang der alten Stadtmauer.

Vom Bahnhof geht es die Bahnhofstraße in Richtung Zentrum entlang. Kurz nachdem sie sich in die Berliner Straße umgewandelt hat, biegen wir rechts in die Mauerstraße ein. Von weitem sieht man bereits den **Storchenturm,** einen von einst zehn Stadttürmen, der seinen Namen den Weißstörchen verdankt, die hier viele Jahre nisteten. Auch den fünf weiteren bis heute erhaltenen Türmen werden wir auf unserem Rundgang begegnen: dem **Münzturm,** der im Mittelalter als Lagerstätte für Kupfer und Münzen diente, dem **Luckauer Torturm,** dem halbrunden **Darrturm**, in dem früher das Malz für die Brauereien aus der Umgebung getrocknet wurde und dem **Pulverturm,** in dem das Schießpulver lagerte. Nun hat man die Altstadt fast ganz umrundet. Über die nächste Gasse links nähern wir uns dem Kirchplatz, dort ragt seit einiger Zeit wieder in vollem Glanze die **gotische Backsteinkirche St. Marien** empor. Nach mehreren Bränden, Blitzeinschlägen und Plünderungen brannte die von 1923 bis 1933 gerade komplett sanierte Hallenkirche 1945 vollständig aus. Die neuerliche Restaurierung nach der Wende nahm wieder mehr als zehn Jahre in Anspruch, doch der Aufwand hat sich gelohnt.

Einen spannenden Einblick in mittelalterliche Wohnkultur findet man im **Ältesten Haus** der Stadt, gleich hinter der Kirche. Das um 1482 erbaute Gebäude beherbergt eine sehenswerte kleine Ausstellung mit Alltagsgegenständen unserer Vorfahren. Wenige Meter weiter gelangt man zum großen, rechteckigen **Marktplatz**, auf dem auch heute noch dreimal wöchentlich Marktstände aufgebaut sind.

Das kulturelle Zentrum von Beeskow, die **Burg**, liegt etwas östlich des Ortskerns, auf einer kleinen Insel inmitten der Spree. Hier sind auch ein Regionalmuseum und ein Mittelaltermagazin mit einem Folterkeller untergebracht, und der Aussichtsturm bietet einen herrlichen Panoramablick über Stadt und Spreegebiet.

Gegenüber der Burg liegt auf der Spreeinsel der Ortsteil **Kietz** mit idyllischen Winkeln und einem Fischlokal.

Wer jetzt Lust bekommen hat auf mehr Wasser und Natur, dem seien Ausflüge per Rad oder per Boot in die wunderschöne Umgebung von Beeskow empfohlen. Parallel zur Spree Richtung Süden lockt der Schwielochsee als Ziel, Richtung Norden gelangt man vorbei an kleinen Dörfern zum Oder-Spree-Kanal. Erfrischung und Wasserspaß findet man im Sommer in der Flussbadeanstalt mit 42 Meter langer Wasserrutsche im Spreepark Beeskow.

Kirchenklause
Mit romantischem Biergarten, nahe am Marktplatz.
Kirchgasse 11
15848 Beeskow
Tel. (0 33 66) 2 33 34

Flussbadeanstalt Spreepark Beeskow
Bertholdplatz 6
15848 Beeskow
Tel. (01 52) 08 89 52 90
www.spreepark-beeskow.de
Juni–Aug. tgl. 11–18 Uhr

Im Ältesten Haus wird gezeigt, wie unsere Vorfahren wohnten

TOUR 32

Anfahrt
RE 1 alle 30 Min. ab Berlin Stadtbahn nach Frankfurt (Oder) und
RB 36 stündlich nach Müllrose
(ca. 1 Std. 40 Min.)

Wanderung
Müllrose – Kupferhammer – Siehdichum
(– Großer Treppelsee)
– Mixdorf

Länge
20 km (bis Großer Treppelsee 25 km)

Rückfahrt
RB 36 stündlich ab Mixdorf nach Frankfurt (Oder) und
RE 1 alle 30 Min. nach Berlin Stadtbahn (Fahrzeit ca. 1 Std. 40 Min.)

Schlaubetal-Information im Haus des Gastes
Kietz 7
15299 Müllrose
Tel. (03 36 06) 7 72 90
www.schlaubetal-online.de
Mo–Do 10–15, Fr 10 –17, Sa/So/Fei 10–14 Uhr

Strandbad am Großen Müllroser See
Beeskower Straße 26
15299 Müllrose
Tel. (03 36 06) 78 64 88

Schlaubetal

Wild und romantisch

Wer der Stadt überdrüssig ist, sich nach Natur und Ruhe sehnt, dem sei eine Wanderung durch das Schlaubetal empfohlen. Der 227 Quadratkilometer große Naturpark 90 Kilometer südöstlich von Berlin gehört mit seiner vielfältigen und ursprünglichen Vegetation zweifelsohne zu den schönsten Bachtälern Brandenburgs.

Das einzigartige Landschaftsrelief entstand nach der letzten Eiszeit; die tauenden Eismassen gruben Schmelzwasserrinnen in die Erde, durch die heute die Bäche Ölse, Demnitz und Schlaube fließen. Zwei Drittel des Naturparks sind mit Wald bedeckt: Buchen- und Hainbuchenwälder wechseln sich mit Erlenbrüchen und Birkenhainen ab; auch die heute seltenen Traubeneichen-Kiefern-Mischwälder wachsen hier noch und mehr als 1000 Pflanzenarten, darunter 13 verschiedene Orchideenarten.

Der kleine Erholungsort **Müllrose** ist ein guter Ausgangspunkt für die Wanderung durch den Naturpark Schlaubetal. Hier kann man Fahrräder oder Boote leihen; man kann sich vor dem ca. 20 Kilometer langen Marsch im Müllroser See erfrischen oder im Heimatmuseum, das auch die Tourist-Information beherbergt, erst einmal über die Geschichte der Stadt und Region kundig machen.

Der Hauptwanderweg beginnt am Ostufer des Großen Müllroser Sees und folgt in umgekehrter Richtung dem Lauf der Schlaube. Durch Wiesen, Sümpfe und Wälder, Auen und mittelgebirgsähnliche Täler fließt der südlich des Wirchensees entspringende Bach, bevor er in Müllrose in den Oder-Spree-Kanal einmündet. Auf seinem insgesamt 20 Kilometer langen Weg durch das Tal reiht er große und kleine Seen wie auf einer Perlenkette aneinander und bietet dem ermüdenden Wanderer immer wieder ein erfrischendes Bad.

Die Wanderung führt über **Wustrow**, vorbei an der **Ragower Mühle** und den Überresten der Mittel-Mühle bis **Kupferhammer** und weiter zum

Gasthaus Siehdichum, das nicht nur über eine ausgezeichnete Speisekarte, sondern auch über eine zauberhafte Lage verfügt. Von hier aus sieht man über den 30 Meter tiefer liegenden See, kann bei Lachsforelle mit Salzkartoffeln, Hasenkeule oder Lammbraten das Treiben der Störche beobachten und die Augen am üppigen Grün weiden. Das Gasthaus war ursprünglich ein kleines Jagdschloss, das der Abt des Klosters Neuzelle 1771 errichten ließ. Bevor es zum beliebtesten Ausflugsziel des Schlaubetals aufstieg, diente es zwischenzeitlich als Försterei.

Von Siehdichum führt eine schöne Wanderung am Hammersee vorbei zum **Großen Treppelsee** und von dort in einem Bogen zurück. Am Abzweig nach Siehdichum nimmt man den Weg zurück Richtung Müllrose und erreicht nach 2 Kilometern wieder **Kupferhammer.** Das Dörfchen wurde im 16. Jahrhundert überregional bekannt, weil in der dortigen Mühle erst ein Kupfer- und später ein Eisenhammerwerk errichtet wurde. 400 Jahre später versorgte die Mühle kurzzeitig die Orte Kupferhammer, Siehdichum und Schernsdorf mit Strom. Heute erinnert nur noch eine Gaststätte und der Anstau der Schlaube an den einstigen Kupferhammer.

Wer des Wanderns nun müde ist, der kann quer durch den Wald zum Bahnhof **Mixdorf** laufen und von dort bis Frankfurt (Oder) fahren (RB stündlich). Die Nimmermüden spazieren weiter am Westufer der Schlaube durch Wälder, Sumpf- und Moorgebiete zurück zum Bahnhof Müllrose.

**Forsthaus Siehdichum
Hotel und Gasthaus**
15890 Schernsdorf
Tel. (03 36 55) 2 10
März–Dez. tgl.
ab 11.30 Uhr,
Jan./Feb. Sa/So
ab 11.30 Uhr

TOUR 33

- Wiesenau
- Ziltendorf
- RE1 **Eisenhüttenstadt**
- Neuzelle
- Wellmitz

An- & Rückfahrt
RE 1 alle 30 Min. ab Berlin Stadtbahn nach Frankfurt (Oder) und
RB 11 nach Eisenhüttenstadt
(ca. 1 Std. 30 Min.)
BUS 448, 454 oder 25 Min. zu Fuß ins Stadtzentrum

Stadtspaziergang

Dokumentationszentrum Alltagskultur der DDR

Eisenhüttenstadt

DDR im Museum

Wer nicht nur das alte Brandenburg kennenlernen möchte, sondern auch ein jüngeres Kapitel deutscher Geschichte, der sollte sich auf den Weg nach Eisenhüttenstadt machen.

1953 als Stalinstadt eingeweiht, war Eisenhüttenstadt ein besonderer Ort in der DDR: Hier sollte eine sozialistische Musterstadt entstehen. Bis heute kann man in Eisenhüttenstadt die gesamte Breite der DDR-Architektur erleben.

1950 wurde rund um die Kleinstadt **Fürstenberg** mit dem Bau der „ersten sozialistischen Stadt Deutschlands" begonnen, entworfen vom Architekten Kurt W. Leucht aus Dresden. Neben dem Herzstück der Retortenstadt, dem Stahlwerk, entstanden vier Wohnsiedlungen, damals noch Stein auf Stein und nicht wie spätere Erweiterungen aus Betonplatten errichtet. Auch an Versorgungs- und Kultureinrichtungen sowie Grünanlagen in großen Innenhöfen hatte man gedacht.

Die neue Stadt sollte nach sowjetischem Vorbild den Siegeszug des Sozialismus repräsentie-

ren: So wird die großzügig angelegte Magistrale der Stadt, die heutige **Lindenallee,** von neungeschossigen Hochhäusern mit Erkern, Pilastern und Simsen gesäumt. Die 500 Meter lange Straße reicht vom Krankenhaus im Süden bis zum Stahlwerk im Norden der Stadt.

Wirtschaftlicher Hintergrund für den Bau von Stalinstadt war die Tatsache, dass die junge DDR eine eigene Stahlindustrie aufbauen musste – man wollte nicht länger von den Betrieben im Ruhrgebiet abhängig sein. Das Stahlwerk war zu DDR-Zeiten mit 12 000 Beschäftigten der wichtigste Betrieb der Region. Heute arbeiten bei ArcelorMittal nur noch 2 500 Menschen.

Das Stadtzentrum mit seinen 50er-Jahre-DDR-Bauten steht heute unter Denkmalschutz. In der Erich-Weinert-Allee 3 kann man sogar hinter die Fassaden des früheren DDR-Lebens sehen: Dort ist das **Dokumentationszentrum Alltagskultur der DDR** in einer ehemaligen Kinderkrippe untergebracht. Das seit 1993 bestehende Zentrum möchte Alltagswissen und -kulturgut des nicht mehr existierenden Staates bewahren. In einer Dauerausstellung werden ehemals vertraute Dinge aus dem DDR-Alltag gezeigt. Über 75 000 Exponate umfasst die Sammlung, von der Schreibmaschine „Erika" über originale Wandzeitungen bis zum nachgebauten „Konsum"-Laden samt Warenbestand. Im Museumsshop kann man Modellbau-Trabis und Bücher zum Thema erstehen.

Tourist-Information
Mit Shop.
Lindenallee 25
15890 Eisenhüttenstadt
Tel. (0 33 64) 41 36 90
www.tor-eisenhuettenstadt.de

Dokumentationszentrum Alltagskultur der DDR
Dauerausstellung zum DDR-Alltag und wechselnde Ausstellungen, mit Museumsshop.
Erich-Weinert-Allee 3
15890 Eisenhüttenstadt
Tel. (0 33 64) 41 73 55
www.alltagskultur-ddr.de
Di–So 11–17 Uhr

Städtisches Museum
Löwenstraße 4
15890 Eisenhüttenstadt
(Ortsteil Fürstenberg)
Tel. (0 33 64) 21 46
Di–Fr 10–17,
Sa/So 13–17 Uhr

Fürstenberg

Nach so viel DDR-Bau- und Kulturgeschichte bietet sich im Ortsteil Fürstenberg noch ein Kontrastprogramm an. Fürstenberg ist viel älter als Eisenhüttenstadt und liegt direkt an der Oder. Dort entführen der kleine Markt, die Dorfkirche und der Uferkietz die Besucher in frühere Jahrhunderte. Vom Turm der Nikolaikirche aus hat man einen guten Überblick über das Nebeneinander von alter und neuer Architektur. Fürstenberg liegt unweit des Bahnhofs von Eisenhüttenstadt.

TOUR 34

An- & Rückfahrt
RE 1 ab Berlin Stadtbahn alle 30 Min. bis Frankfurt (Oder) und
RB 11 stündlich bis Neuzelle
(ca. 1 Std. 40 Min.)
20 Min. Fußweg zum Kloster

Klosterbesichtigung

Tourist-Information
Stiftsplatz 7
15898 Neuzelle
Tel. (03 36 52) 61 02
tourismus.neuzelle.de
Mo–So 10–18 Uhr,
im Winter bis 16 Uhr

Katholische Stiftskirche St. Marien
www.stift-neuzelle.de
Mai–Okt. Mo–Fr 10–12 und 13–17, Sa/So 11–16 Uhr,
Nov.–Apr. Mo–Fr 11–12 und 14–16, Sa/So 11–12 und 14–15.30 Uhr

Klosterklause
Gasthof seit 1888, Biergarten.
Brauhausplatz 4
15898 Neuzelle
Tel. (03 36 52) 3 90
www.klosterklause.de
Tgl. ab 11.30 Uhr,
im Winter Mo Ruhetag

Neuzelle

Wunder von Neuzelle

Seit fast 750 Jahren existiert das Kloster Neuzelle. Es ist das einzige vollständig erhaltene Zisterzienserkloster in Brandenburg. Das Herzstück der Anlage, die opulent mit Stuck verzierte Kirche St. Marien, gilt als „Barockwunder der Mark" – und als Besuchermagnet.

Ein Wunder ist auch, dass die Klosteranlage weitgehend unversehrt die Jahrhunderte überlebt hat. Gegründet wurde Kloster Neuzelle von Markgraf Heinrich dem Erlauchten von Meißen und der Ostmark. Er unterzeichnete am 12. Oktober 1268 die Stiftungsurkunde. 1281 zogen Mönche aus dem sächsischen Altzella im Kloster ein. Erst knapp 50 Jahre später fand die Weihung der ersten Kirche statt. In der Folgezeit hatte das Kloster Überfälle der Hussiten, die Reformationszeit und die Napoleonischen Feldzüge zu überstehen.

Heute stehen die Besucher staunend vor der barocken Pracht. Solche Stuckgirlanden und strahlend weißen Deckenfresken kennt man sonst nur aus bayerischen Kirchen. Für die opulente Ausstattung der Kirche sind böhmische Künstler verantwortlich: Neuzelle wurde zu Beginn des 17. Jhs. an Böhmen angeschlossen. Zwar fiel die Lausitz 1623 wieder an den sächsischen Kurfürsten. Aber die katholischen Stifte des Ordens blieben erhalten. Zwischen 1730 und 1740 kamen die böhmischen Künstler und vollendeten die einige Jahre zuvor begonnene barocke Bauperiode. Mit der Innengestaltung der Kirche **St. Marien** schufen sie ein echtes Meisterwerk.

Nach dem Wiener Kongress 1815 fiel die Niederlausitz an Preußen. Zwei Jahre später, 1817, beschloss das preußische Königshaus die Auflösung des Klosters. Seitdem diente die Anlage verschiedenen Zwecken, in der DDR war sie zuletzt eine Weiterbildungsstätte für Schul- und Kindergartenpersonal. Nun aber wird längst wieder an die alten Traditionen angeknüpft. Zwar gibt es keine Mönche mehr in Neuzelle: Statt der Geistlichen bevölkern heute die Schüler einer privaten deutsch-polnischen Schule den Ort. Doch die Besucher erleben eine mehr und mehr originalgetreu restaurierte Klosteranlage. So wurden Figuren und Kulissen der Passionsdarstellung von 1751 renoviert. Auch der Barockgarten ist fast vollständig wiederhergestellt worden.

Eine Ausstellung im Kreuzgang informiert über die Klostergeschichte und dokumentiert den Tagesablauf in einem Zisterzienserkloster.

Zu einem Klosterbesuch gehört auch ein Besuch in der **Klosterbrauerei.** Hier wird seit über 700 Jahren aus Hopfen und Malz das Neuzeller Schwarzbier gebraut. Allerdings fügen die Neuzeller Brauer nach einem alten Rezept auch Zuckerrübensirup hinzu. Das wiederum verstößt gegen das deutsche Reinheitsgebot für Bier aus dem Jahr 1516, weswegen das Gebräu nicht als Bier bezeichnet werden darf. Dem Geschmack und der berauschenden Wirkung des „Schwarzen Abt" tut dies keinen Abbruch …

Vor dem Besuch der Klosterschänke sollte man noch den 15-minütigen, ausgeschilderten Fußweg zum **Strohhaus** auf sich nehmen: Im dort untergebrachten Heimatmuseum erfährt man, wie mühselig das Landleben im 18. Jahrhundert war.

Klosterbrauerei
Besichtigungen von Mai–Okt. tgl. 13 Uhr, sonst nach Absprache.
Brauhausplatz 1
15898 Neuzelle
Tel. (03 36 52) 81 00
www.neuzeller-bier.de

Museum Strohhaus Neuzelle
Museumshof ländlicher Alltagskultur.
Slawengrund 11
15898 Neuzelle
Tel. (03 36 52) 8 25 58
Mi–So 11–17 Uhr

Barockwunder in der Mark: Marienkirche in Neuzelle

TOUR 35

An- & Rückfahrt
RE 2 stündlich ab Berlin Stadtbahn oder
RB 24 stündlich ab Berlin-Ostkreuz
nach Lübben (Spreewald) (ca. 1 Std.)

Radtour
Lübben – Schlepzig & zurück

Länge
25 km hin & zurück

Karte ▸ Seite 99

Museum Schloss Lübben
Multimediale Zeitreise durch die Geschichte der Niederlausitz und ihrer einstigen Regierungsstadt Lübben.
Ernst-von-Houwald-Damm 14
15907 Lübben
Tel. (0 35 46) 18 74 78
Mi–So 10–17 Uhr

Bootsverleih Gebauer
Lindenstraße 18
15907 Lübben
Tel. (0 35 46) 71 94
www.spreewald-bootsverleih.de

Lübben

Im Unterspreewald

Ob per Kahn, Kanu oder auf dem „Landweg" – Lübben ist ein idealer Ausgangsort für eine Tour durch den Spreewald. Dabei lohnt auch Lübben selbst, mit Sehenswürdigkeiten in der Innenstadt und der fantasievoll gestalteten Schlossinsel, den Besuch.

Der Spreewald – das ist eine einzigartige Flusslandschaft mit einem über 1000 Kilometer langen Wassernetz. Natürliche Wasserarme, Fließe genannt, winden sich labyrinthartig durch Wiesen, Wälder, Äcker und Dörfer. 1991 wurde der Spreewald von der UNESCO zum Biosphärenreservat erklärt. Seltene Tier- und Pflanzenarten haben hier ihren Schutzraum.

So etwas wie das Zentrum des Spreewalds ist **Lübben**. Die Stadt liegt zentral zwischen dem Ober- und dem Unterspreewald. Lübben selbst ist eher ein geschäftiges Zentrum als ein lauschiger Spreewaldort. Am quirligen Markplatz stehen einige historische Gebäude, wie die **Paul-Gerhard-Kirche** aus dem 15. Jahrhundert, das Ständehaus und das Oberamtshaus aus dem 17. Jahrhundert. Teile der alten Stadtmauer sind restauriert, auffällig sind die Ecktürme auf der Wehranlage.

Interessant ist auch die östlich der Innenstadt gelegene **Schlossinsel**. Hier laden fantasievoll angelegte Wanderwege und Erlebnisbereiche wie Labyrinth, Klanggarten oder Wasserspielplatz zum Spazieren und Verweilen ein. Das **Schloss Lübben**, einst eine Wasserburg, wurde in den letzten Jahren aufwendig restauriert. Seine heutige Gestalt mit dem eindrucksvollen Renaissancegiebel verdankt es Herzog Christian I. von Sachsen-Merseburg, der das Schloss 1638 errichten ließ. Es beherbergt heute das Stadt- und Regionalmuseum, das Schlossrestaurant und im angrenzenden Marstall die Stadtbibliothek.

Vom nahen **Hafen** auf der Schlossinsel aus lässt es sich trefflich per Kahn in den Spreewald starten. Vorher – oder nachher – kann man sich an den zahlreichen Ständen noch mit den ver-

Auch per Kahn gut zu erreichen: das Spreewalddorf Schlepzig

schiedenen Sorten von Spreewaldgurken versorgen. Besonders schön ist von Lübben aus eine Tour durch den **Unterspreewald** nach Schlepzig. Dorthin fahren natürlich die berühmten Spreewaldkähne. Sportliche Wasserwanderer können sich auch ein Kanu für die Tour mieten. Wer sich die Fließe lieber vom Festland aus ansieht, kann auch den Radweg nach Schlepzig nehmen.

Der Unterspreewald ist etwas für die Individualisten unter den Spreewaldbesuchern. Hier ist es nicht so überlaufen wie im Oberspreewald. Landschaftlich ist der Unterspreewald nicht weniger reizvoll: Die Spree schlängelt sich auch hier in vielen kleinen Nebenarmen durch sumpfige und bewaldete Niederungen. Auf dem Wasserweg nach Schlepzig gleitet man zwischen hohen Erlen hindurch, zeitweise fühlt man sich wie in einem grünen Tunnel.

Mitten in dieser romantischen Fließlandschaft liegt **Schlepzig,** selbst durchzogen von Wasserarmen. In dem kleinen hübschen Straßendorf reihen sich Bauernhäuser aneinander, drum herum ist nur die grüne Spreewaldlandschaft. Hier erfährt man auch viel Interessantes über die Wasserwelt des Spreewaldes: in der Alten Mühle gibt es eine Ausstellung zum **Biosphärenreservat Spreewald.**

Gegründet wurde Schlepzig vor über 1000 Jahren. Die Ansiedlung wurde damals Zloupisti

Tourist-Information Unterspreewald
Dorfstraße 26
15910 Schlepzig
Tel. (03 54 72) 6 40 25
www.schlepzig.de

Biosphärenreservat Spreewald
Dauerausstellung des Biosphärenreservates, Süßwasseraquarien mit den wichtigsten Fischen des Spreewaldes, weitere Tierpräparate.
Alte Mühle Schlepzig
Dorfstr. 52
15910 Schlepzig
Tel. (03 54 72) 2 76
www.spreewald-biosphaerenreservat.de
Apr.-Okt. Di–So 10–17 Uhr

Bauernmuseum Schlepzig
Dorfstraße 26
Tel. (03 54 72) 2 25
www.bauernmuseum-schlepzig.de
Apr.–Okt. Mi–So 10–16,
März Di–Fr 10–12 Uhr

Spreewaldresort Seinerzeit
Ländliches Ambiente, Sommerterrasse, Biergarten.
Dorfstraße 53
15910 Schlepzig
Tel. (03 54 72) 66 20
www.seinerzeit.de
So–Do 12–21,
Fr/Sa 12–21.30 Uhr

genannt, das war die wendische Bezeichnung für Pfahl, da die ersten Behausungen auf Pfählen errichtet wurden.

Wer etwas vom früheren Leben der Bauern im Spreewald wissen möchte, sollte einen Blick ins **Bauernmuseum** werfen. Dort werden in einer liebevoll zusammengestellten Ausstellung alte Landmaschinen ausgestellt und die Handwerkstechniken der Region vermittelt. Auch die Fachwerkkirche von Schlepzig lohnt einen Besuch. Sie hat einen ungewöhnlichen Dachstuhl – nämlich in Form eines Spreewaldkahns.

Der Schlepziger **Kahnfährhafen** ist Ausgangspunkt für Touren in das Innere des Unterspreewaldes. Dabei erlebt man Natur pur und lernt die einmalige Flora und Fauna kennen. Zwei- und mehrstündige oder individuell buchbare Kahnfahrten werden angeboten. Wasserwanderer finden hier einen Rastplatz auf ihrer Tour durch das Labyrinth der ungezählten Spreewaldfließe. Aber Achtung: Besonders im Frühsommer braucht man ein Mückenschutzmittel!

Schlepzig ist auch deswegen ein gutes Ziel für eine Spreewaldtour, weil es dort im „Spreewaldresort Seinerzeit" eine kleine, feine Brauerei gibt. Man kann wählen, ob man das hauseigene Bier und spreewaldtypische Gerichte lieber im rustikaleren Brauhaus oder im etwas gehobeneren Restaurant „Feine Küche Zum Grünen Strand der Spree" genießen möchte. Solchermaßen beglückt geht es dann per Kahn zurück nach Lübben.

Paradies für Paddler: der Spreewald

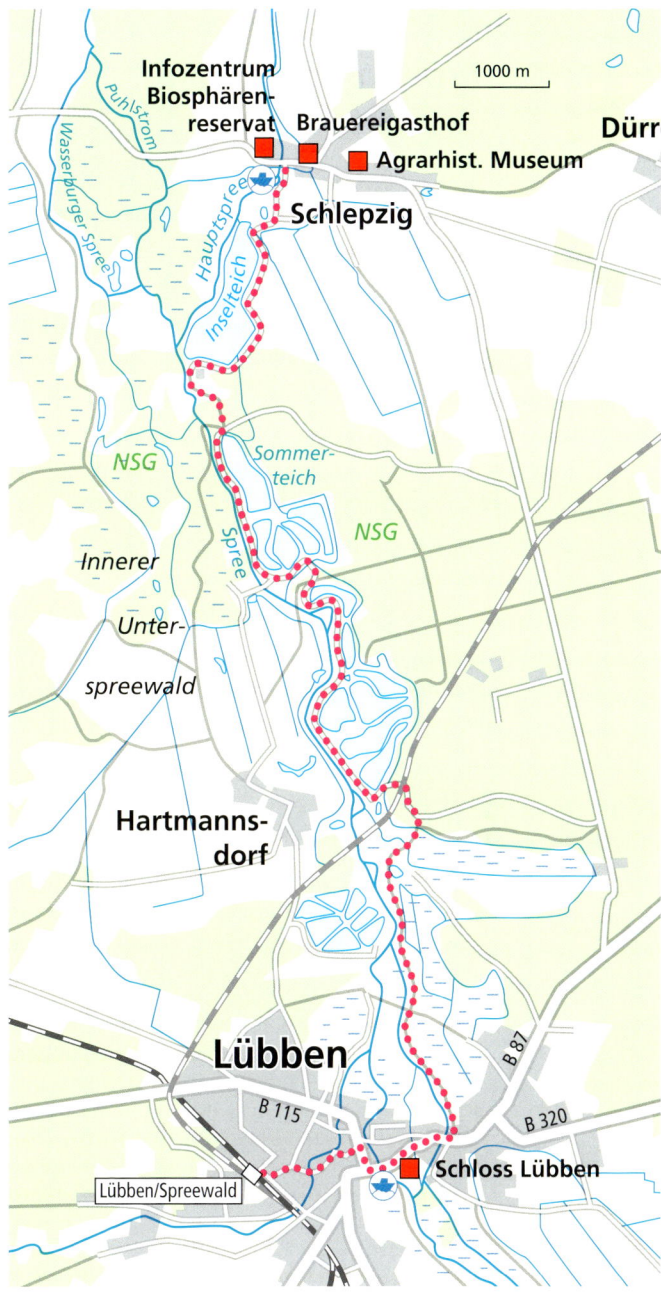

TOUR 36

An- & Rückfahrt
RE 2 stündlich ab Berlin Stadtbahn oder
RB 24 stündlich ab Berlin-Ostkreuz nach Lübbenau (ca. 1 Std.)

Wanderung
Wanderung oder Kahntour nach Lehde & zurück

Länge
5 km hin & zurück

Karte ▶ Seite 102

Tourist-Information
Ehm-Welk-Straße 15
03222 Lübbenau
Tel. (0 35 42) 88 70 40
www.luebbenau-spreewald.de

Spreewaldmuseum
Freilandmuseum mit vier originalen Hofanlagen aus dem Spreewald.
Am Topfmarkt 12
03222 Lübbenau
Tel. (0 35 42) 24 72
Apr.–Okt. Di–So
10–18 Uhr,
Nov.–März bis 16 Uhr

Lübbenau

Typisch Spreewald

Das alte Städtchen Lübbenau ist mit seinem Kahnhafen ein „Muss" für alle Spreewaldbesucher. Dazu gehört ein Ausflug ins Dorf Lehde – ob per Kahn oder zu Fuß. Mehr Spreewald geht nicht.

Lübbenau – beim ersten Spaziergang durch die engen Gassen der Altstadt fallen die vielen zweisprachigen Hinweisschilder auf: Hier sind wir mitten im Gebiet der Sorben. Das Sorbische, eine alte slawische Sprache, wird bis heute gesprochen und sogar in der Schule gelehrt.

Lübbenau wurde erstmals im Jahre 1315 urkundlich erwähnt. Der Ort war aber schon viel früher besiedelt, was Funde aus dem 8./9. Jahrhundert unterhalb des Schlosses zeigen. Die Lage im Spreewald prägte das Städtchen seit jeher.

Auf dem Weg zum großen Spreehafen überquert man den dreieckigen Markplatz mit der **Pfarrkirche St. Nikolai** von 1714. Etwas westlich davon liegt am Topfmarkt das sehenswerte **Spreewaldmuseum**, das aus vier original Hofanlagen aus dem Spreewald besteht – eine gute Einstimmung vor der Kahnfahrt durch die Auenlandschaft.

Je mehr man sich dem **Großen Kahnhafen** (Lübbenau hat zwei Häfen) nähert, desto mehr taucht man in den Spreewald ein – und desto mehr steigt die Zahl der Touristen, jedenfalls an den Wochenenden. Der Hafen liegt malerisch an den Ausläufern der Spreewaldfließe. Von hier starten in der wärmeren Jahreszeit, aber auch bis weit in den Herbst hinein, unzählige der berühmten Spreewaldkähne zu großen oder kleinen Fahrten. Längst ist der Tourismus, und besonders der Kahntourismus, zum wichtigen Wirtschaftsfaktor Lübbenaus geworden. Kein Wunder: Nirgendwo ist der Spreewald so typisch wie rund um Lübbenau, nirgendwo sonst werden die sorbischen Traditionen so gepflegt. Kurz und gut: Lübbenau ist das touristische Highlight des Spreewalds.

Lust auf eine gemütliche Kahntour? Im großen Hafen von Lübbenau warten die Kähne auf Fahrgäste

Bevor man sich auf den Kahn begibt, lohnt aber noch ein Blick auf das klassizistische **Schloss** unweit vom großen Hafen. Es ist von einem englischen Landschaftsgarten umgeben, in dem auch eine Orangerie steht. Heute ist im Schloss ein viel gelobtes Hotel untergebracht.

Wer sich vor einer Wanderung entlang der Spreewaldfließe noch eingehender über die einzigartige Flusslandschaft informieren möchte, dem sei ein Besuch im Lübbenauer **Haus für Mensch und Natur** empfohlen. Dort wird man mit interaktiven Medien über das Biosphärenreservat Spreewald informiert. Sogar eine Zeitreise in die Urzeit wird geboten.

Der zwei Kilometer lange Fußweg ins denkmalgeschützte Lagunendorf Lehde ist als Naturlehrpfad gestaltet. Der Pfad beginnt unweit des Großen Hafens. Auf den Tafeln am Wegrand lernt man einiges über den Spreewald und seine Pflanzenwelt. Die Spree schlängelt sich hier in vielen kleinen Nebenarmen durch sumpfige und bewaldete Niederungen. Bis 1928 konnte man das idyllische Spreewalddorf Lehde sogar nur mit dem Kahn erreichen.

In **Lehde**, das man von Lübbenau per Kahn oder zu Fuß erreicht, ist auf engstem Raum alles

Haus für Mensch und Natur
Dauerausstellung über die Entwicklung des Spreewaldes von der Ur- zur Kulturlandschaft.
Schulstraße 9
03222 Lübbenau
Tel. (0 35 42) 8 92 10
Apr.–Okt. Di–So 10–17 Uhr, Nov.–März Di–Fr 10–15 Uhr

Schloss Hotel Lübbenau
Fürstlich übernachten in Vier-Sterne-Qualität. Auch Allergiker-Zimmer.
Schlossbezirk 6
03222 Lübbenau
Tel. (0 35 42) 87 30
www.schloss-luebbenau.de
DZ ab 100 €

**Kahnfähr-
genossenschaft**
Tel. (0 35 42) 22 25

**Bootsverleih
Petrick**
Schlossbezirk 22
03222 Lübbenau
Tel. (0 35 42) 36 20
www.bootsverleih
petrick.de

**Freilandmuseum
Lehde**
Apr.–Sep.
tgl. 10–18 Uhr,
Okt. bis 17 Uhr

Spreewelten-Bad
Hier kann man
auch mit Pingui-
nen baden. Etwas außer-
halb in der Lübbenauer
Neustadt.
Alte Huttung 13
03222 Lübbenau
Tel. (0 35 42) 89 41 60
www.spreewelten-bad.de
So–Do 9–22, Fr–Sa 9–23
Uhr
Thermalbad ab
12 € / 8 €

versammelt, was den Spreewald berühmt ge-
macht hat: die Fließe, die Inseln, die Erlen, die
Kähne und die schilfgedeckten Bauernhäuser. Die
Blockhausbauten sind bis zu 200 Jahre alt.

Drei vollständig erhaltene Hofanlagen bieten
einen Einblick in das Leben der Spreewaldbauern
im 19. Jahrhundert. Werkstätten für Kahnbau
und Blaudruck, die Meerrettichreiberei und die
Töpferei zeigen außerdem das typische Handwerk
der Gegend. Im **Bauernhaus- und Gurkenmuseum**
erfährt man viel darüber, auf wie viele verschiedene Arten Gurken eingelegt werden können.
Schon im Mittelalter hatten slawische Siedler he-
rausgefunden, dass die Gurke im feuchtwarmen
Mikroklima gut gedeiht. Zur Delikatesse wurde
das Gemüse allerdings erst durch das Einlegen
mit Salz, Essig und feinen Kräutern.

Heute ist Lehde das wichtigste Ziel für den
Kahntourismus ab Lübbenau. Man steigt im Lübbenauer Hafen auf einen Kahn, lässt sich durch
die wundervollen Fließe staken und hat dann in
Lehde ein bis zwei Stunden Zeit, um den Ort zu
erkunden und einzukehren.

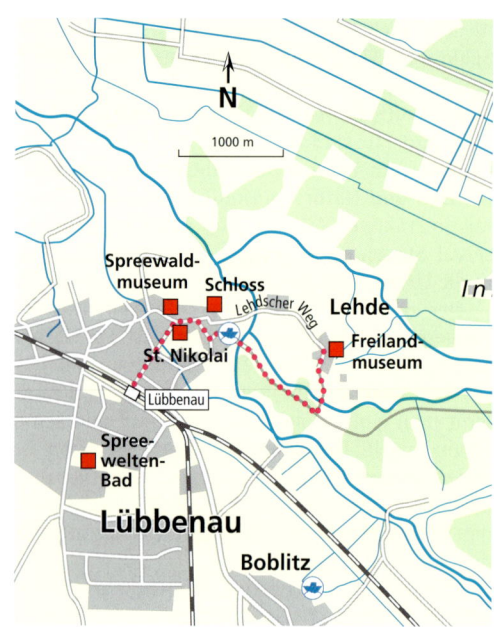

Im Spreewald reist man per Kahn

TOUR 37

olz
Lübben (Spreewald)
Lübbenau (Spreewald)
Raddusch
Vetschau
Kunersdorf

An- & Rückfahrt
RE 2 stündlich ab Berlin Stadtbahn bis Lübbenau und SEV RE 2 nach Raddusch (ca. 1 Std. 25 Min.)

Spaziergang
Besichtigung der Slawenburg und / oder Kahntour

Länge
8 km

Slawenburg Raddusch
An der Slawenburg 1
03226 Raddusch
Tel. (03 54 33) 5 55 22
www.slawenburg-raddusch.de
Apr.–Okt. tgl. 10–18 Uhr,
Nov.–März tgl. 10–16 Uhr
7 € / 5,50 € / 4,50 €

Raddusch

Slawische Trutzburg

Auch in Raddusch sind die Straßenschilder zweisprachig, und der Spreewald beginnt mitten im Ort. Doch das Dorf an einem Nebenfließ der Spree bleibt sogar im Sommer ruhig und beschaulich.

Raddusch eignet sich gut als Ausgangsort für Spreewaldwanderungen zu Fuß, per Rad oder mit dem Paddelboot. Zudem hat Raddusch 4 Kilometer außerhalb des Dorfes eine außergewöhnliche Attraktion zu bieten: eine original nachgebaute Slawenburg aus dem 9. Jahrhundert.

Wer mit dem Zug in Raddusch ankommt, muss sich entscheiden: Entweder erst zur **Slawenburg** (vom Bahnsteig aus links) oder erst ins Dorf (vom Bahnsteig aus rechts). Beides ist ca. 2 Kilometer vom Bahnhof entfernt. Wir entscheiden uns zuerst für die Slawenburg.

Kreisrund ist sie, die Trutzburg Raddusch, ein riesiger Ringwall aus Holz, Erde und Weidengeflecht. So muss auch das Original ausgesehen haben. Damals diente sie den slawischen Bewohnern von zwei nahe gelegenen Dörfern als Fluchtburg. Im Innern wurden für den Angriffsfall Vorräte angelegt. Im Falle eines Angriffs bot die Burg bis zu 250 Menschen und ihren Tieren Platz. Diese lebten dann im 1000 Quadratmeter großen Innenhof. Die Vorräte hätten bis zu 4 Wochen ausgereicht. Doch die Burg gewährte nur bedingten Schutz: Dreimal wurde die Festung in ihrer 150-jährigen Geschichte zerstört. Historiker glauben, dass der Bau des Kolosses insgesamt 50 Jahre gedauert haben muss. Kaum waren die Ringwälle also fertig, wurden sie vermutlich auch schon wieder von Angreifern niedergerissen.

Die Slawenburg Raddusch ist eine von ca. 40 Fluchtburgen, die der Stamm der Lusizi (daher der Name Lausitz) in der Niederlausitz ab dem 9. Jahrhundert errichtete. Die Burgwälle erreichten eine Höhe von bis zu 9 Metern. Ein vorgelagerter Wassergraben sollte zusätzlichen Schutz bieten.

Im Gegensatz zum Original kann man heute das Innere des Walls der Burg betreten. Hier ist eine Dauerausstellung eingerichtet, die die Entwicklung der Region anschaulich und mit multimedialen Mitteln erklärt. Im Sommerhalbjahr ist auch das Burgbistro geöffnet.

Nun aber ins **Dorf Raddusch**: Dort werden bis heute die sorbisch-wendischen Traditionen sowie das Handwerk des Kahnbaus und des Hufschmiedens gepflegt. Viel los ist aber nicht in Raddusch: In der Ortsmitte findet man einige wenige Gasthäuser und kleine Hotelpensionen. Und den kleinen Spreewaldhafen: Von hier kann man ohne Hektik per Paddelboot oder Kahn in den Spreewald aufbrechen.

Oder auf dem „Gurkenradweg", einem Radrundweg durch den Spreewald, das Biosphärenreservat mit seinen Fließen und Wäldern erkunden. Der gut beschilderte Weg führt von Raddusch aus sowohl nach Lübbenau (▸ Seite 100) wie auch auf reizvollen Umwegen in die 6 Kilometer südlich von Raddusch gelegene Spreewaldstadt Vetschau. Von beiden Orten aus kann man mit der Bahn zurückfahren.

Spreewald Restaurant
im Hotel Radduscher Hafen. Restaurant mit spreewaldtypischer Küche und Biergarten.
Dorfstraße 10
03226 Raddusch
Tel. (03 54 33) 5 93 30
www.spreewald-hotel-raddusch.de

Ringwall aus Holz, Erde und Weidengeflecht: Slawenburg Raddusch

TOUR 38

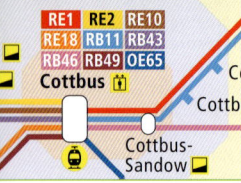

An- & Rückfahrt
Spaziergang 1:
RE 2 stündlich ab
Berlin Stadtbahn
nach Cottbus
(ca. 1 Std. 25 Min.)
und Tram 2, 5
Richtung Sandow

Stadtspaziergang

Karte ▶ Seite 109

Brandenburgisches Landesmuseum für moderne Kunst
Museum für zeitgenössische Kunst, Fotografie und Plakate.
Uferstraße/Am Amtsteich 15
03046 Cottbus
Tel. (03 55) 49 49 40 40
www.blmk.de
Di–So 10–18 Uhr

Cottbus

Grüne Großstadt

Jede Stadt hat ihre Geschichte, doch nicht unbedingt eine so wechselhafte wie Cottbus.

Im 12. Jahrhundert gegründet, wurde ihr Wachstum durch die vorteilhafte Lage an der Salzstraße, die von Halle nach Osten führte, begünstigt. Im 13. Jahrhundert ließen sich flandrische Tuchmacher nieder – die Tuchmacherei wurde das bestimmende Gewerbe, Tuche aus Cottbus waren international begehrt. Einheimische Schafhaltung lieferte den preisgünstigen Rohstoff.

6 Meter hoch war die Ziegelmauer, die das 1445 brandenburgisch gewordene Städtchen schützte. Nach dem Ende des Dreißigjährigen Krieges waren noch 150 Einwohner übrig und nicht sehr viel von der Stadtmauer. Einwanderer wurden ins Land gerufen – Pfälzer und Hugenotten. Sie brachten vorteilhafte Kenntnisse für das Wirtschaftsleben mit: Garnspinnerei, Strumpfwirkerei, Tabakanbau, Seidenraupenzucht, Gerberei.

Um 1900 erfolgte durch die Erschließung der Braunkohlefelder ein weiterer Wirtschaftsaufschwung. In der DDR wurde Cottbus deshalb zum Zentrum der Kohle- und Energiewirtschaft ausgebaut. Zuvor, zwei Monate vor Ende des Zweiten Weltkriegs, hatte ein Luftangriff fast die Hälfte der Stadt zerstört. Im Stadtbild lassen sich viele Spuren dieser wechselhaften Geschichte finden.

Kommt man mit der Bahn an und verläßt den Hauptbahnhof, zeigen sich zuerst die negativen Folgen jüngerer Geschichte. Auch hier wurde, wie in der DDR üblich, der Wiederaufbau mit Plattenbauten bewerkstelligt.

Spaziergang 1:

Mit der Tram kommt man in die Gegend um den **Altmarkt** und hier bestimmt ältere Geschichte das Stadtbild. Schon zu DDR-Zeiten wurde das Viertel aufwändig rekonstruiert. Prächtige Bürgerhäuser in sächsischem Barock und klassizistische

Der Altmarkt mit seinen historischen Gebäuden ist die „gute Stube" von Cottbus

Traufenhäuser des 18./19. Jhs. zeigen die ältere Geschichte der Stadt, noch älter sind die Reste der Stadtmauer mit ihren zwei Türmen: dem Spremberger Turm und dem Münzturm. Tuchmacher-, Leinenweber- und Gerberhäuser, zum Teil in Barock, befinden sich am Mühlgraben und in der Sandower Straße.

In der Altstadt gibt es außerdem eine Reihe markanter Gebäude zu besichtigen:

Die **Schlosskirche,** 1714 auf den Grundmauern der Katharinenkirche von 1419 erbaut, war das kirchliche Zentrum der Hugenotten, die auch zeitweise eine eigene Gerichtsbarkeit hatten.

Die **Oberkirche St. Nikolai,** ein dreischiffiger spätgotischer Backsteinbau des 14. Jahrhunderts, ist die größte Kirche der Niederlausitz, berühmt auch durch ihren Renaissancealtar vom Meister Schultze aus Torgau.

Am Ende der Wendenstraße steht die ehemalige Klosterkirche der Franziskaner aus dem 14. Jahrhundert, auch **Wendenkirche** genannt, Begräbniskirche der Herren von Cottbus.

Ein weiteres Gebäude, auf das Cottbus sehr stolz ist, darf nicht unerwähnt bleiben. Es liegt auf dem Weg vom Hauptbahnhof zum Altmarkt am Schillerplatz. Wer sich von der Fassade an das Berliner „Theater des Westens" erinnert fühlt, liegt richtig. Es ist das 1908 erbaute **Staatstheater,** entworfen vom gleichen Architekten, Bernhard Sehring.

Brandenburgisches Apothekenmuseum
Pharmaziehistorische Sammlung und Apothekeneinrichtungen des 19. u. 20. Jhs.
Nur mit Führung, Di–Fr 11 und 14 Uhr, Sa/So 14 und 15 Uhr.
Altmarkt 24
03046 Cottbus
Tel. (03 55) 2 39 97
www.niederlausitzer-apothekenmuseum.de

Gastronomie
Restaurants und Cafés in der Gegend um den historischen Altmarkt

TOUR 38

An- & Rückfahrt
Spaziergang 2:
Vom Hbf Cottbus
zum Branitzer Park
🚌 10 (Pückler-Linie)
(Sa/So zwischen 7–20
Uhr stündlich auf
Minute 10)
oder
RB 11, RB 46 bis
Bahnhof Sandow
oder 🚋 2, 5 bis Endhaltestelle Sandow,
dann jeweils 300 m
Fußweg und mit der
Parkeisenbahn bis
Station Zoo.
(Parkeisenbahn:
Mai–Aug.
tgl. 10–17 Uhr,
Apr./Sep. nur Sa/So)

Stadtspaziergang

Spaziergang 2: Park und Schloss Branitz

Entlang der Spree führt ein Weg von der City durch einen zentralen Grüngürtel zum Park Branitz im Südosten der Stadt. Park reiht sich an Park. Starten kann man in der Nähe des Altmarkts an der Oberkirche St. Nikolai, weiter über die Gerichtsstraße zum Schlossberg und über die Brücke zum Goethepark mit dem schon um 1600 angelegten Amtsteich. Die Ludwig-Leichhardt-Allee führt weiter entlang der Spree, vorbei am Planetarium, in den Eliaspark bis zum Eingang des Spreeauenparks, der anlässlich der BUGA 1995 gestaltet wurde. Westlich des Pückler-Parks gelegen, leitet er praktisch in diesen über.

Park Branitz, ein Höhepunkt der Gartenbaukunst und zugleich letzter deutscher Landschaftsgarten des 19. Jahrhunderts im englischen Stil, entstand in einem vorher völlig ebenen Gelände in der Zeit von 1846 bis 1871. Der geniale und auch ziemlich exzentrische Gartenkünstler, Literat und Kosmopolit Fürst Pückler-Muskau widmete die letzten 25 Jahre seines Lebens diesem Werk, gemäß seiner Devise: „Kunst ist das Höchste und Edelste im Leben, denn es ist Schaffen zum Nutzen der Menschheit. Nach Kräften habe ich dies mein langes Leben hindurch im Bereich der Natur ausgeübt."

Große Erdmassen wurden bewegt und aus dem flachen Land entstand eine Hügellandschaft. Man legte Kanäle und Seen an. Das Wasser liefert auch heute noch die Spree, mit der die künstlich geschaffenen Gewässer verbunden sind. Brücken verbinden die einzelnen Teile des Parks. Herrliche Wege durchziehen Wiesenflächen und schattige Baumgruppen – darunter Bäume wie Stieleichen, Linden, Rot- und Hainbuchen, Kastanien, Fichten, Esche und Ahorn. Sichtachsen wurden angelegt, die das Auge verwöhnen und viel Platz zum Umherschweifen lassen. Exzentrische Höhepunkte des Parks sind – Pückler ließ sich sicher von seiner Orientreise inspirieren – die beiden in Europa einzigartigen Erdpyramiden, die Landpyramide und die Pyramide im See (Tumulus). Letztere ist auch die Begräbnisstätte des Fürsten und seiner Frau Lucie.

Parkeisenbahn
Tel. (03 55) 8 66 20
www.pe-cottbus.de

Die Seepyramide wechselt mit der Jahreszeit ihre Farben; besonders schön ist das herbstliche Rot.

Schloss Branitz: Das 1772 in spätbarockem Stil errichtete Schloss ließ Pückler nach seinem Geschmack umbauen. Der roséfarbene Anstrich und das schwarze Dach sind nach Restaurierungsarbeiten wiederhergestellt worden. Parkschmiede, Kavalierhaus und Marstall zeigen sich in englischem Tudor-Stil, die Pergola fügt italienisches Flair hinzu.

Das Innere des Schlosses prägen verschiedene Stile. Der persönliche Geschmack Pücklers offenbart sich vor allem in den „orientalischen Interieurs und den in kräftigen Farben bemalten Tapeten" im Speisezimmer, der Ahnengalerie und der Bibliothek. Die historischen Räume des Schlosses und eine ständige Ausstellung zu Leben und Werk vermitteln einen Einblick in das Leben dieses sehr ungewöhnlichen Menschen. Wer den Gartenkünstler und Weltreisenden bisher nur vom dreifarbigen „Fürst-Pückler-Eis" kannte, wird sich sehr wundern.

Park und Schloss Branitz
Der Park hat rund um die Uhr geöffnet.
Robinienweg 5
03042 Cottbus

Schloss & Gutshof
Tel. (03 55) 7 51 50
www.pueckler-museum.de
Apr.–Okt.
tgl. 10–18 Uhr,
Nov.–März
Di–So 11–16 Uhr

Marstall
Apr.–Sep. tgl. 11–17 Uhr

TOUR 39

An- & Rückfahrt
RE 5 stündlich ab Berlin Hbf nach Luckau-Uckro (ca. 1 Std. 25 Min.) und 🚌 466 (ca. 15 Min.) oder (Rad-) Wanderung (7 km)

Stadtspaziergang

Luckau

Im Dornröschenschlaf

Südländisch und sächsisch – beide Attribute werden dem geschichtsträchtigen Städtchen Luckau zugeschrieben. Und beide treffen sicher auch zu.

Jedenfalls gilt das für den **Marktplatz,** das Schmuckstück Luckaus. Hier sind zahlreiche barocke Häuser mit prachtvollen Stuckfassaden erhalten. Italienische Stuckateure haben viele Häuser mit südländisch heiterem Rankenwerk versehen. Die Giebel sind meist geschwungen, wie man sie auch in Cottbus und dem Rest der Lausitz findet. Die Bauten des Marktplatzes stammen vom Anfang des 18. Jahrhunderts, als Luckau nach den Zerstörungen des Dreißigjährigen Krieges noch mal eine Blüte erlebte.

Schon früher, nämlich im Mittelalter, besonders im 14. Jahrhundert, war Luckau eine reiche und bedeutende Stadt. Den Aufstieg der Stadt begünstigte ihre Lage: Die historischen Fernhandelswege Leipzig-Frankfurt (Oder) und Magdeburg-Glogau kreuzten sich hier. Im Laufe der Geschichte gehörte das Städtchen abwechselnd zu Brandenburg, Sachsen und Böhmen. Bis 1815 war Luckau schließlich sächsisch, was das Bild der Stadt nachhaltig prägte. 1815 fiel Luckau dann endgültig an Preußen.

Zu dieser Zeit hatte aber bereits das Versinken in die Bedeutungslosigkeit für Luckau begonnen. Alle Chronisten bemühen das Wort vom Dornröschenschlaf. Und tatsächlich hat sich vieles bewahrt, das anderswo vom Fortschritt hinweggefegt wurde. Oder vom Krieg, denn auch von den Kriegszerstörungen blieb Luckau verschont. 1945 übergab der Militärkommandant von Luckau die Stadt kampflos den Sowjets, nachdem er sich vom 500 Jahre alten **Hausmannsturm,** mitten auf dem Marktplatz, einen Überblick über die militärische Lage verschafft hatte. Nur ein paar Schritte nördlich des Markplatzes erhebt sich die **Kirche St. Nikolai.** Die Anfänge, der jetzige Westbau aus Granitquadern, gehen bis ins 13.

Jahrhundert zurück, die beiden Türme stammen aus dem 14. Jahrhundert. 1644, während des Dreißigjährigen Krieges, brannte das Gotteshaus komplett aus. Danach wurde es in barockem Stil neu ausgestaltet.

Wenig übrig geblieben ist von dem mittelalterlichen Rathaus auf dem Marktplatz: genau gesagt nur der Ratskeller. Das auf diesem Keller errichtete neue **Rathaus** stammt von 1852 und zeigt sich im klassizistischen Stil. Wer noch mehr architekturgeschichtliche Zeugen anschauen möchte, wendet sich vom Markt nach Süden und gelangt zum **Mauerring** und den Anlagen am Stadtgraben. Wer dem Verlauf des Mauerrings folgt, kommt auch zu den Bauten des ehemaligen Dominikanerklosters und zum **Roten Turm,** dem am besten erhaltenen Teil der Stadtbefestigung.

Bis heute hat sich Luckau seinen altertümlichen Charme erhalten, man könnte auch sagen, die Stadt läge immer noch im Dornröschenschlaf. Daran hat auch die Landesgartenschau, die im Jahre 2000 in Luckau stattfand, nichts ändern können. Rund um die Altstadt wurden damals Parkanlagen umgestaltet oder neu angelegt, und für einen kurzen Sommer war Luckau tatsächlich ein Touristenmagnet. Heute sind die Anlagen zwar immer noch recht attraktiv, doch Luckau geriet wieder ins Abseits. Somit ist die Stadt fast wieder ein Geheimtipp. Egal ob ein sächsischer oder südländischer, auf jeden Fall ein schöner.

Niederlausitz-Museum
In der Kulturkirche. Ausstellungen zur Geschichte Luckaus und der Natur der Region.
Nonnengasse 1
15926 Luckau
Tel. (0 35 44) 5 57 07 90
www.niederlausitzmuseum-luckau.de
Di–Fr 10–17 Uhr, Sa/So 13–17 Uhr

Barocke Wohnhäuser prägen das Stadtbild Luckaus

TOUR 40

An- & Rückfahrt
RB 24 stündlich ab Berlin-Ostkreuz nach Altdöbern
(ca. 1 Std. 30 Min.)

Spaziergang
Schloss und Schlosspark

Länge
5 km

Altdöbern

Alte Pracht

Der frühere Glanz von Altdöbern bröckelte lange, aber mittlerweile haben das Schloss und sein verwunschener Park einiges von ihrer alten Pracht zurückerhalten.

Am Bahnhof Altdöbern angekommen, muss man gleich die erste Entscheidung treffen. Entweder man wählt den gut ausgeschilderten Weg „Rund um Altdöbern", der um die ganze Stadt und durch den Schlosspark führt. Oder man geht gute 2 Kilometer an der Hauptstraße entlang durch den langgestreckten Ort. Das ist die schönere Variante, sich dem **Schloss Altdöbern** zu nähern. Denn vom weitläufigen Marktplatz öffnet sich ein stattliches Tor, das den direkten Blick auf die barocke Anlage frei gibt: Ein dreigeschossiges Schloss mit Walmdach, ein imposantes Wappen im Giebel und ein mächtiges Portal, zu dem auf beiden Seiten geschwungene Aufgänge führen, davor noch ein Wasserbecken mit Springbrunnen – da lässt sich der alte Glanz erahnen.

Und tatsächlich hat das Schlösschen eine glanzreiche Historie: 1717 wird es anstelle eines früheren Wasserschlosses gebaut und gelangt kurze Zeit später in den Besitz von Carl Heinrich von Heineken. Der zunächst mittellose Kunstkenner hat bis zu diesem Zeitpunkt bereits eine schwindelerregende Karriere gemacht. Bis zum Berater und Geheimen Hofrat unter dem sächsischen Kurfürsten Friedrich August II. bringt er es. Seine mächtigen Gönner verschaffen ihm das adlige „von", Reichtum und Schloss Altdöbern, das damals zu sächsischem Herrschaftsgebiet gehört. Heineken lässt das Schloss 1749/50 aufstocken und prächtig ausstatten. Und vor allem gestaltet er den Park nach barockem Geschmack.

Teile davon sind bis heute erhalten. Eine echte Rarität, denn die symmetrischen, künstlichen Formen des Barocks waren später im 19. Jahrhundert passé und viele Gärten in Brandenburg wurden nach englischem Vorbild in weitläufige Landschaftsparks verwandelt. So auch der größte

Schloss Altdöbern

Teil des Altdöberner Parks. Aber der kleine Französische Garten rechts vom Schloss mit seinen abgezirkelten Hecken, Wasserspielen und Statuen ist erhalten geblieben, auch wenn heute kein Wasser mehr im Brunnen plätschert. Besonders schön ist auch das Freilufttheater auf der linken Schlossseite mit seinen symmetrischen Hecken als Kulissen. Es zeigt, wie nah sich Theater und Gartengestaltung im Barock sind: auch die Natur wird in Szene gesetzt. Zu Heinekens Zeit konnte man übrigens über künstlich angelegte Wasserwege in Gondeln vom Schloss bis zum nahen Salzteich fahren – wenn das nicht theatralisch ist!

Doch als der Kurfürst stirbt, gerät Heineken in Verdacht, die fürstlichen Finanzen zugunsten seines eigenen ausschweifenden Lebensstils veruntreut zu haben. Heineken fällt in Ungnade. Damit beginnt auch der Verfall des Schlosses Altdöbern. Häufig wechselt es den Besitzer. Viel wird verändert, aber nicht immer zum Besten – wie zum Beispiel der neuromanische Anbau aus dem späten 19. Jahrhundert an der Westseite zeigt. In den letzten Jahrzehnten verfiel das Schlösschen immer weiter. Doch nun hat die Restaurierung begonnen, die Außenansicht und der Schlosspark können besichtigt werden. Am Schloss erstrahlen die Pfeiler und Balustraden sowie das Kuppeldach schon wieder in neuem Glanz. Restauriert wurde auch schon die **Orangerie**, hier sind ein Café und ein Hofladen eingezogen.

Orangerie Altdöbern
Kaffee und Kuchen am barocken Garten. Im dazugehörigen Hofladen gibt es Obst, Gemüse und mehr aus eigener Produktion.
Am Schloss
03229 Altdöbern
Tel. (03 54 34) 66 07 76
Mi–Fr 10–17,
Sa/So 10–18 Uhr

TOUR 41

An- & Rückfahrt
RB 24 stündlich ab Berlin-Ostkreuz nach Senftenberg (ca. 1 Std. 40 Min.)

Stadtspaziergang
Altstadt
Senftenberger See
Gartenstadt Marga
Snowtropolis

Fahrgastschifffahrt Senftenberger See
Mai–Juni tgl. Fahrten über den Senftenberger See bis Großkoschen, Anlegestelle Nähe Tierpark.
Tel. (01 73) 6 83 72 44
www.reederei-loewa.de

Tierpark Senftenberg
Am Steindamm im Schlosspark
01968 Senftenberg
Tel. (0 35 73) 3 67 48 60
www.wbs-senftenberg.de

Senftenberg

Lausitz im Wandel

Ganz im Südosten Brandenburgs liegt Senftenberg. Doch die Reise lohnt sich, besonders für sportliche Menschen: Im Sommer lockt der Senftenberger See zum Baden wie zum Surfen, und Ski fahren kann man in Senftenberg sogar das ganze Jahr über.

Aber die Stadt in der Lausitz hat auch für Kultur- und Geschichtsinteressierte einiges zu bieten. Senftenberg liegt inmitten eines Tagebaugebiets, oder besser: eines ehemaligen Tagebaugebiets. Wo früher das dunkle Gold der Lausitz, die Kohle, gefördert wurde, klaffen heute riesige, wüstenhafte Löcher – aber auch schöne Seen mit Badestränden.

Solch eine renaturierte Landschaft ist der **Senftenberger See.** Er liegt direkt am südlichen Ende der Stadt und macht Senftenberg quasi zum Badeort. Seiner Größe von 1300 Hektar wegen hat man ihn auch gleich „Nordsee der Lausitz" genannt. Hier wurde 1966 das riesige Abbaugebiet Niemtsch geflutet. In den Jahren darauf entstand so das größte Erholungsgebiet der Lausitz: 11 Kilometer Strände und eine gute Wasserqualität locken nicht nur Senftenberger. Sehr geschätzt wird das Gewässer auch von Windsurfern und Seglern. Eine große Insel im See ist seit 1981 Naturschutzgebiet. Im Herbst ist sie ein beliebter Rastplatz für Graugänse.

Sehenswert ist auch die **Altstadt** von Senftenberg. Der historische Markt und die neue Fußgängerzone machen Lust auf einen Bummel. Dabei kann man schön restaurierte Jugendstilhäuser entdecken.

Am Rand der Altstadt steht die über 500 Jahre alte **Festungsanlage.** Die damals moderne Verteidigungsanlage war als Schutz der nördlichen Grenze Sachsens gedacht. Seit einigen Jahren wird die Renaissancefestung restauriert und instand gesetzt. Im Hof steht heute die Klinkerplastik „Bettler auf Krücken" von Ernst Barlach.

Etwas außerhalb des Zentrums liegt der **Stadtteil Marga**. Er gilt mit seinen kleinen Jugendstilhäusern als Schmuckstück deutscher Gartenstadtarchitektur. Gebaut wurde Marga zwischen 1907 und 1914 nach englischen Vorbildern.

Gleich nördlich von Senftenberg befindet sich das **Tagebaugebiet Meuro**. Hier lassen sich die Nachwirkungen des Tagebaus noch „ungeschminkt" erleben: Bis ins 8 Kilometer entfernte Großräschen dehnt sich eine Mondlandschaft aus. An Aussichtspunkten kann man in die ausgebaggerten Tagebaugruben hineinsehen. Doch auch hier wird sich in wenigen Jahren eine Erholungslandschaft mit See erstrecken.

Senftenberg, ehemals eine Bergarbeiterstadt zwischen Gruben, ist ein Ort im Wandel. Bis zur Wende war sie das Verwaltungszentrum des gesamten ostdeutschen Tagebaus. Seitdem wandelt sie sich zum Tourismus-, Bildungs- und Kulturzentrum. Sogar eine Fachhochschule hat Senftenberg. Und das Theater hat sich als Kleinkunstbühne überregional einen Namen gemacht.

Eine weitere Attraktion im touristischen Bereich ist **Snowtropolis**: In diesem Skizentrum kann man eine 140 Meter lange Piste herunter- und mit dem Lift wieder hochfahren – und zwar ganzjährig. Viele Besucher trainieren hier für ihren Winterurlaub oder kommen, weil sie Spaß daran haben, die Piste herunterzubrausen. Und für das Après-Ski gibt es die SoTo-Bar: Dort lässt es sich in angesagtem Lounge-Ambiente den anderen Skifahrern bei der Abfahrt zusehen.

Snowtropolis
Tropolis 1
01968 Senftenberg
Tel. (0 35 73) 3 63 70 65
www.snowtropolis.de
Mi–So 10–21 Uhr

TOUR 42

Finsterwalde (Niederlausitz)

sdorf

An- & Rückfahrt
RE 2 stündlich ab Berlin Stadtbahn nach Cottbus und RE 10 oder RB 43 nach Finsterwalde (ca. 2 Std.)

Stadtspaziergang

Karte ▸ Seite 119

Kreismuseum Finsterwalde
Krämerladen und Ausstellung zur Geschichte der „Sänger von Finsterwalde" sowie zur Regional- und Stadtgeschichte.
Lange Straße 6–8
03238 Finsterwalde
Tel. (0 35 31) 3 07 83
Apr.–Sep. Di–So 10–18, Okt.–März bis 17 Uhr

Tierpark Finsterwalde
An der Bürgerheide
Tel. (0 35 31) 85 22
Mai–Sep. 9–19 Uhr,
Okt.–Jan. 9–16 Uhr,
Feb.–Apr. 9–17 Uhr
Zu finden am westlichen Stadtrand, Richtung Doberlug-Kirchhain

Finsterwalde

Sänger und Sagen

Finsterwalde erzählt Geschichte und Geschichten. Die Architektur der Stadt bietet einen Gang durch die Zeit und allerorts trifft man dabei auf Sagen- und Fantasiegestalten.

Die in der westlichen Niederlausitz gelegene Stadt Finsterwalde beheimatet heute etwa 16 700 Einwohner. Die Unterschrift des Herrn Heynemanus de Vynsterwalde auf einer Urkunde aus dem Jahr 1282 liefert einen ersten schriftlichen Hinweis auf einen gleichnamigen Ort. Seit dem Spätmittelalter ist das Tuchmachergewerbe der prägende Wirtschaftszweig. Die wirtschaftliche Blütezeit wird jedoch durch Pest und Dreißigjährigen Krieg beendet. Im 19. Jahrhundert ist es wieder die Tuchproduktion, diesmal auf industrieller Basis, die Finsterwalde einen neuen Aufschwung erleben lässt.

Ein Stadtrundgang führt an bemerkenswerten Gebäuden aller Stilrichtungen vom 16. bis zum 20. Jahrhundert vorbei. Vom Bahnhof aus in die **Berliner Straße** eingebogen, begegnet man auf dem Vorplatz der Sparkasse auch schon den berühmten Sängern von Finsterwalde. Wenn man nicht gerade zu Besuch bei dem seit 1954 alle zwei Jahre stattfindenden Sängerfest ist, sind es allerdings nur die Figuren eines Denkmals. Es sind die Musikanten Pampel, Knarrig und Strippe aus dem 1899 in Berlin aufgeführten Theaterstück „Wir sind die Sänger von Finsterwalde".

Noch ein kurzes Stück ist es vom **Sängerdenkmal** zum **Markt,** dessen Treiben unter den Fenstern des 1690 errichteten Rathauses stattfindet, das heute als Ausstellungs- und Kulturzentrum genutzt wird. Das Haus am Markt 26 verweist in einer Kartusche auf die Jahreszahl 1564 und ist damit eines der ältesten der Stadt. Links an der Rathausfront vorbei gelangt man zum **Schloss** mit der gleichnamigen Straße. Darin ist heute die Stadtverwaltung untergebracht. Im 15. Jahrhundert wurde das Schloss, vermutlich vom Ritter Heinrich von Maltitz, erbaut. 1533 geht der Besitz an die Familie von Dieskau. Ihre rege Bautätigkeit zwischen 1553 und 1597 prägt die heutige Renaissancegestalt der Anlage. Ein kleiner Park schließt sich südöstlich an das Gelände an und weist Reste des mittelalterlichen Burggrabens auf.

Die Schlossstraße zurück gelangt man zur Langen Straße. Diese etablierte sich als erste Geschäftsstraße der Stadt, musste aber nach einem großen Stadtbrand von 1727 neu bebaut werden. Dort eröffnete in einer ehemaligen Seifensiederei und späterem Kolonialwarenladen 1981 das Kreismuseum. Die Ladeneinrichtung der Kaufmannsfamilie Wittke aus der Mitte des 19. Jahrhunderts blieb original erhalten und kann dort neben einer Ausstellung von Produkten aus der DDR-Zeit besichtigt werden.

Das Wahrzeichen der Stadt, den 1910 errichteten **Wasserturm,** kann man mit seinen 54 Metern Höhe gar nicht übersehen. Er liegt am Kreuzungsbereich von Cottbusser-, Bebel- und Liebknechtstraße. In der August-Bebel-Straße findet man die 1928 erbaute Doppelturnhalle des Berliner Architekten Kurt Vogeler.

Wieder auf der Berliner Straße geht es noch nicht zurück zum Bahnhof, sondern durch die Bahnunterführung über die Sonnenwalder auf die Kirchhainer und von dort in die Friedrich-Hebbel-Straße. Die Bewohner der Nummern 16–22 kennen ihren Block besser unter der Bezeichnung **Märchenhaus.** Die Fassade ist mit 27 Reliefs aus Klinkerformsteinen geschmückt, die Szenen der Grimm-Märchen darstellen.

Märchenhaft geht es auch an der Fassade eines Hauses in der Bahnhofstraße 3 zu: Dort kräht am **Goldenen Hahn**, einem der besten Restaurants Brandenburgs, selbiger Hahn zu jeder vollen Stunde.

Hotel & Restaurant Goldener Hahn
Ausgezeichnete Küche von Chefkoch Frank Schreiber. Der Hahn an der Fassade kräht zur vollen Stunde.
Bahnhofstraße 3
03238 Finsterwalde
Tel. (0 35 31) 22 14
www.schreiber-cuisine.de
Mo–Sa 17.30–22.30 Uhr,
Fr/Sa zusätzlich 12–14.30 Uhr

Schloss Finsterwalde

TOUR 43

Finsterwalde (Niederlausitz)
dorf

An- & Rückfahrt
RE 2 stündlich ab Berlin Stadtbahn nach Cottbus und RE 10 oder RB 43 nach Finsterwalde (ca. 2 Std.) und 🚌 558 nach Lichterfeld, Besucherbergwerk F60

(Rad-) Wanderung
Besucherbergwerk F60

Länge
8 km

Förderbrücke F60

Glück Auf!

Mit dem Gruß „Glück Auf!" beginnt die Besichtigung des Besucherbergwerks F60. Als Industriedenkmal stellt es nicht nur ein Zeugnis des Lausitzer Kohleabbaus dar, es ist auch Zeichen für den Strukturwandel der Region.

Die erste Braunkohle fand man im Raum Lauchhammer schon 1789. Vor allem als Brennstoff für die Industrie begann der Abbau vor gut 150 Jahren in der Niederlausitz zuerst unterirdisch oder in kleineren Tagebaugebieten. Die erste Förderbrücke stand 1924 in einer Grube bei Plessa. Mit dieser Technik kann die Erde über der Braunkohle maschinell abgetragen werden und ersetzt die weniger effektive Arbeit mit Baggern. Die riesige **Förderbrücke F60** kann Erde bis zu einer Höhe von 60 Meter abtragen.

Eine solche Förderbrücke steht nun als Besucherbergwerk höhentauglichen, sowie mit festem Schuhwerk und Helmen ausgestatteten Besuchern offen. VEB TAKRAF Lauchhammer (heute MAN TAKRAF) erbaute die F60 vor Ort für den Tagebau Klettwitz Nord zwischen 1988–1991. Mit der Schließung des Tagebaugebiets im Jahr 1992 wurde die F60 nach einer Betriebszeit von nur 13 Monaten stillgelegt. Die Sprengung des technischen Denkmals konnte verhindert werden und am 4. Mai 2002 öffnete schließlich das **Besucherbergwerk F60** seine Türen. Über einen Kilometer lang ist der geführte Rundweg auf dem Industriegiganten. An der Spitze der Brücke steht man etwa 74 Meter frei über der Erdoberfläche. Vor Wind und Wetter in dem „Rundumsichtshaus" geschützt, kann man die Lausitz und das ehemalige Tagebaugebiet überblicken. Die Länge der Förderbrücke von 502 Metern reizt zu Vergleichen mit bekannten Bauwerken, und so wird die F60 auch als „Liegender Eiffelturm" bezeichnet. In der Breite erstreckt sie sich über mehr als 240 Meter, von den einstmals 13 600 Tonnen Gewicht hat sie durch die Umrüstung 2 600 Tonnen verloren.

Die Förderbänder, die die Erdmassen transportierten, liefen mit einer Geschwindigkeit von bis zu 36 Kilometern pro Stunde.

Seit Oktober 2003 ist die F60 noch um eine Attraktion reicher. Nach Einbruch der Dunkelheit kann man die **Licht- und Klanginstallation „LICHTERfeld F60"** des Künstlers Hans Peter Kuhn erleben. Die Förderbrücke wird durch weiße Lichtstrahlen vertikal markiert, farbige Elemente beleuchten die ehemaligen Kontroll- und Maschinenhäuschen auf der Anlage. Arbeitsgeräusche vermitteln den Eindruck des laufenden Betriebs.

Bis 2030 soll das ehemalige Tagebaugebiet renaturiert und zur Erholungslandschaft umgestaltet werden. 2001 wurde mit der Flutung des **Bergheider Sees** begonnen, der mit seinem Namen an das Dorf erinnert, das dem Kohleabbau weichen musste. Die größe Attraktion wird in jedem Fall das Besucherbergwerk bleiben. Anziehungskraft beweist die F60 aber schon jetzt nicht nur auf Besucher: Ein Turmfalke hat sich bereits auf ihr eingenistet.

Besucherbergwerk F60
Bergheider Straße 4
03238 Lichterfeld
Tel. (0 35 31) 6 08 00
www.f60.de
Apr.–Okt.
tgl. 10–18 Uhr,
Nov.–März
Mi–So 11–16 Uhr,
Juni–Aug. 1. Sa im
Monat bis 22 Uhr
Die Licht- und Klanginstallation wird mit Einbruch der Dunkelheit zu den Öffnungszeiten eingeschaltet.

Führungen auch außerhalb der Öffnungszeiten möglich. Der zum Info-Center umfunktionierte Werkstattwagen bietet Ausstellungen und Informationen zur Technik der Braunkohleförderung und zur Vergangenheit und Zukunft der Tagebauregion.

Süd-westen

TOUR 44

○ Rangsdorf
○ Wünsdorf-Waldstadt
RE5 RE7

An- & Rückfahrt
RE 5 stündlich ab Berlin Hbf, RE 7 stündlich ab Berlin Stadtbahn nach Wünsdorf-Waldstadt (ca. 1 Std.)

Stadtspaziergang
Bücherstadt
Bunkerbesichtigung

Wünsdorf

Bunker und Bücher

Einen wahrhaft tiefen Einblick in die deutsche Geschichte kann man in Wünsdorf bekommen: Beim Besichtigen von unterirdischen Bunkern wie beim Stöbern in alten Büchern.

Wünsdorf ist eines der größten Konversionsprojekte Europas: Eine ehemalige Militärstadt wurde für die zivile Nutzung komplett umgebaut. Bis 1994 war Wünsdorf Sitz des Oberkommandos der Westgruppe der russischen Streitkräfte. Die größte sowjetische Garnison in Deutschland hatte 50 000 Einwohner und war eine abgeschirmte Welt für sich, mit eigenen Geschäften, Kulturhäusern, Sportanlagen und einer eigenen Bahnstation.

Heute heißt die Garnisonsstadt **Waldstadt:** Kasernen und Offiziershäuser wurden umgebaut zu Wohnungen und Gewerberäumen. Manches blieb nach dem Abzug der früheren Bewohner erhalten: Am ehemaligen **Haus der Offiziere** grüßt ein überlebensgroßer Lenin, an anderer Stelle blickt ein steinerner Flieger von seinem Sockel optimistisch in den Wünsdorfer Himmel. Auch die über das 600 Hektar große Gelände verteilten Spitzbunker erinnern an die militärische Nutzung: Diese sich aus der Erde reckenden Türme,

Gesprengter Bunker in der Waldstadt

an denen Fliegerbomben abprallen sollten, stammen allerdings noch von der deutschen Wehrmacht.

Militärs herrschen fast 100 Jahre lang über das Gelände im Wünsdorfer Wald: Hier wurde schon zu Kaiser Wilhelms Zeiten exerziert, später errichtete die Wehrmacht in unmittelbarer Nähe monströse Bunkeranlagen für das Oberkommando des Heeres. Nach dem Zusammenbruch des faschistischen Regimes baute die Rote Armee einen Teil der Anlagen zu atombombensicheren Bunkern um. Heute kann neben Trümmern zerstörter Anlagen der unterirdische **Bunker Zeppelin** besichtigt werden. Über drei Etagen geht es hinunter in die Bunkerwelt mit ihren Kommando- und Schlafräumen, Werkstätten und Schießständen.

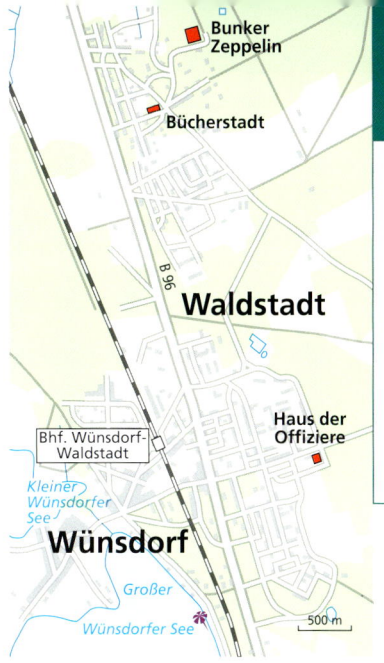

Neben den Bunkern ist die **Bücherstadt** Hauptanziehungspunkt für viele Ausflügler. Sie ist im ehemaligen Badehaus und den angrenzenden Pferdeställen des Garnisonsgeländes untergebracht. Hier kann man in 20 Antiquariaten alte und seltene Bücher aller Gebiete und Preisklassen aufstöbern. Ein Restaurant und eine Teestube laden zum Verweilen ein. Vorbild für die Idee war das walisische Dorf Hay-on-Wye, wo in den 1960er-Jahren die erste Antiquariatsstadt entstand.

Im Haupthaus der Bücherstadt ist auch das Museum untergebracht. Es zeigt die Geschichte der Waldstadt seit Kaisers Zeiten und dokumentiert den Alltag der sowjetischen Soldaten in der Garnison.

Wer nach so viel Geschichte etwas Erholung braucht, dem sei noch ein Abstecher in das Dorf **Wünsdorf** empfohlen. Das liegt auf der anderen Seite der Bahngleise und bietet neben einem alten Ortskern und grüner Umgebung auch einen See mit Badestelle.

Bunkerführungen
Treffpunkt am Haupthaus der Bücherstadt
Dauer ca. 1,5 Std.
Mai.–Sep.
Di–Fr 14 Uhr,
Sa/So 12, 14, 16 Uhr
Okt.–Apr.
Di–Fr 14 Uhr,
Sa/So 13 und15 Uhr
Tel. (03 37 02) 96 00

Bücherstadt
Gutenbergstr. 1
Tel. (03 37 02) 96 00
www.buecherstadt.com
Antiquariate
Di–So 10–17 Uhr

Baden
Strandbad am Großen Wünsdorfer See,
ca. 2 km vom Bahnhof entfernt

TOUR 45

Baruth & Glashütte

Im Dorf der Glasbläser

Baruth ist ein guter Ausgangspunkt für Rad- und Fußwanderungen durch das Baruther Urstromtal. Dabei ist das nahe gelegene Museumsdorf Glashütte das beliebteste Ziel.

An- & Rückfahrt
RE 5 alle 1–2 Stunden ab Berlin Hbf nach Baruth
(ca. 1 Std. 10 Min.)

(Rad-) Wanderung
Baruth – Museumsdorf Glashütte – Klasdorf-Glashütte
(– Baruth)

Länge
14 km
(bis Baruth 20 km)

Karte ▸ Seite 126

Ganz Sportliche besuchen Baruth und Glashütte im Rahmen eines Abstechers von der großen Fläming-Runde (▸ Seite 128). Von Holbeck zweigt die gut ausgebaute, 22 Kilometer lange Strecke für Skater und Radfahrer ab. Bequemer ist es natürlich, mit der Regionalbahn bis **Baruth** zu fahren. Baruth selbst bietet dem Besucher kaum touristische Attraktionen, wurde das Städtchen am Ostrand des Niederen Fläming doch im Zweiten Weltkrieg erheblich zerstört. Sehenswert ist die spätgotische **Stadtkirche St. Sebastian**, die zu Beginn des 16. Jahrhunderts errichtet wurde, aber im Dreißigjährigen Krieg ausbrannte. In den 1770er-Jahren wurde sie renoviert und mit einer barocken Innenausstattung versehen. Ebenfalls aus dem 17. Jahrhundert stammt das **Schloss**, das allerdings stark verändert wurde. Der Schlosspark geht auf Pläne des Gartengestalters Peter Josef Lenné zurück und wurde in den letzten Jahren in historischer Gestalt wiederhergestellt.

Verlässt man den Ort Richtung Glashütte, kommt man ins **Baruther Urstromtal,** das sich als Talsohle vom Spreewald bis ins Havelland erstreckt. Die letzte Eiszeit gab der reizvollen Landschaft ihr Gepräge. Im Baruther Urstromtal hatten sich seit Anfang des 18. Jahrhunderts zahlreiche Glashütten angesiedelt. Die Wälder des Urstromtals lieferten das nötige Holz für die Schmelzöfen und fielen somit im Laufe der Generationen der Glasindustrie zum Opfer.

Unser Weg führt über die Dörfer Radeland und Dorns-

Arbeiterhaus in Glashütte

TOUR 45

Baruth & Glashütte

Im Museumsdorf Glashütte kann man einige Überraschungen erleben

walde. **Radeland** besteht aus dem Dorf selbst und seit 1928 aus einer Siedlung, die idyllisch im Wald liegt. Die Landschaft rund um das Dorf ist gekennzeichnet durch Moor, Busch, Gräben sowie Sanddünen als Endausläufer der letzten Eiszeit.

Dornswalde liegt am nördlichen Rand des Urstromtals und ist ein Rundlingsdorf. Es wurde bereits 1444 als Denritzwalde erwähnt. Als eines der typischen märkischen „Buschdörfer" liegt Dornswalde inmitten ausgedehnter Wiesen. Neben dem Buschgraben wurde ein weiteres Grabensystem zur Entwässerung des Baruther Urstromtales angelegt und 1978 wurde das Schöpfwerk zur besseren Regulierung des Wasserstandes fertiggestellt. Viele Wasservögel finden hier ihren Lebensraum.

Vier Kilometer von Dornswalde entfernt liegt im Wald das Museumsdorf **Glashütte**. Das denkmalgeschützte Ensemble aus Werksiedlung und Fabrikgebäuden geht auf das Jahr 1716 zurück. Bis 1980 wurde in Glashütte Glas produziert, dann wurden die historischen Anlagen stillgelegt

Museum Glashütte
Hüttenweg 20
15837 Glashütte
Tel. (03 37 04) 98 09 20
www.museumsdorf-glashuette.de
März–Dez.
Di–So 10–17 Uhr,
Jan.–Feb.
Mi–So 10–17 Uhr

Gasthof Reuner
Historischer Gasthof mitten im Museumsdorf, großer Biergarten.
Hüttenweg 18
15837 Glashütte
Tel. (03 37 04) 6 70 65
www.gasthof-reuner.de

und das Dorf versank in einen Dornröschenschlaf. Erst ein engagierter Verein erweckte das Dorf zu neuem Leben und machte es zu einer Mischung aus Freilichtmuseum und Kunsthandwerkersiedlung.

Heute ist Glashütte zu einem beliebten Ausflugsziel avanciert, was die Handwerker besonders freut, die hier nicht nur arbeiten, sondern auch ihre Erzeugnisse anbieten. Die Besucher können beim Glasschmelzofen den Handwerkern auf die geschickten Finger schauen. Aber auch Töpfer und Filzmacher haben sich in Glashütte angesiedelt. Eine Kräuterhexe verkauft frische und getrocknete Kräuter aus eigenem Garten.

Noch mehr über die Glasproduktion vermittelt die Ausstellung des Museumsdorfes Glashütte. Dort erfährt man auch, dass in Glashütte die Thermoskanne erfunden wurde. Vor mehr als hundert Jahren ersann Reinhold Burger den doppelwandigen Glaskörper mit dem isolierenden Vakuum. Auch an der Entwicklung der Röntgen-

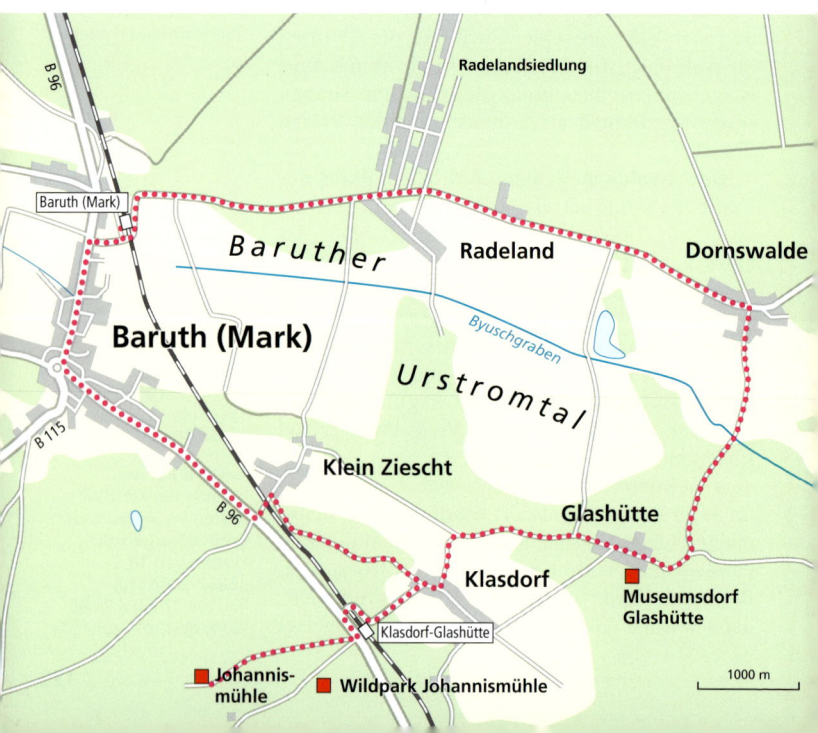

technik war er beteiligt. Die Ausstellung präsentiert seine Werkstatt sowie originale Werkstücke.

Nach der Besichtigungs- und Einkaufstour kann sich der Besucher des malerischen Gebäudeensembles im Biergarten des historischen Gasthofes Reuner erholen oder sich im Bio-Badeteich erfrischen.

So gestärkt geht es weiter nach **Klasdorf**. Dort lohnt ein Abstecher in den **Wildpark Johannismühle**. Auf dem über 100 Hektar großen Gelände kann man heimische Wildarten ohne störende Zäune entdecken und beobachten. Mit etwas Geduld sieht man Mufflons, Schwarz-, Rot- und Damwild, Wisente, Auerochsen, Wildpferde, Bären, Wölfe und weitere Waldbewohner.

Wer nun genug geradelt ist, fährt vom Wildpark zum nahen Bahnhof Klasdorf-Glashütte. Allerdings halten dort nicht alle RE-Züge, also besser vorher informieren.

Alle anderen nehmen die Radroute über Klasdorf zurück nach Baruth.

Wildpark Johannismühle
Johannismühle 2
15837 Baruth-Klasdorf
Tel. (03 37 04) 9 70 11
www.wildpark-johannismuehle.de
März–Aug. Di–So 10–19 Uhr (in den Sommerferien auch Mo),
Sep.–Okt. Di–So 10–18 Uhr,
Nov.-Feb. Di–So 10–16.30 Uhr
Letzter Einlass jeweils 2 Stunden vor Schließung
9,80 € / 8 € / 5 €

Hirsch im Wildpark Johannismühle

TOUR 46

An- & Rückfahrt
RE 3 stündlich ab
Berlin Hbf nach
Luckenwalde
(ca. 40 Min.)

**Stadtspaziergang
und Radrundtour**

Fläming-Skate

Rund um Luckenwalde

Das beschauliche Luckenwalde ist schöner Ausgangspunkt für eine 95 Kilometer lange Rad- und Skaterstrecke rund um den Niederen Fläming: den Fläming-Skate.

Unter diesem Markennamen wird seit 2002 eine Touristenattraktion vermarktet, die die malerische, sanft geschwungene Landschaft des Niederen Fläming und des sich östlich anschließenden Baruther Urstromtals erschließt.

Aber eigentlich treiben die rührigen Tourismusmanager damit Etikettenschwindel, denn diese Wegstrecke wird – wenn man denn dem Allgemeinen Deutschen Fahrradclub glauben darf – von mindestens zehnmal mehr Radfahrern als Skatern genutzt. Außerdem verweisen die organisierten Radler darauf, dass die 15 Millionen Euro für das über 220 Kilometer lange Netz aus Fahrradstraßen und straßenbegleitenden Radwegen zwischen Luckenwalde, Jüterbog, Baruth, Dahme und Oehna mit Fördermitteln des Radwegebaus angelegt wurde.

Kernstück des Fläming-Skates ist der 92 Kilometer lange Rundkurs RK 1. Außerdem gibt es noch zwei kleine (RK 2 und 3 mit je etwa 12 Kilometern) und drei mittlere Rundkurse (RK 4, 5 und 6 mit je etwa 50 Kilometern).

Zur Zeit entsteht eine Anbindung des Fläming-Skates über Rad- und Skatestrecken direkt von und nach Berlin. Vorerst sollte man allerdings per Bahn anreisen; Luckenwalde, Jüterbog und Oehna sind günstige Ausgangsbahnhöfe.

An der Johanniskirche in Luckenwalde

Vorbildlich ist die Wegmarkierung an der Strecke – und außerdem dekorativ aus Holz geschnitzt. Der Weg als solcher ist über den größten Teil der Wegstrecke hinweg fast ein Traum für Radler und Skater. Eine spezielle Asphaltmischung und eine Breite von etwa zwei Metern sorgen für komfortables Radeln und Skaten. Zur Attraktivität des Fläming-Skates trägt auch bei, dass an Erholungsmöglichkeiten gedacht wurde: die vielen liebevoll gestalteten Schutzhütten und Rastplätze bieten die Möglichkeit, an schönen Plätzen eine Pause einzulegen – auch bei Regen.

Nicht nur die beschauliche Landschaft mit ihren Seen, Wiesen und Wäldern, sondern auch interessante Architekturdenkmäler erschließt der Fläming-Skate. Womit wir bei Luckenwalde sind, der Stadt, die sich wegen der Bahnanbindung besonders gut als Ausgangpunkt für Touren auf dem Fläming-Skate anbietet. Außerdem gibt es hier einen nur ca. 12 Kilometer langen Rundkurs, so dass Luckenwalde und der Rundkurs Luckenwalde als „Kennenlernangebot" für den Fläming-Skate geradezu ideal sind.

Vom Bahnhof **Luckenwalde** ist man in wenigen Minuten in der etwas östlicher gelegenen Altstadt. Die hat sich zwei bedeutende steinerne Zeugen der Vergangenheit erhalten. Man könnte auch nur von einem Zeugen sprechen, denn die Stadtkirche St. Johannis und der etwas abseits

Fläming-Therme
Tipp für ganz Harte:
Der Eisbrunnen!
Weinberge 40
14943 Luckenwalde
Tel. (0 33 71) 4 00 20
www.flaeming-therme.de
Tgl. 10–22 Uhr
Freizeitbad ab 7,70 € / 5,30 €, mit Saunawelt ab 11,40 € / 7,80 €

stehende Turm gehören zusammen, obwohl sie aus zwei unterschiedlichen Epochen stammen. Ein kurzer Blick in die Geschichte macht das klar: Nachdem die Gegend des heutigen Luckenwalde am westlichen Ausläufer des Baruther Urstromtals schon in vorgeschichtlicher Zeit besiedelt worden war, entstand etwas östlich der Stadt zunächst eine slawische Wallanlage, die den Mittelpunkt eines Burgbezirkes bildete. Später wurde auf dem heutigen Stadtgebiet eine deutsche Burg errichtet. Hier residierte ein Ministerialengeschlecht des Erzbistums Magdeburg. Aber im Jahre 1285 wurde die Besitzung an das damals schon wohlhabende Kloster Zinna verkauft. Dieses ließ die Burg abreißen, nur der massige **Turm** wurde stehen gelassen und diente seit 1484 als Glockenturm der **St. Johanniskirche**. Nur ein paar Schritte stehen die beiden Bauten auseinander und bilden ein Ensemble von eigenartigem Stilmix. Vom Turm bietet sich ein fantastischer Rundblick über die Stadt, wenn man sich rechtzeitig bei der Touristinformation zu einer geführten Turmbesteigung angemeldet hat. Die Stadtkirche St. Johannis ist eine zweischiffige Backstein-Hallenkirche, in der sich bis heute Fresken aus dem 15. Jahrhundert erhalten haben. Kunsthistorisch interessant ist auch der Schnitzaltar.

Zwar nennt sich St. Johannis Stadtkirche, doch ist das eigentlich Hochstapelei, denn Luckenwalde erhielt niemals in seiner langen Geschichte Stadtrechte, obwohl es hier bereits im 15. Jahrhundert städtische Institutionen und einen Bürgermeister gab. Die wirtschaftliche Entwicklung wurde weder durch das Fehlen von Stadtrechten, noch durch Überfälle und Brandschatzungen – gleich mehrfach hintereinander während des Dreißigjährigen Krieges – aufgehalten. Und das, obwohl Luckenwalde abseits der großen Fernhandelsstraßen lag.

Wer in Luckenwalde mit dem Rad umherfährt, dem werden vor Allem immer wieder Zeugen der Industrie- und Sozialgeschichte aus dem 19. Jahrhundert beggenen. Denn Luckenwalde war eine frühe Industriestadt. Als 1680 Brandenburg die Herrschaft über die Stadt erhielt,

Tierpark
Ackerstraße 12
14943 Luckenwalde
Tel. (0 33 71) 61 03 73
Apr.–Okt. tgl. 7–18 Uhr,
Nov.–März tgl. 7–16 Uhr

Heimatmuseum
Markt 11
14943 Luckenwalde
Tel. (0 33 71) 67 25 50
Di–Do 10–13 und 14–17 Uhr, Fr/Sa 10–13 Uhr,
So 13–17 Uhr

Vierseithof in Luckenwalde

wurden hier im Rahmen der Entwicklungspolitik zahlreiche Tuch- und Zeugmacher sowie Strumpfwirker angesiedelt. Luckenwalde entwickelte sich in der Folge zu einem Zentrum der Textilindustrie. Wie in vielen anderen Zentren der Textilindustrie waren auch hier die sozialen Verhältnisse übel. Auch darüber informiert die Ausstellung des Heimatmuseums. Das Museum ist am Markt gegenüber der Kirche im Gebäude der früheren Schule untergebracht.

Ein Muss für Architekturkenner ist das Gebäude der ehemaligen **Hutfabrik.** 1925 von Erich Mendelsohn errichtet, avancierte es zu einer Ikone der modernen Architektur. Der denkmalgeschützte Bau befindet sich in der Industriestraße. Weitere lohnende Ziele für Freunde der Reform- und Bauhausarchitektur sind die Siedlung „Am Anger", die Treuenbrietzener Straße, das Stadtbad und die „Volksheimsiedlung".

Der Rundkurs Luckenwalde – denn den sollte man nach der Stadtbesichtigung auf jeden Fall abfahren – führt in die Landschaft südlich der Stadt und berührt die Orte Jänickendorf und Kolzenburg. Und da er sich dank der guten Wegbeschaffenheit in kürzester Zeit bewältigen lässt, hat man vielleicht Lust bekommen, auch noch das nur 10 Kilometer weiter südlich gelegene Kloster Zinna zu besuchen (▶ Seite 134). Aber damit ist man dann schon auf der ganz großen Runde …

Vierseithof
Restaurant mit regionalen Spezialitäten, untergebracht in einem denkmalgeschützten Vierseithof, der neben dem Restaurant auch einen Kunsthof und ein Vier-Sterne-Hotel beherbergt.
Haag 20
14943 Luckenwalde
Tel. (0 33 71) 6 26 80
www.vierseithof.de
Mo–Fr 17–21.30 Uhr,
Sa 12–22 Uhr,
So/Fei 12–20 Uhr

TOUR 47

An- & Rückfahrt
RE 3 stündlich von Berlin Hbf nach Jüterbog (ca. 50 Min.)

Stadtspaziergang

Karte ▶ Seite 134

Stadtinformation
Mönchenkirchplatz 4
14913 Jüterbog
Tel. (0 33 72) 46 31 13
www.jueterbog.de
Di/Fr/Sa 10–17, Mi/So 13–17, Do 13–18 Uhr

Museum im Mönchenkloster
Stadtmuseum im Ostflügel des ehemaligen Franziskanerklosters.
Mönchenkirchplatz 4
14913 Jüterbog
Tel. (0 33 72) 46 31 44
Di–Fr 13–17, Do bis 18, Sa/So 13–17 Uhr

Caféhaus Die Förste
Schönes altes Kaffeehaus und Weinverkauf.
Markt 7–8
14913 Jüterbog
Tel. (0 33 72) 4 42 90 55
Mo–Fr 9.30–19 Uhr,
Sa/So 9–19 Uhr

Jüterbog

Stadt mit Geschichte

Der geschichtlich interessanteste Ort des Niederen Fläming ist ohne Frage Jüterbog. In der alten Stadt wurde einst die Kirchenspaltung mit ausgelöst. Mit historischen Gotteshäusern ist Jüterbog bis heute reich gesegnet. Und nach Kloster Zinna sind es auch nur wenige Kilometer.

Schon von weitem fallen zwei mit ganz unterschiedlich gestalteten Spitzen versehene Türme ins Auge. Sie gehören zur Pfarrkirche St. Nikolai und sind über eine Brücke in schwindelerregender Höhe miteinander verbunden. Der durch seine schmale hohe Spitze gekennzeichnete Südturm wurde Ende des 15. Jahrhunderts erbaut, der Nordturm mit seinem haubenbekrönten Aufsatz geht auf die Mitte des 16. Jahrhunderts zurück.

Jüterbog wurde mehrfach von Bränden heimgesucht. Auch in der **Nikolaikirche** wurde vieles von der Innenausstattung ein Raub der Flammen. Erhalten geblieben ist aber eine Renaissancekanzel aus dem Jahre 1608, ein Taufstein vom Ende des 15. Jahrhunderts sowie ein aus Sandstein gefertigtes Beinhaus. Einstmals soll die Nikolaikirche 30 Altäre gehabt haben. Heute sind nur noch zwei davon erhalten, der von Lucas Cranach stammende Beweinungsaltar und der Hochaltar, der allerdings nur noch in Teilen.

Interessantestes Ausstattungsstück ist vielleicht der so genannte Tetzelkasten. Das mittelalterliche Möbelstück ist aus einem Baumstamm heraus gearbeitet und erinnert an den berüchtigten Ablassprediger Tetzel. Im Jahre 1517 kam Tetzel von Berlin aus über Kloster Zinna in die Stadt. Seine Bußpredigten fanden großen Anklang, und der Handel mit den Ablassbriefen florierte. Diese versprachen den Erlass göttlicher Strafen für sündiges Handeln – sie waren quasi eine Lizenz zum Sündigen. Als die Berichte von dem blühenden Geschäft ins nahe Wittenberg gelangten, regte sich ein junger Theologe an der dortigen Universität furchtbar darüber auf – Martin Luther. Allerdings schlug er keine These ans Kirchenportal, wie die Überlieferung berichtet, sondern er wollte seine Kritik am Ablasshandel als kircheninternen Disput austragen. Tetzel war es, der Luther öffentlich als Ketzer beschimpfte und dessen Thesen auf dem **Marktplatz** von Jüterbog verbrannte.

Der Marktplatz ist daher sicher der geschichtlich bedeutsamste Ort des ganzen Fläming. Luthers Ablasskritik führte bekanntlich zur Spaltung der römisch-katholischen Kirche.

Ohnehin atmet die gesamte Stadt Geschichte. So zeugen die Überreste der Stadtbefestigung mit ihren Mauern, Wieckhäusern, Türmen und Toren von der kriegerischen Zeit, als Jüterbog wegen seiner Grenzlage Jahrhunderte lang in die Auseinandersetzungen zwischen Brandenburg, Magdeburg und Sachsen geriet. Das **Rathaus** wiederum erinnert mit seinen Kreuzrippengewölben und Ziergiebeln an den einstigen Wohlstand der Stadt. Und auch eine weitere Kirche ist sehenswert: Die **Pfarrkirche St. Marien** in der so genannten Dammvorstadt. Es ist eine spätromanische Pfeilerbasilika mit kreuzförmigem Grundriss aus Backsteinen; errichtet im frühen 13. Jahrhundert und damit älter als St. Nikolai.

Daneben ließen sich noch andere Gotteshäuser nennen, die einen Besuch wert sind, doch die heben wir uns für einen anderen Tag auf und begeben uns lieber über den Fläming-Skate-Rundkurs nach Kloster Zinna. Auf landschaftlich schöner Strecke gelangt man so von Jüterbog zu eben diesem Kloster Zinna, wo den Ausflügler der architekturgeschichtliche Höhepunkt des gesamten Fläming erwartet (▸ Seite 134).

Nikolaikirche
Ostern–31.10.
Di–Do 13–17,
Fr/Sa 10–18,
So 13–17 Uhr

Schmied zu Jüterbog
Markt 12
Rustikales Gasthaus mit deutscher und regionaler Küche, Biergarten.
14913 Jüterbog
Tel. (0 33 72) 40 45 80
www.schmied-jueterbog.de

Die Türme gehören zur Jüterboger Stadtbefestigung

TOUR 48

An- & Rückfahrt
RE 3 stündlich ab
Berlin Hbf
nach Jüterbog
(ca. 50 Min.)

(Rad-) Wanderung
Jüterbog – Kloster
Zinna & zurück

Länge
12 km hin & zurück

Kloster Zinna

Weber und Klosterbrüder

Der Ort Kloster Zinna besteht im Wesentlichen aus dem berühmten Kloster und den Resten einer Webersiedlung.

Die **Webersiedlung** geht auf Friedrich II. zurück, der sie 1764 in strenger geometrischer Ordnung anlegen ließ. Den Mittelpunkt bildet der achteckige Marktplatz. Die Webertradition reichte bis in die DDR-Zeit, als in Kloster Zinna der VEB Möbelstoff- und Plüschweberei ansässig war.

Unter Kunsthistorikern ist das **Kloster** wegen seiner Fresken bekannt, unter Freunden geistiger Getränke wegen des Kräuterschnapses „Zinnaer Klosterbruder". Gegründet wurde das ehemalige Zisterzienser-Kloster 1170 durch Erzbischof Wiechmann von Magdeburg, die Mönche stammten aus der Zisterzienser-Abtei Altenburg bei Köln. Erzbischof Wiechmann hatte Flamen auf den Höhenzügen um Jüterbog angesiedelt, auf die der spätere Name Fläming zurückgeht.

Nachdem die Mönche 1170 mit dem Bau des Klosters begonnen hatten, wurden Teile von Zinna schon 1179 zerstört, als Wenden und Pommern durch das Jüterboger Land zogen. Trotzdem gelang es den anfangs armen Mönchen schon bis Mitte des 13. Jahrhunderts zu Macht und Einfluss zu gelangen. Der Klosterbesitz vergrößerte sich zusehends durch Tausch, Neugründungen und Schenkungen. Bei diesem Riesenbesitz war an eine persönliche Bewirtschaftung durch die Mönche natürlich nicht mehr zu denken. Man setzte Verwalter ein oder verpachte-

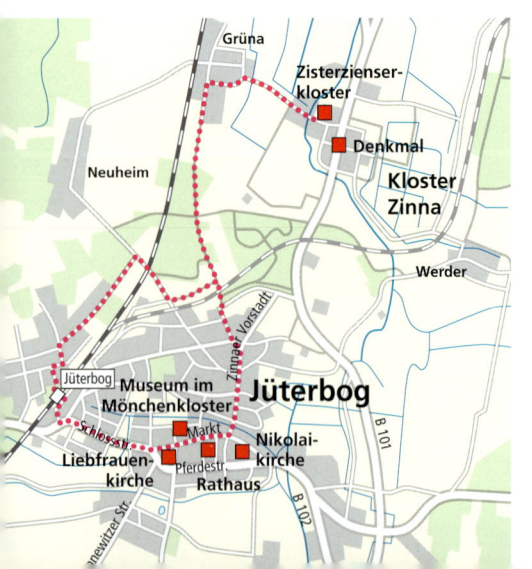

te die Güter. Die Untertanen waren abgabepflichtig. Die Hauptproduktion des Klosters lag in der Landwirtschaft. Getreide-, Obst- und Gemüseanbau, Bienen- und Fischzucht mehrten den Reichtum.

Heute zeugen die teilweise erhaltenen Klosterbauten von einstiger Macht und vergangenem Reichtum. Besonders imposant ist die **Klosterkirche,** eine spätromanische Pfeilerbasilika aus glatt behauenen Feldsteinen, um 1230 begonnen und offenbar für die Ewigkeit errichtet. Die Gewölbe im Innern der Kirche sind größtenteils spätgotisch, die Innenausstattung stammt überwiegend aus nachmittelalterlicher, protestantischer Zeit.

Die Alte Abtei des Klosters Zinna

Um die Kirche herum haben sich Klostergebäude aus Backstein erhalten, die im 14. und 15. Jahrhundert errichtet wurden: Die Neue Abtei und das ehemalige Gästehaus bilden ein Gebäudeensemble, das einen guten Eindruck von der alten klösterlichen Architektur vermittelt. Beide Bauten verfügen über gut erhaltene Ziergiebel, wobei der Giebel der Neuen Abtei besonders prächtig und fein gegliedert ist. In der Neuen Abtei ist heute das **Klostermuseum** untergebracht. Hier, in der im ersten Stock gelegenen Abtskapelle, befinden sich auch die besterhaltenen gotischen Wandgemälde in Ostdeutschland. Sie stammen aus der Zeit um 1400 und zeigen das Martyrium verschiedener Heiliger. Daneben verweist eine große Darstellung der so genannten Schutzmantel-Madonna auf die starke Marienverehrung der damaligen Zisterzienser.

Von einer ganz anderen mönchischen Tradition zeugt der „Zinnaer Klosterbruder", der ebenfalls im Museum gewürdigt wird. Allerdings wird der Likör nicht mehr wie zu DDR-Zeiten im nahen Luckenwalde hergestellt, die Produktion wurde in eine normale Spirituosenfabrik ausgelagert. Trotzdem kann man den Museumsbesuch mit einer Verköstigung der Spezialität abschließen.

Klostermuseum Zinna
Mit Likörverkostung und Weberei-Museum.
Am Kloster 6
14913 Kloster Zinna
Tel. (0 33 72) 43 95 05
Di–So 10–17 Uhr
7,50 € / 5 € / 2 €

TOUR 49

Anfahrt
RE 3 stündlich ab
Berlin Hbf nach
Jüterbog
(ca. 50 Min.)

Radtour
Jüterbog – Dennewitz – Wiepersdorf – Hohenseefeld – Dahme – Uckro

Länge
64 km

Rückfahrt
RE 5 alle 1–2 Std. von
Luckau-Uckro nach
Berlin Hbf
(ca. 1 Std. 25 Min.)

Karte ▸ Seite 128

Schloss Wiepersdorf
Bettina-von-Arnim-
Straße 13
14913 Wiepersdorf
Tel. (03 37 46) 69 90
www.schloss-
wiepersdorf.de

Museum:
Feb.–Nov.
Sa/So/Fei 13–16 Uhr
Der Schlosspark ist auch
werktags geöffnet.

Jüterbog – Uckro

Bettinas Schloss

Durchaus sportlichen Charakter hat die Tour von Jüterbog nach Uckro. Die etwa 64 Kilometer verlaufen über den südlichen Abschnitt der großen Fläming-Skate-Runde.

Da allerdings die Strecke überall leicht zu befahren ist, braucht man dafür weniger Zeit als für vergleichbare, nicht als Radweg ausgebaute Strecken. Somit bietet es sich an, in Wiepersdorf, etwa auf halber Strecke gelegen, dem dortigen Schloss einige Aufmerksamkeit zu widmen.

Von **Jüterbog** führt die Strecke zunächst in südlicher Richtung nach Oehna. Dabei geht es auf halbem Wege durch **Dennewitz,** wo man sich im Dorfmuseum über die Befreiungskriege gegen die Franzosen Anfang des 19. Jahrhunderts informieren kann, schließlich fand bei Dennewitz am 6. September 1813 eine wichtige Schlacht statt.

Nach weiteren 17 Kilometern in östlicher Richtung ist **Schloss Wiepersdorf** erreicht. Der Bau wurde 1731 bis 1738 errichtet – auf spätmittelalterlichen Fundamenten. 1880 wurde das Schloss umgestaltet und erhielt sein heutiges barockes Gesicht. Auch die im Park gelegene Orangerie stammt aus diesen Jahren, ebenso die Plastiken, die aus Italien und Süddeutschland den Weg nach Wiepersdorf fanden.

Berühmt ist Schloss Wiepersdorf aber nicht wegen seiner Architektur, sondern wegen seiner ehemaligen Bewohner: Bettina und Achim von Arnim lebten hier. Achim von Arnim (1781–1831) stammte aus einem alten märkischen Adelsgeschlecht, berühmt wurde er als der Herausgeber der romantischen Sammlung deutscher Volkslieder „Des Knaben Wunderhorn". Bettina von Arnim (1785–1859), geborene Brentano und Schwester des Dichters Clemens Brentano, gilt als Superstar der Romantik. 1811 heirateten Achim und Bettina von Arnim und lebten zunächst in Wiepersdorf. Bald entwickelte sich das Schloss, das eigentlich ein besseres Gutshaus war, zu einem Treffpunkt für Vertreter der Romantik. Zum Kreis des Dichterpaares gehörten Friedrich Carl von Savigny, Clemens Brentano und die Brüder Grimm. Heute ist im Schloss ein Bettina-und-Achim-von-Arnim-Museum untergebracht. Es wird hier nicht verschwiegen, dass Bettina in der Wiepersdorfer Abgeschiedenheit nicht glücklich wurde. Nach der Geburt ihrer drei Kinder verließ sie Wiepersdorf und lebte dann meist in Berlin. Achim blieb Herr auf Wiepersdorf. Trotz der räumlichen Trennung blieb eine starke Bindung bestehen, wovon zahllose Briefe Zeugnis ablegen. Zurück und wieder vereint mit ihrem Manne ruht Bettina in der Familiengrabstätte der von Arnims nahe der zum Schloss gehörenden spätmittelalterlichen Gutskirche.

Nach dem Zweiten Weltkrieg wurde Schloss Wiepersdorf ein Erholungsheim für Künstler und erhielt den Namen Bettina von Arnims. Später ging das Schloss auf die Deutsche Stiftung Denkmalschutz über, die es im Sommer 2006 nach einer Sanierung wieder als Künstlerstipendiatenhaus eröffnete.

In **Hohenseefeld** verlässt man die Strecke des großen Fläming-Skates und biegt nach **Dahme** ab. Dort bieten sich eine Rast und ein Bummel durch die Altstadt an. Hinter Dahme führt der Weg entlang des gleichnamigen Flüsschens mit seinen Wassermühlen. Auf den letzten Kilometern bis zum Bahnhof Luckau-Uckro hat man Gelegenheit, sich darüber zu wundern, dass sich 64 Kilometer so leicht bewältigen haben lassen.

Schloss Wiepersdorf

TOUR 50

Blankensee

Zu eiszeitlichen Schätzen

Von Seddin nach Trebbin durch den Naturpark Nuthe-Nieplitz mit seinen wildreichen Forsten, verwunschenen Parks und musealen Dörfern. Hier begegnet man steinernen Zeitzeugen ebenso wie Künstlerkommunen und talentierten Fischköchen. Selbst ein lauschiger Badestrand fehlt nicht.

Anfahrt
RE 7 stündlich ab Berlin Stadtbahn nach Seddin (ca. 40 Min.)

Radtour
Seddin – Kähnsdorf – Stücken – Blankensee – Glau – Trebbin

Länge
ca. 26 km

Rückfahrt
Trebbin RE 3 stündlich nach Berlin Hbf (ca. 30 Min.)

Karte ▸ Seite 141

Bevor allerdings der Naturpark Nuthe-Nieplitz erreicht wird, radelt man vom Bahnhof Seddin erst einmal rechts durch die lange, lange Bahnunterführung. Ist das geschafft, geht es weiter auf dem Radweg entlang der Kunersdorfer Straße, bis halb rechts ein schöner Weg in den Wald führt, der in einem weiten Bogen durch den Forst verläuft.

In **Seddin** stößt man auf die Bahnhofstraße und überquert an der Ampel die B2. Durch das beschauliche Dorf geht es geradeaus weiter. Der Große Seddiner See, der gleich nördlich verläuft, schimmert nur ab und zu durchs Grün der Gärten. Vorbei an der Seddiner Badewiese führt der Weg weiter geradeaus.

Das erste Highlight der Tour findet sich ein, zwei Kilometer ostwärts in einem verschlafenen Waldhaufendorf namens **Kähnsdorf**. Kähnsdorf gilt als Geheimtipp für naturliebende Kulturfreunde. Denn hier haben sich mehrere Künstlerinnen und Künstler niedergelassen, wovon auch eine Skulpturenausstellung im Freien Kunde gibt. Im letzten erhaltenen rohrgedeckten Fachwerkhäuschen quartierten sich zudem eine Heimatstube und eine Kulturscheune ein, die auch für Besucher zugänglich sind.

Zunächst aber stößt man noch vor dem eigentlichen Ortseingang auf den großen **Findlingsgarten**, der die eiszeitlichen Ursprünge dieser heutigen Seen- und Auenlandschaft ins Bewusstsein ruft. Wer jetzt schon eine Rast braucht, sollte die direkt am See gelegene Fischgaststätte „Zur Reuse" aufsuchen, die wirklich jede Empfehlung wert ist!

Weiter geht es durch Kähnsdorf, zwischen dem

Heimatstube & Kulturscheune Kähnsdorf
Rohrgedecktes Fachwerkhaus aus dem 18. Jahrhundert mit Scheune. In zwei kleinen Räumen werden Gegenstände zum bäuerlichem Handwerk und zur Fischerei ausgestellt.
Dorfstraße 15
14554 Kähnsdorf
Tel. (03 32 05) 6 41 04
Mi/Do/Sa/So 11–16 Uhr

Wetterfest: die Kunstblumen in Kähnsdorf

Kähnsdorfer See und dem Großen Seddiner See hindurch. Und am Ostufer des Letzteren lockt nun ein wirklich hübsches Strandbad. Gleich neben einem Campingplatz gelegen, empfiehlt es sich mit Liegewiesen, flachen Strandabschnitten und saisonalem Kioskbetrieb.

Nun führt ein recht ordentlicher, wenn auch nicht immer ebener Waldweg uns gut fünf Kilometer durch meist lichten Forst nach **Stücken**. In Stücken gibt es zwei Gasthöfe (die sich beide lohnen!). Wer hier keine Rast macht, biege stattdessen kurz darauf links in die Zauchwitzer Straße und gleich wieder rechts in die Stückener Dorfstraße ein.

Gut sechs Kilometer radeln wir nun auf meist leidlich asphaltierter Straße durch ausgedehnte Felder, bis wir **Blankensee** erreichen, ein brandenburgisches Vorzeigedörfchen.

Blankensee gleicht als Dorf einem Landschaftsmuseum, vor allem wenn im Herbst viele Einwohner Tische mit Obst, Kräutern, riesigen Kürbissen oder Gläsern mit Kürbismarmelade vor ihren Häusern platzieren. Ein Highlight ist Schloss Blankensee. Es bettet sich in den etwas verwunschen wirkenden Sudermann-Park. Sieben Brücken führen hier über kleine Kanäle, Büsten säumen die idyllischen Wege. Zurück am Parktor geht es nach links, wahlweise zum Bauernmuseum oder – gleich an diesem vorbei – über die

Restaurant Zur Reuse
Direkt am Großen Seddiner See, mit seeseitiger Außenterrasse. Forelle, Aal, Zander & Co. gibt es fangfrisch in raffinierten Zubereitungen.
Dorfstr. 14a
14554 Kähnsdorf
Tel. (03 32 05) 6 27 18
www.zur-reuse.de
Apr.–Okt. Di–Sa 11–22 Uhr, So/Fei 11–20 Uhr, Nov.–März Do–So 12–20 Uhr

Am Großen Seddiner See

Landhaus „Zu Stücken"
Inhaberin Bianka Schreinicke betreibt eine ambitionierte regionale Küche, die für ihre Wildspezialitäten bekannt ist.
Dorfstr. 6
14552 Stücken
Tel. (03 32 04) 6 10 50
www.landhaus-stuecken.de
Mi–So ab 12 Uhr

Wildgehege Glauer Tal
Im 160 ha großen Terrain leben Rotwild, Damwild und Mufflons – insgesamt rund 100 Tiere, für die gute Sichtungschancen bestehen.
Glauer Tal 1
14959 Blankensee
Tel. (03 37 31) 70 04 60
Tgl. 10–17 Uhr
www.naturpark-nuthe-nieplitz.de

Brücke am Stauwehr sowie anschließend durch dichtes Grün zum Bohlensteg: Wir sind am Blankensee und zugleich an dessen wohl lauschigster Uferzone. Haubentaucher und Blässhühner kommen fast zum Anfassen nahe. Wen es nach noch mehr Fauna begehrt, kann zum Vogelbeobachtungsturm an den Ungeheuerwiesen nördlich des Dorfes radeln. Ab September rasten hier Tausende nordische Wildgänse. Andernfalls schlagen wir den Weg ostwärts Richtung Glau ein.

In **Glau** empfiehlt sich als kleiner Abstecher eine Visite in der **Friedensstadt Weißenberg**, dem nördlichen Ortsteil von Glau. Diese teils denkmalgeschützte Kolonie entstand 1920, als hier der evangelische Sozialreformer Joseph Weißenberg ein religiöses Siedlungswerk mit verschiedenen sozialen, medizinisch-therapeutischen und pädagogischen Einrichtungen gründete. Nach 1945 diente der Komplex als sowjetische Garnison, doch seit 1994 gehört er wieder der Johannischen Kirche. Besucher finden hier unter anderem eine kleine Ladenzeile, einen Biergarten und einen Streichelzoo.

Südlich davon erstreckt sich das Glauer Tal. Die Schmelzwassermassen der letzten Eiszeit schufen vor 20 000 Jahren diese Landschaft zwischen Fläming, Baruther Urstromtal sowie dem nördlich gelegenen Berliner Urstromtal. Im Glauer Tal liegt auch ein **Wildgehege**, ein früherer Truppenübungsplatz, der nun auf 160 Hektar Heimat für mehrere Rudel Rotwild, Damwild und Mufflons ist (gut ausgeschildert). Ein informatives Besucherzentrum stimmt zunächst auf das Refugium ein, anschließend kann man auf eigene Faust die Rundwege durchwandern. Von Glau führt der asphaltierte Radweg über fünf Kilometer durch weite Felder und die sich links erhebenden Glauer Berge nach **Löwendorf**.

Hier erhebt sich – erreichbar über die rechts abzweigende Straße Am Denkmal – der 103 Meter hohe Löwendorfer Berg. Mitten im Wald gelegen, wird diese höchste Erhebung im Naturpark Nuthe-Nieplitz seit 2012 durch einen 22 Meter hohen Aussichtsturm gekrönt. Wer seine 112 Stufen erklimmt, wird mit einem weiten Blick in die Nuthe-Nieplitz-Niederung und das Glauer Tal belohnt.

Über die Beelitzer Straße erreichen wir bald **Trebbin** und stoßen hier direkt auf den Markt mit dem wunderschönen Rathaus – man bestaune kurz Gerichtslaube und Kolonnaden!

Die Berliner Straße Richtung Norden geradelt, zweigt bald rechts die Bahnhofstraße ab, die zum Bahnhof führt, der auch selbst eine Attraktion ist. Denn die Stadt hat das backsteinerne Gebäude gekauft und damit vor dem Verfall bewahrt. Nun wird peu à peu eine Freizeit- und Begegnungsstätte für Jung und Alt daraus. Café und Tauschladen gibt es schon, sogar Blumen- und Gemüsebeete wurden angelegt.

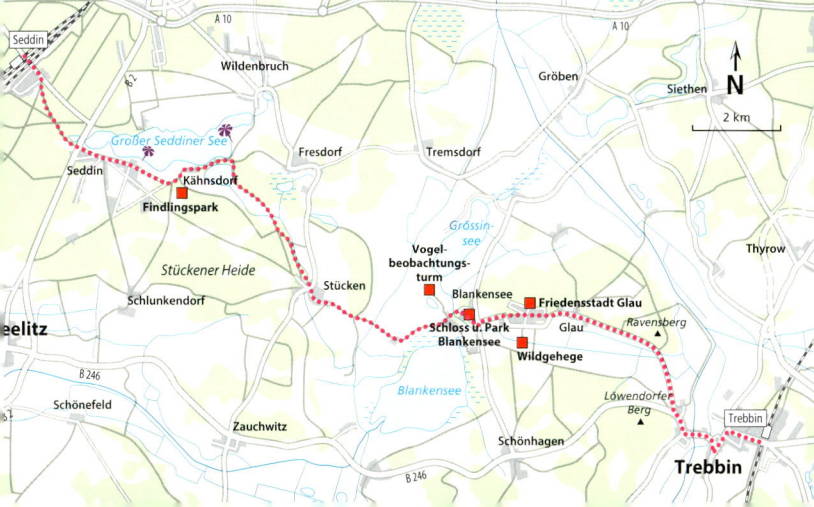

TOUR 51

An- & Rückfahrt
RE 7 stündlich ab Berlin Stadtbahn nach Beelitz-Heilstätten (ca. 45 Min.)

Spaziergang
Baumkronenpfad Beelitz-Heilstätten

Länge
ca. 2 km

Karte ▸ Seite 144

Baumkronenpfad Baum und Zeit
Straße nach Fichtenwalde 13
14547 Beelitz-Heilstätten
Tel. (03 32 04) 63 47 23
www.baumundzeit.de
Zugang barrierefrei (Aufzug)
März/Apr. tgl. 9–17.30, Mai–Okt. tgl. 9–19, Nov.–Feb. Sa/So 10–16 Uhr
9,50 € / 8,50 € / 7,50 €
Kinder bis 6 Jahre frei

Barfußpark
Tel. (01 62) 2 90 99 99
www.derbarfusspark.de
Mai–Sep. tgl. 10–18, an Wochenenden bis 19 Uhr
7 € / 6 € / 5 €

Kombiticket Baumkronenpfad & Barfußpark
13,50 € / 9 €

Beelitz-Heilstätten

Über den Bäumen

Eine der spektakulärsten Attraktionen im Land Brandenburg kann man im Wald bei Beelitz erleben: den Baumkronenpfad „Baum und Zeit". Hier bewegt man sich nicht nur in Höhe altehrwürdiger Baumwipfel, sondern schaut auch noch auf die anmutig verwitterten Ruinen der Beelitzer Heilstätten hinunter.

Vom Bahnhof Beelitz-Heilstätten sind es noch gut fünf Minuten Fußweg bis zum Eingang des Geländes am Restaurant „Pförtnerhaus". Dort angekommen, empfängt einen gleich der Charme der von der Zeit und der Natur fast verschluckten Heilstättenanlage. Vorbei an Gebäuden, die wie verfallene Schlösser wirken und einen ganz eigenen Zauber verströmen, läuft man durch eine weitläufige alte Parkanlage zu den Kassenschaltern bei den ehemaligen Liegehallen.

Die ab 1898 errichteten Arbeiter-Lungenheilstätten bilden einen riesigen, heute denkmalgeschützten Krankenhauskomplex mit insgesamt 60 Gebäuden, die sich in dem waldparkähnlichen Gelände verteilen. Zuletzt wurde die Anlage von der russischen Armee als Militärhospital genutzt. Seit 1994 steht ein Großteil der Gebäude leer. Die meisten der oft mit schmiedeeisernen Ornamenten, schönen Fliesen und verzierten Fenstern ausgestatteten Bauten sind heute in einem ruinösen, aber überaus fotogenen Zustand.

Der **Baumkronenpfad** beginnt am neu erbauten, 40 Meter hohen Aussichtsturm, der auch über einen Aufzug verfügt. Von dort verläuft der Pfad auf 24 Metern Höhe, überquert sowohl Baumkronen wie auch die Ruine des Frauenpavillons. Die Aussicht auf das grüne Baum-Meer und auf die Dächer der Heilstätten-Ruinen ist umwerfend. Von der obersten Plattform des Aussichtsturms reicht der Blick bis nach Berlin.

Wer lieber auf dem Boden bleiben möchte, dem sei der nahe **Barfußpark** mit drei Rundparcours und kleinem Café empfohlen.

Der Baumkronenpfad schlängelt sich durch die Beelitzer Heilstätten

TOUR 52

An- & Rückfahrt
RE 7 stündlich ab Berlin Stadtbahn nach Beelitz-Heilstätten (ca. 45 Min.)

Radtour
Beelitz-Heilstätten – Beelitz – Schlunkendorf – Beelitz-Heilstätten

Länge
ca. 19 km hin & zurück

Beelitz

Wo der Spargel wächst

Wer einmal mit eigenen Augen sehen will, wo und wie der Spargel wächst, der muss natürlich nach Beelitz fahren.

Am besten erkundet man das Beelitzer Spargelland mit dem Fahrrad ab Beelitz-Heilstätten, wo der Regionalexpress stündlich hält. Vom Bahnhof aus biegt man links ab in einen mehr oder weniger vorhandenen Radweg, der an der Landstraße entlangführt. Dabei passiert man einige Gebäude und Gebäuderuinen der Beelitzer Heilstätten (▶ Seite 142). Mittlerweile will – wieder einmal – ein Investor einen Teil der Gebäude sanieren und als Wohnungen und Ateliers verkaufen.

Über den Radweg neben der Landstraße gelangt man nach **Beelitz**, zu Recht bekannt als Spargelstadt. Denn auf den sandigen Böden rund um die Kleinstadt wird fast überall das schon bei den Römern beliebte, aromatische Stangengemüse angebaut.

Vor den Spargelfeldern lohnt aber ein Blick in die **Altstadt** von Beelitz: Die gehört zu den sehenswerten historischen Ortskernen in Brandenburg und wurde seit der Wende aufwändig saniert. Neben der 800 Jahre alten **Stadtpfarrkirche** und der **Alten Posthalterei** erstrahlen viele geschichtsträchtige Bauten in neuem Glanz.

Wer nun wissen möchte, wo und wie der Spargel wächst, fährt weiter auf dem Radweg neben der Hauptstraße Richtung Osten. Kurz nach der Kreuzung mit der Umgehungsstraße biegt man links in einen unscheinbaren Feldweg ein. Dieser stellenweise sandige Weg führt nun mitten durch die ersten Spargelfelder und zu einem Rundweg, an dem Schautafeln anschaulich über den Spargelanbau informieren.

Wer bequemer radeln will, fährt den Radweg an der Bundesstraße noch 1,5 Kilometer weiter bis zur Abzweigung links nach **Schlunkendorf**. Das kleine, zu Beelitz gehörende Dorf ist das wahre Zentrum des Spargelanbaus – rundherum nur Spargelfelder, soweit das Auge reicht. Hier gibt es neben Höfen, die in der Saison Spargel anbieten, auch ein Spargelmuseum, in dem man viel Wissenswertes über den Anbau des begehrten Stangengemüses erfährt.

Von Schlunkendorf fährt man zurück zum Bahnhof Beelitz (RB 33 alle 2 Stunden) oder weiter zum Bahnhof Beelitz-Heilstätten (RE 7 stündlich).

Alte Posthalterei
Beelitzer Stadtgeschichte in der historischen Postkutschenstation.
Poststraße 16
14547 Beelitz
Tel. (03 32 04) 3 91 55
www.beelitz.de
Di/Do 10–17,
Mi/Fr 10–15 Uhr

Spargelmuseum
Ausstellung über Beelitzer Spargel.
Kietz 36
Beelitz-Schlunkendorf
In der Spargelsaison
Mo–So 10–16 Uhr

Spargelhof Falkenthal
Hofladen mit Spargelverkauf, an Wochenenden Hofcafé mit selbst gebackenem Blechkuchen.
Kietz 31
Beelitz-Schlunkendorf
Tel. (03 32 04) 3 41 83
In der Spargelsaison tgl. 7–19 Uhr

Spargelfeld bei Beelitz

Bad Belzig

Mittelalter und Wellness

Bad Belzig, die geruhsame Kur- und Kreisstadt mitten im Naturpark Hoher Fläming, verbindet Historie mit moderner Wellnesskultur.

Schon vom Bahnhof sieht man den Turm der **Burg Eisenhardt**. Ihr heutiges Aussehen erhielt die im 13. Jahrhundert errichtete Burg erst nach ihrer Zerstörung im Dreißigjährigen Krieg. Durch den im Jahre 1658 begonnenen Wiederaufbau im Auftrag des Kurfürsten Johann Georg III. erhielt sie ihren barocken Charakter. Ein 18 Stationen umfassender Rundgang führt zu den markantesten Sehenswürdigkeiten. Den Aufstieg zum 33 Meter hohen Bergfried sollte man nicht versäumen. Der Lohn: ein wunderschöner Rundblick über den mittelalterlichen Ortskern, die Belziger Landschaftswiesen und die sanften, leicht hügeligen Wälder des Hohen Fläming.

Ein ausgeschilderter Rundgang durch das historische Bad Belzig beginnt an der Burg. Vom Bahnhof kommend, konnte man schon beim Aufstieg zur Burg die 1725 errichtete Postmeilensäule mit den Initialen von August dem Starken bewundern. Sie verweist auf die zeitweilig sächsische Herrschaft (1423–1815). Im Straßenbild wechseln sorgfältig restaurierte Giebel- und Traufhäuser. Besonders beim Rundgang zu erwähnen sind das ehemalige Brauhaus, das Rathaus und die Marienkirche, ein romanischer Feldsteinbau aus dem Jahre 1250, der durch mehrere Umbauten verändert wurde. Sehenswert ist auch das benachbarte Reißigerhaus von 1678, das einem damals berühmten Komponisten und Musikdirektor der Dresdner Hofoper gehörte. Informationstafeln berichten ausführlich darüber.

In der gemächlichen Stadt vermitteln auch die vielen Details mehr als nur historisches Wissen und machen den Reiz dieses Rundgangs aus: Sitznischenportale aus Sandstein, Wasserspeier, Wappen alter Familien, Fenster und Türen in altem Fachwerk.

TOUR 53

- Brück (Mark)
- Baitz
- Bad Belzig
- Wiesenburg (Mark)

Anfahrt
RE 7 stündlich ab Berlin Stadtbahn nach Bad Belzig (ca. 1 Std.)

Wanderung
Bad Belzig – Hagelberg – Schmerwitz – Wiesenburg

Länge
19 km

Rückfahrt
RE 7 alle 1–2 Stunden ab Wiesenburg (ca. 1 Std. 10 Min)

Burg Eisenhardt
Wittenberger Str. 14
Tel. (03 38 41) 4 24 61
Museum und Turm
Mi–Fr 13–17 Uhr,
Sa/So 10–17 Uhr

Burghotel
Hotel und Restaurant mit Blick auf die Stadt
Tel. (03 38 41) 4 50 90
www.burghotel-bad-belzig.de

SteinTherme Bad Belzig
Am Kurpark 15
14806 Bad Belzig
Tel. (03 38 41) 38 80–0
www.steintherme.de
Tgl. 10–22 Uhr,
Fr/Sa bis 23 Uhr
Badewelt 15 € / 5 €, mit Saunawelt ab 21 € / 9 €

Ruhe und Entspannung anderer Art findet sich in der **SteinTherme**. Zu Fuß erreicht man sie am besten bei einem Spaziergang durch den Kurpark, an dessen nördlichem Ende sie liegt. Äußerlich einem riesenhaften Findling nachempfunden, wurde ihr Inneres 2009 renoviert und erweitert. Nun bietet sie neben klassischem Bade- und Wellnessvergnügen Entspannung in modernsten Hightech-Sprudelbecken, solevernebeltes Saunieren in einer Gradiersauna und traditionelles Schwitzen in einer russischen Banja. Neu angelegte Entspannungsgärten und gemütliche Liegeflächen laden zum Verweilen im Freien ein.

Bad Belzig ist heute also ein Zentrum der Ruhe und des Wohlfühlens zwischen Vergangenheit und Gegenwart.

Kehren wir aber noch einmal zu einer traditionellen Belziger Wohlfühlart zurück, zum Radfahren und Wandern.

Der **Kunstwanderweg** führt durch den Naturpark Hoher Fläming nach **Wiesenburg**. Zehn Künstler haben die 19 Kilometer lange Route mit verschiedensten Werken bestückt. Wanderer erleben dadurch Natur und Kunst auf neue Weise. Wer mehr über die Künstler und ihre Werke erfahren möchte, kann sich in Bad Belzig oder Wiesenburg einen Audioguide leihen.

Erstes Etappenziel ist **Hagelberg**. Die gleichnamige Erhebung ist der höchste Berg des Flämings. In **Schmerwitz,** dem nächsten Dorf, gibt es einen Hofladen mit regionalen Produkten. Highlight und Ziel der Tour ist der **Schlosspark Wiesenburg**. Er gehört zu den bedeutendsten Gartenschöpfungen Brandenburgs. Durch einen Rhododendronhain führt der Weg dann schließlich zum Bahnhof.

Tipp

Kunstwanderweg
Der 19 km lange Wanderweg von Bad Belzig nach Wiesenburg wurde von regionalen Künstlern mit ihren Werken bestückt – ein ganz neues Wandererlebnis.
www.kunstlandhoherflaeming.de

Gut Schmerwitz
Bio-Gut mit Verkauf im eigenen Hofladen.
Schmerwitz Nr. 8
14827 Wiesenburg
Tel. (03 38 49) 90 80
www.gut-schmerwitz.de
Mo–Fr 9–17 Uhr

TOUR 54

An- & Rückfahrt
RE 7 stündlich
ab Berlin Stadtbahn
nach Bad Belzig
(ca. 1 Std.)

Radtour
Bad Belzig – Burg
Rabenstein & zurück

Länge
30 km hin & zurück

Karte ▶ Seite 147

**Naturparkzentrum
Hoher Fläming
„Alte Brennerei"**
Wissenswertes über die
Naturschutzgebiete Rabenstein und Planetal.
Brennereiweg 45
14823 Raben
Tel. (03 38 48) 6 00 04
www.flaeming.net
Tgl. 9–17 Uhr

Burg Rabenstein

Burg im Fläming

Burg Rabenstein ist über 750 Jahre alt. Sie liegt auf einem Berg und bietet einen wunderbaren Panoramablick über die Landschaft des Hohen Fläming.

Allerdings sollte man sich als Radler nicht schrecken lassen, denn die 15 Kilometer von Bad Belzig nach Raben sind auch ohne Mountainbike zu bewältigen. Der Aufstieg zur Burg Rabenstein ist nicht mit dem Rad möglich, man sollte es im Ort Raben anschließen.

Die Strecke führt von Bad Belzig auf ruhigen Nebenstraßen in südlicher Richtung durch das 5 Kilometer entfernte Dorf **Bergholz** und nach weiteren 4 Kilometern nach **Grubo**. Von hier sind es nur 6 Kilometer bis in den Ort Raben. **Raben** liegt quasi am Fuße der Burg Rabenstein. Wer sich für den Naturpark Hoher Fläming interessiert, sollte hier in Raben in der „Alten Brennerei" vorbeischauen. In dem restaurierten Gebäude ist das Naturparkzentrum untergebracht. Man findet dort alles Wissenswerte zum Naturpark. Auch eine Ausstellung und der Flämingladen mit regionaltypischen Produkten sind in der „Alten Brennerei" untergebracht.

Vielleicht lässt man sein Rad hier stehen und macht sich an den Aufstieg zur **Burg Rabenstein**. Oben, auf dem Gipfel des 150 Meter hohen Burgberges angekommen, kann man sich tatsächlich wie am Ziel einer Zeitreise vorkommen, so sehr entspricht das Bild der trutzigen Burganlage mit gepflas-tertem Burghof, den Wirtschaftsgebäuden und vor allem dem Bergfried den Vorstellungen, die man sich gemeinhin von einer Burg macht. Die ganze Anlage besteht aus einer Vorburg und einer Hauptburg und wurde vor mehr als 750 Jahren zum Großteil aus Feldsteinen errichtet. Die Burg ist in ihrem Kern mittelalterlich, doch entstanden viele Gebäudeteile auch erst im 18. und 19. Jahrhundert.

Zum Pflichtprogramm beim Besuch der Burg Rabenstein gehört natürlich die Besteigung des

Bergfrieds, dessen ursprüngliche Einstiegsöffnung übrigens 15 Meter über dem Boden liegt. Eine zusätzliche Sicherheitsmaßnahme, die auch bei anderen Burgen angewandt wurde. Auf jeden Fall ist der Ausblick beeindruckend: Bis zum Horizont ziehen sich die Eichen- und Buchenwälder des Hohen Fläming, nur das Örtchen Raben zeugt von menschlicher Besiedelung.

Heute leben auf Burg Rabenstein keine Ritter mehr, stattdessen ist in den historischen Mauern seit den 1950er-Jahren eine Jugendherberge untergebracht, die jüngst zusammen mit der gesamten Burg renoviert wurde. Gleichwohl kehrt das Mittelalter mehrmals jährlich nach Burg Rabenstein zurück. So findet im Frühjahr ein Gauklerfest statt, jeweils zu Ostern gibt es Ritterspiele und „Osterspektakel" und auch der Herbst bietet ein Herbstspektakel mit Kulturmarkt. Weithin bekannt und beliebt ist der nostalgische Weihnachtsmarkt an den Adventswochenenden.

Den wirklichen Zauber der Historie verströmt die Burg aber ganz ohne Spektakel.

Burg Rabenstein
Burg Rabenstein ist frei zugänglich, Burgführungen werden angeboten.
14823 Raben
Tel. (03 38 48) 6 02 21
Tgl. 10–18 Uhr
www.burgrabenstein.de

Herberge & Ausschank
Tel. (03 38 48) 6 02 21
Mi–So 11–20 Uhr

Burg Rabenstein

TOUR 55

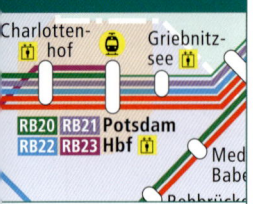

An- & Rückfahrt
🅢 7 oder RE 1 ab Berlin Stadtbahn nach Potsdam Hbf (ca. 40 Min.)

Stadtspaziergang

Karte ▶ Seite 153

Schifffahrten
ab Lange Brücke:
Tel. (03 31) 2 75 92 10

Museum Barberini
Humboldtstr. 5–6
www.museum-barberini.com
Mo, Mi–So 10–19 Uhr,
14 € / 10 €
Bis 18 Jahre Eintritt frei

Potsdam Museum
Ständige Ausstellung zur Stadtgeschichte.
Am Alten Markt 9
www.potsdam-museum.de
Di/Mi/Fr 10–17, Do 10–19, Sa/So/Fei 10–18 Uhr

Potsdam

Landschaft und Kultur

Potsdam bildet eine einzigartige Kulturlandschaft aus Stadt, Schlössern und Parks, die von der UNESCO zum „Kulturerbe der Menschheit" erklärt wurde. Dabei ist Potsdam kein Museum, sondern eine lebendige Landeshauptstadt vor den Toren Berlins.

Die Geschichte Potsdams ist eng verbunden mit den jeweiligen preußischen Herrschern: 1660 begann die Entwicklung zur Residenzstadt, als der Große Kurfürst Friedrich Wilhelm die alte Burg zu einem Barockschloss umbauen ließ. Der „Soldatenkönig" Friedrich Wilhelm I. machte aus Potsdam eine Garnisonstadt. Sein Sohn, Friedrich der Große, holte ab Mitte des 18. Jahrhunderts Architekten und Bildhauer in die Stadt, die nach dem Vorbild von Versailles das Schloss Sanssouci und die prächtige Parklandschaft schufen.

Vom Hauptbahnhof in Potsdam sei folgender Spaziergang empfohlen: Über die Lange Brücke geht es zunächst zur **Freundschaftsinsel**. Die Insel in der Havel wurde nach den Plänen des Pflanzenzüchters Karl Foerster (1874–1970) zu einer wunderschönen Gartenanlage gestaltet.

Über eine Fußgängerbrücke geht es von hier ans nördliche Havelufer und linker Hand zum **Alten Markt.** Dort dominiert die 1849 gebaute klassizistische Nikolaikirche von Schinkel den Platz. Sie ist der Londoner St.-Pauls-Kathedrale nachempfunden. An der Westseite des Platzes steht das Alte Rathaus. Nebenan zeigt das **Museum Barberini** im frisch renovierten gleichnamigen Klassizismus-Palast seit 2017 hochkarätige Kunst von den Alten Meistern bis zu zeitgenössischen Werken. Am Alten Markt steht auch wieder das **Potsdamer Stadtschloss** – es wurde im Zweiten Weltkrieg stark zerstört, in den 1950er-Jahren abgerissen und nun wieder aufgebaut – teils historisch getreu, teils modern. Seit Januar 2014 residiert hier der Brandenburger Landtag.

Auf der anderen Seite der mehrspurigen Friedrich-Ebert-Straße findet man durch enge

Auch Potsdam hat ein Brandenburger Tor

Gassen zum **Neuen Markt**. Der kleine, vollständig von Häusern aus dem späten 17. Jahrhundert umgebene Platz ist eine Oase der Ruhe. In dem Gebäude auf der Platzmitte war früher die städtische Waage untergebracht, heute beherbergt es ein Restaurant. Der frühklassizistische Bau dahinter ist der ehemalige königliche Pferde- und Kutschenstall. Hier ist heute das **Haus der Brandenburgisch-Preußischen Geschichte** untergebracht.

Auf dem weiteren Weg ins Stadtzentrum überquert man den Potsdamer Stadtkanal. Die **Brandenburger Straße** im Zentrum der barocken Altstadt ist die zentrale Flaniermeile Potsdams. Sie zieht sich von der Kirche St. Peter und Paul bis zum Brandenburger Tor, das nach dem Siebenjährigen Krieg errichtet wurde. Gleich dahinter kann man durch das grüne Gitter in den Park Sanssouci gelangen (▶ Seite 154).

Nordwestlich der Kirche St. Peter und Paul liegt das **Holländische Viertel**. Der Soldatenkönig hatte Mitte des 18. Jahrhunderts holländische Handwerker in die Stadt geholt. Sie sollten mit ihren Spezialkenntnissen bei der Trockenlegung von Feuchtgebieten helfen. Um den Handwerkern Heimatgefühle zu vermitteln, wurde eine Sied-

Haus der Brandenburgisch-Preußischen Geschichte
Wechselnde Ausstellungen
Kutschstall
Am Neuen Markt 9
Tel. (03 31) 6 20 85 50
www.hbpg.de
Di–Do 10–17 Uhr,
Fr–So, Fei 10–18 Uhr

La Maison du Chocolat
Café und Schokoladenhaus im Holländischen Viertel.
Benkertstraße 20
Tel. (03 31) 2 37 07 30
www.schokoladenhaus-potsdam.de

lung im Holland-Stil erbaut: Rund 150 Häuser aus rotem Backstein mit verzierten Giebeln und weißen Fenster- und Türrahmen entstanden nach und nach. In dem lebendigen Stadtviertel sind heute Galerien, Cafés und kleine Kunsthandwerksläden zu Hause.

Weiter die Friedrich-Ebert-Straße Richtung Norden stößt man bald auf die russische Kolonie **Alexandrowka**. Die Siedlung im russischen Baustil ließ Friedrich Wilhelm III. 1826 für russische Kriegsgefangene erbauen, die er als Sänger für einen Chor zur Truppenbetreuung ausgewählt hatte. Die Holzhäuser mit ornamental ausgesägten Giebelbrettern gleichen russischen Blockhäusern.

Von der Alexandrowka kann man den Aufstieg zum Kapellenberg beginnen. Dort steht die Alexander-Newski-Kapelle, die eine russisch-orthodoxe Gemeinde beherbergt. Ab hier führt ein schmaler Fußweg, vorbei am jüdischen Friedhof, hinauf auf den Pfingstberg mit dem **Belvedere**. Das trägt seinen Namen zurecht, denn von dem kürzlich wieder restaurierten Bauwerk mit den zwei Aussichtstürmen (1852 nach Entwürfen von Friedrich Wilhelm IV. errichtet) hat man einen wunderbaren Blick auf Potsdam und die Havellandschaft.

Vom Belvedere führt ein Weg vorbei am **Pomonatempel** (Schinkel) hinunter zum Neuen Garten. Der **Neue Garten** ist Teil der Park- und Seenlandschaft, die sich vom Heiligen See über den Babelsberger und Glienicker Park bis zur Berliner Pfaueninsel erstreckt. Die weitläufige Anlage ließ Friedrich Wilhelm II. nach dem Vorbild des Wörlitzer Parks 1787 als Landschaftsgarten anlegen. Das Marmorpalais (1778–92), das dem Monarchen als Sommersitz diente, ist mit seinen roten Backsteinen von der Tradition der holländischen Bauweise beeinflusst. **Schloss Cecilienhof,** 1913–17 im englischen Landhausstil erbaut, ist ein geschichtsträchtiger Ort: Hier besiegelten 1945 Stalin, Truman und Churchill die Teilung Deutschlands. Heute beherbergt das Fachwerk-Schloss ein Hotel. Der Saal, in dem die „Potsdamer Konferenz" stattfand, ist als Gedenkstätte zugänglich.

Jan Bouman Haus
Original Holländerhaus zum Besichtigen.
Mittelstraße 8
Tel. (03 31) 2 80 37 73
www.jan-bouman-haus.de
Mo–Fr 13–18,
Sa/So/Fei 11–18 Uhr

Museum Alexandrowka
Mit schönem Gartencafé.
Russische Kolonie 2
Tgl. 10–18 Uhr
(Mi geschlossen)
Tel. (03 32) 8 17 02 03
www.alexandrowka.de

Belvedere auf dem Pfingstberg
Herrlicher Ausblick bis nach Berlin.
www.pfingstberg.de
Apr.–Okt. tgl. 10–18,
Nov./März Sa/So 10–16 Uhr

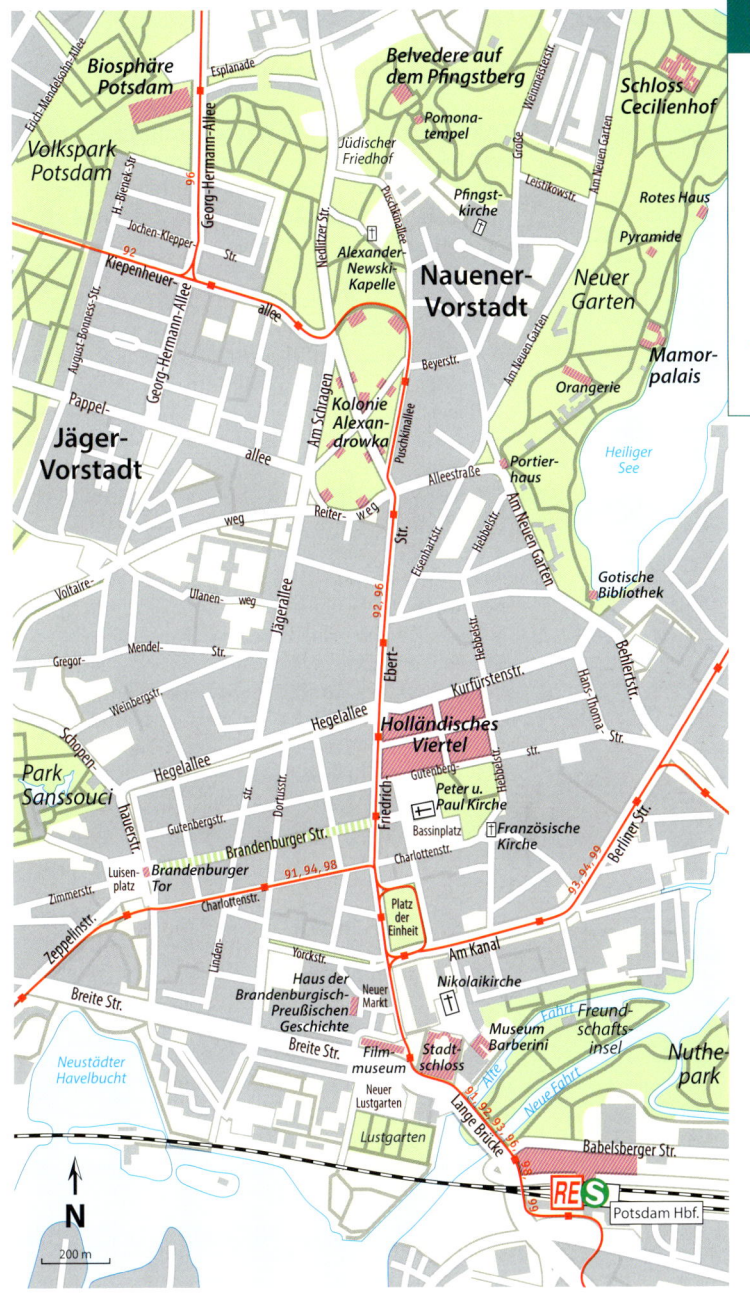

TOUR 56

An- & Rückfahrt
RE 1 stündlich ab Berlin Stadtbahn nach Park Sanssouci (ca. 30 Min.) oder Ⓢ 7 nach Potsdam Hbf und RB 20, RB 21

Parkspaziergang

Besucherinformation
Sanssouci
An der Historischen Mühle
Tel. (03 31) 96 94-200
www.spsg.de
Apr.–Okt.
tgl. 8.30–18 Uhr,
Nov.–März
tgl. 8.30–17 Uhr

Schloss Sanssouci
Apr.–Okt
Di–So 10–18 Uhr,
Nov.–März
Di–So 10–17 Uhr
12 € / 8 €

Sanssouci

Gesamtkunstwerk

Park Sanssouci, ein 290 Hektar großes Gesamtkunstwerk: Kaum ein Quadratmeter ist darunter, von dem aus nicht irgendein Schloss, ein Palais, eine Fontäne oder ein Denkmal zu sehen sind.

„Sans souci" – „Ohne Sorgen" taufte der Preußenkönig Friedrich II. sein 1745–1747 von Georg Wenzeslaus von Knobelsdorff entworfenes Sommerschloss. Doch der berühmte Rokokopalast über den Weinbergterrassen war nur der Anfang beim Aufbau einer Märchenlandschaft. Über zwei Jahrhunderte verwirklichten hier preußische Könige ihre wechselnden Träume von einer idealen Landschaft mit Gärten, Schlössern und Pavillons.

Unter Friedrich II. entstanden neben weiteren Gartenanlagen das **Neue Palais** und das **Belvedere**. Friedrichs Nachfolger vollendeten später das Werk und brachten ihre architektonischen Vorlieben in das Ensemble ein: Es entstanden **Schloss Charlottenhof**, die **Römischen Bäder**, die **Friedenskirche**, die **Orangerie** und weitere verspielte Gärten, verträumte Gebäude und reich verzierte Kunstwerke.

Friedrich II., später Friedrich der Große genannt, machte Sanssouci zum intellektuellen Zentrum Preußens. Der französische Philosoph Voltaire lebte gut drei Jahre in Sanssouci – bis er sich mit dem „Philosophenkönig" zerstritt: Denn der „Alte Fritz" war nicht nur ein kunstsinniger Schöngeist, sondern auch ein machtbewusster Monarch, der sein Land in immer neue Kriege führte.

Das zweite prächtige Schloss im Park, das am westlichen Eingang thronende **Neue Palais**, nannte Friedrich der Große „seine kleine Prahlerei". Der üppig verzierte Rokoko-Palast war nach dem Ende des Siebenjährigen Krieges erbaut worden und sollte Preußens Macht und Größe demonstrieren. Im Neuen Palais wohnte bis 1918 der letzte deutsche Kaiser, Wilhelm II., mit seiner Familie. Kaiser Wilhelm war es auch, der den

Kaiserbahnhof, den heutigen Bahnhof Park Sanssouci, bauen ließ. Die Station liegt nur wenige hundert Meter vom Neuen Palais entfernt, so hatten es der Monarch und sein Anhang nicht weit bei der Anreise aus Berlin.

Einen wunderschönen Blick auf **Schloss Sanssouci** hat man am **Obeliskportal** am östlichen Ende der Hauptallee. Die Obelisken sind Werke von G. W. von Knobelsdorff, der damit seine Begeisterung für die ägyptische Antike auslebte.

Auch andere alte Kulturen dienten als Vorbild für Skulpturen und Bauwerke im Park Sanssouci. Eines der schönsten und verspieltesten Beispiele ist das **Chinesische Haus** im südlichen Teil des Parks: Vergoldete Palmen tragen die Vorhalle, golden glänzende Figuren halten Teetassen in der Hand. Ganz in der Nähe liegt **Schloss Charlottenhof**. Es wurde 1829 von Karl Friedrich Schinkel nach englischem Vorbild im schlichten Villenstil erbaut.

Wer alle Kunstwerke und Gebäude im Park Sanssouci sehen will, sollte viel Zeit und Entdeckerfreude mitbringen. Am reizvollsten ist es, einfach durch den weitläufigen Park zu schlendern und sich ständig neu überraschen zu lassen.

Neues Palais
Tel. (03 31) 9 69 43 61
Apr.–Okt.
10–18 Uhr,
Nov.–März
10–17 Uhr
Di geschlossen
Mit Führung
8 € / 6 €

Bildergalerie
Gemäldesammlung Friedrichs II.
Mai–Okt.
Di–So 10–18 Uhr
6 € / 5 €

Schloss Sanssouci

TOUR 57

Anfahrt
RE 1 alle 30 Min. ab Berlin Stadtbahn nach Werder (ca. 35 Min.)

Radtour
Werder – Petzow – Geltow – Potsdam

Länge
20 km

Rückfahrt
Potsdam Hbf RE 1 oder S 7 nach Berlin Stadtbahn

Karte ▶ Seite 158/159

Fischlokal Arielle
Urige Gaststätte mit Terrasse am Havelufer, Spezialität Räucherfisch.
Fischerstraße 33
14542 Werder
Tel. (0 33 27) 4 56 41
www.fischrestaurant-arielle.de
Di–So ab 11.30 Uhr

Obstbaumuseum
Kirchstraße 6/7
Tel. (0 33 27) 78 33 74
Mitte Apr.–Mitte Okt.
Mo/Di/Do/Fr 10–17 Uhr,
Sa/So 13–17 Uhr

Werder

Obstwein und Forelle

Werder im Havelland ist nicht nur zur Baumblüte eine Reise wert: Neben der historischen Inselstadt lädt die reizvolle Landschaft zu Entdeckungstouren ein. Eine schöne Radtour führt von Werder nach Petzow, durch Obstplantagen und an der Havel entlang nach Potsdam.

Vom Bahnhof Werder führt die Adolf-Damaschke-Straße Richtung Ortszentrum. Dort angekommen, biegt man links ab und gelangt über eine Brücke zur **Inselstadt**.

Von der Brücke bietet sich ein Panoramablick auf die Insel: Weithin sichtbar sind rechts der Turm der **Kirche zum Heiligen Geist** und die **Bockwindmühle**. Die Kirche entstand in der heutigen Form zwischen 1856 und 1858 nach Plänen von F. A. Stüler. Die Inselmühle stammt eigentlich aus Klossa bei Jessen. Sie wurde anstelle der Originalmühle hier wieder aufgebaut, nachdem diese 1973 einem Brand zum Opfer gefallen war. Beim Spaziergang durch die mit Kopfstein gepflasterten Gassen der Inselstadt ist das restaurierte **Rathaus** von 1494 unweit der Heilig-Geist-Kirche ein weiterer Blickfang.

Werder wird erstmals im Jahr 1317 erwähnt, war aber schon lange zuvor von Wenden besiedelt. Die Insel bot natürlichen Schutz und die Havel reichlich Fisch. Kein Wunder also, dass die Inselstadt über Jahrhunderte ein Fischerort war. Ein bisschen ist das heute noch so: An der Uferpromenade hängen Fischer ihre Netze zum Trocknen aus. Gleich nebenan lassen die traditionellen Räucheröfen den Duft von geräuchertem Fisch durch die engen Gassen ziehen. Aal, Wels und Forelle isst man hier frisch geräuchert aus der Hand oder in einem der Fischrestaurants.

Auf den Hügeln rund um Werder wurden in der zweiten Hälfte des 19. Jahrhunderts die ersten großen Obstplantagen angelegt. Schnell entwickelte sich die Gegend zur Obstkammer Berlins. Feuchtmildes Klima, hohe Sonneninten-

Am Markt in Werder

sität und sandige Böden ließen Äpfel, Birnen und Kirschen bestens gedeihen.

1879 wurde in Werder das erste **Baumblütenfest** gefeiert. Seitdem pilgern die Großstädter alljährlich im Mai zu Tausenden nach Werder, um die erwachende Natur, das berauschende rosaweiße Blütenmeer der Obstplantagen zu genießen – und den nicht weniger berauschenden jungen Obstwein. Eine gute Woche lang findet dann in Werder das größte Volksfest Brandenburgs statt.

Die begnadete Landschaft um Werder lässt sich am besten per Rad entdecken. Dazu verlassen wir die Inselstadt wieder über die Brücke und fahren geradeaus über die Brandenburger Straße. Wo diese endet, fährt man ein kleines Stück auf dem Radweg an der B1 Richtung Westen, um nach der Havelüberquerung in Glindow gleich links und noch einmal links zu fahren.

Der Weg führt nun entlang des Glindower Sees. Dabei passiert man das **Ziegeleimuseum Glindow** mit zwei denkmalgeschützten Ringöfen von 1868 und dem charakteristischen geziegelten Aussichtsturm. Eine Ausstellung informiert über Leben und Technik rund um die Ziegelindustrie.

Märkisches Ziegeleimuseum Glindow
Alpenstraße 44
14542 Glindow
Tel. (0 33 27) 66 93 95
März–Okt.
Mi/Sa/So/Fei 10–16 Uhr

Nach 4 Kilometern ist das Dörfchen **Petzow** erreicht, ein Kleinod im Havelland. In der Dorfmitte steht die Kirche, von deren Turm man einen herrlichen Rundblick auf den Gliendower See und den Schwielowsee hat. Von hier führt eine kleine Gasse hinab zum wundervollen Landschaftspark, der von P. J. Lenné gestaltet wurde. Er grenzt direkt ans Seeufer und bietet viele bildschöne Ecken. Am Rand des Parks steht das **Petzower Schloss**, das vor Kurzem zu einer Wohnanlage mit luxuriösen Eigentumswohnungen und Reihenhäusern umgewandelt wurde.

Von Petzow radelt es sich wunderbar auf dem Radweg R1 am Resort Schwielowsee vorbei. Über die Baumgartenbrücke und danach gleich rechts geht es durch die schöne Geltower Gartenlandschaft – Obstbäume satt. Bald knickt der Weg scharf nach links ab und führt in Sichtweite des

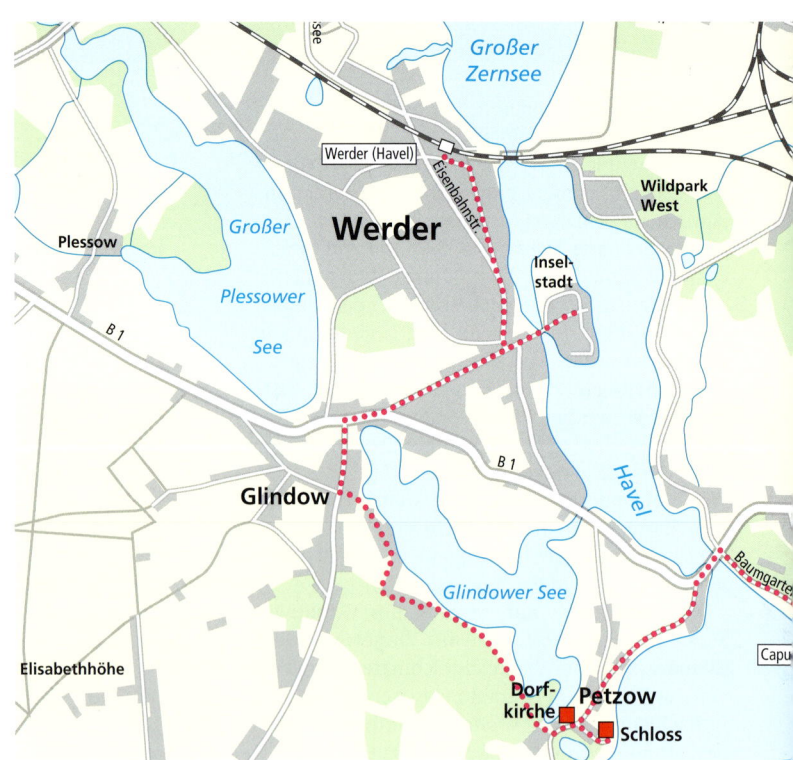

Petzinsees zum Templiner See. An seinem Ufer fährt man nun entlang. Bei Pirschheide wird das Potsdamer Stadtgebiet erreicht, der Radweg windet sich in Kurven in Sichweite des Wassers.

Im Potsdamer Innenstadtbereich kommt bald die „Moschee" in Sicht. Das ehemalige Dampfmaschinenhaus für Sanssouci steht an der Neustädter Havelbucht. Es entstand in den Jahren von 1841 bis 1843, um die große Fontäne vor dem Schloss Sanssouci betreiben zu können. Auf Wunsch des Königs wurde das Gebäude „nach Art der türkischen Moscheen mit einem Minarett als Schornstein" errichtet.

Ab hier geht es auf einem Radweg entlang der Breiten Straße weiter. Nach dem das neue, alte Stadtschloss linker Hand passiert ist, fährt man auch bald über die Lange Brücke und erreicht den Potsdamer Hauptbahnhof.

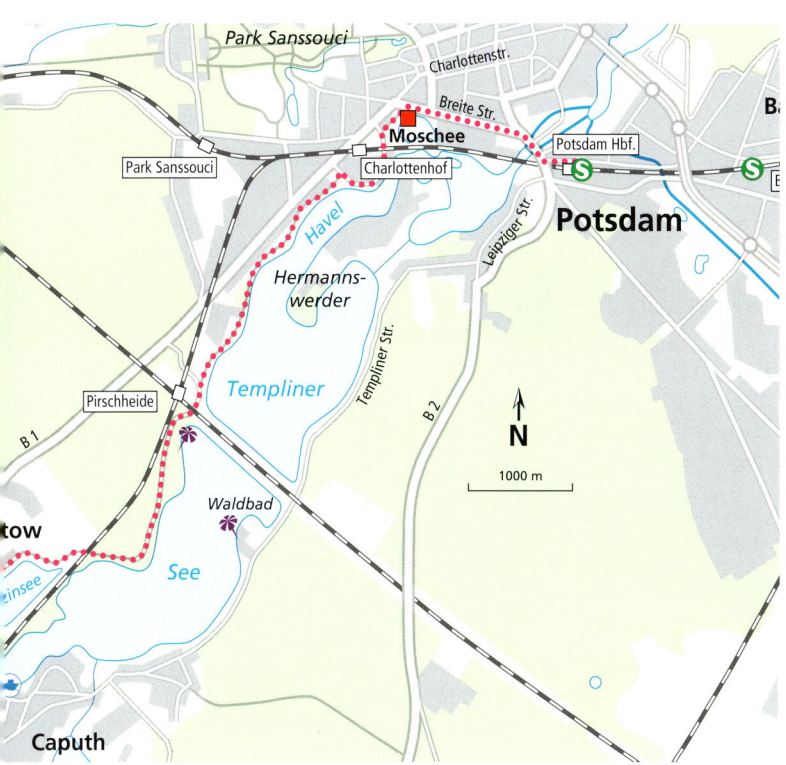

TOUR 58

An- & Rückfahrt
RE 1 stündlich ab
Berlin Stadtbahn
nach Götz
(ca. 50 Min.)

Radtour
Götz – Schenkenberg – Trechwitz – Nahmitz – Lehnin & zurück

Länge
24 km hin & zurück

Tourist-Information
Auch Vermittlung von
Privatunterkünften.
Markgrafenplatz 1
14797 Kloster Lehnin
Tel. (0 33 82) 70 44 80
www.lehnin.de

**Lehniner
Sommermusiken**
Juni–Sep.
Tel. (0 33 82) 705 79 99
www.lehniner-sommer-musiken.de

**Hotel Restaurant
Markgraf**
Märkische Küche, Zimmervermittlung für das
Gästehaus des Klosters.
Friedenstr. 13
14797 Kloster Lehnin
Tel. (0 33 82) 76 50
www.hotel-markgraf.de

Lehnin

Schweigen und Wandern

Mitten im Lehniner Wald- und Seengebiet steht eines der ältesten Klöster Brandenburgs. Es ist im Sommer wie im Winter ein lohnendes Ausflugsziel.

Um mit Bahn und Rad nach Kloster Lehnin zu gelangen, bietet sich eine Tour ab **Götz** über **Schenkenberg** und **Nahmitz** an.

„Zucha" – „Dürrland" – nannten die slawischen Siedler dieses Gebiet, in dem sie einst in kleinen ärmlichen Dörfern und weit verstreuten Hütten lebten. Ende des 12. Jahrhunderts holte Markgraf Otto I. von Brandenburg die Mönche des Zisterzienserordens hierher; sie zogen in die Sümpfe der Zucha, entwässerten Wiesen, legten Gräben und Brunnen an und machten aus der Wildnis fruchtbaren Ackerboden. Heute liegt der Ort **Lehnin** mit seinem ehemaligen **Zisterzienserkloster** umgeben von Seen und Wäldern inmitten der Landschaft, die noch immer als „Zauche" bezeichnet wird.

Die Klosteranlage mit der Kirche St. Marien, Königshaus, Abtshaus, Falkonierhaus, Kornhaus und Torkapelle ist ein zusammenhängendes Areal, auf dem Geschichte lebendig wird. Das Kloster bestimmt das Leben Lehnins. Hierfür ist in erster Linie das Luise-Henrietten-Stift verantwortlich. Einrichtungen der Alten- und Krankenpflege, eine Klinik und eine Krankenpflegeschule, die dem Stift unterstehen, sind in das Klostergelände integriert. Sie befinden sich in den alten Gebäuden oder sind am Rande der Anlage neu entstanden. Am Wegrand findet man Ansichtstafeln, die die ehemalige und derzeitige Funktion der Gebäude beschreiben. Wen interessiert, wie im Falkonierhaus Falken ausgebildet wurden, oder wer wissen will, was sich hinter den drei großen E der Zisterzienser verbirgt, sollte an einer Führung über das Gelände teilnehmen. Diese Führungen werden zumeist von den Diakonissen geleitet; es mutet etwas seltsam an, den Berichten der Schwestern zu folgen und dabei

Kloster Lehnin

zu wissen, dass dies ein reines Männerkloster war. Auch ein Besuch der Ausstellung empfiehlt sich denjenigen, die mehr über die Zisterzienser und das Klosterleben erfahren wollen.

Zu den außergewöhnlicheren Angeboten in Lehnin zählen die so genannten Schweigewochenenden, die mehrmals jährlich unter der Leitung eines evangelischen Pfarrers stattfinden. Doch ganz gleich, ob man dieses Angebot wahrnehmen möchte oder nicht, das Zusammenspiel von klösterlicher Ruhe und Betriebsamkeit des Ortes ist so reizvoll, dass man sich für Lehnin ein Wochenende oder gleich ein paar Tage Zeit nehmen sollte. Die entsprechende Herberge bietet das Abtshaus. Doch muss man darauf gefasst sein, dass das Glockengeläut der benachbarten Klosterkirche ab 7 Uhr früh niemanden mehr schlafen lässt. Einmal so früh auf den Beinen, kann man im Klostersee nördlich der Anlage ein morgendliches Bad nehmen oder bei einem Spaziergang viel frische Waldluft atmen.

Zurück nimmt man wieder den Weg zum Bahnhof Götz. Zur Abwechslung umfahren wir diesmal aber den Lehniner Klostersee auf der östlichen Seite, um hinter **Nahmitz** wieder auf den uns bereits bekannten Weg zu gelangen.

TOUR 59

An- & Rückfahrt
RE 1 alle 30 Minuten
ab Berlin Stadtbahn
nach
Brandenburg Hbf
(ca. 50 Min.)

Stadtspaziergang

Brandenburg an der Havel

Kulturstadt mit Möpsen

In Brandenburg an der Havel gibt es viel zu entdecken: Die 71 000-Einwohner-Stadt hat gleich drei historische Stadtkerne, jede Menge Industriekultur und seit der BUGA 2015 besonders schöne grüne Orte. Bei der Erkundung sollte man nach 14 Möpsen aus Bronze Ausschau halten. Sie erinnern – über die Stadt verteilt – an Vicco von Bülow alias Loriot, der hier geboren wurde.

Vom Hauptbahnhof aus – heute ein klassizistisches Schmuckstück – führt ein schöner Spazierweg zu den Highlights. Man folge zunächst den Wegweisern zum Archäologischen Landesmuseum. (Allerdings kann man auch bequem mit der Brandenburger Straßenbahn in die Innenstadt fahren.)

Durch die Kleine Gartenstraße, die anfangs eine Fußgängerstraße ist, gelangt man nach knapp 500 Metern zur Kirchhofstraße, in die man rechts einbiegt. Nach 200 Metern zweigt links zwischen Industriearchitektur ein unscheinbarer Fußweg ab, der bald zu einer Brücke wird und über den Schleusenkanal führt. Der Blick von der Brücke lohnt sich – der idyllische Schleusenkanal ist von Grün eingerahmt, auf beiden Uferseiten verlaufen Fußgängerwege.

Die Neustadt

Auf der gegenüberliegenden Seite des Wasserweges angekommen, steht man unvermittelt auf einem hübschen Platz und sieht die Rückseite eines gotischen Gebäudes – das **Paulikloster** mit der **Dreifaltigkeitskirche**. Die Ursprünge des Klosters liegen im 13. Jahrhundert. Um das Jahr 1384 wurde auch die Kirche vollendet. Das ehemalige Dominikanerkloster, das im Zweiten Weltkrieg stark beschädigt wurde, ist saniert und komplett umgebaut worden. Seit 2008 beherbergt es das **Archäologische Landesmuseum Brandenburg**. Der Eingang ist in der Neustädtischen Heidestraße. Auf einem chronologischen Rundgang kann man

Touristinformation
Kostenloser Stadtplan erhältlich.
Neustädtischer Markt 3
14776 Brandenburg an der Havel
Tel. (0 33 81) 79 63 60
www. stg-brandenburg. de
Mo–Sa 9–20, Mai–Sep. auch So/Fei 10–15 Uhr

Paulikloster – Archäologisches Landesmuseum
Neustädtische Heidestraße 28
14776 Brandenburg an der Havel
Tel. (0 33 81) 4 10 41 12
www.landesmuseumbrandenburg.de
Di–So 10–17 Uhr

sich über die Kulturgeschichte Brandenburgs von der Steinzeit bis heute informieren. Der historische Gebäudekomplex – ein herausragendes Beispiel für Brandenburger Backsteingotik – ist Teil der Dauerausstellung.

Links führt die Neustädtische Heidestraße weiter zum **Steintorturm**, einer von einst zehn Türmen der mittelalterlichen Stadtbefestigung. Ehemals schützte er den südlichen Eingang zur Neustadt. Heute beherbergt der Steintorturm eine Ausstellung zur Brandenburger Havelschifffahrt.

Über die Steinstraße, die sich zu einer Restaurant- und Kneipenmeile gemausert hat, gelangt man zum **Neustädtischen Markt**. Der große rechteckige Platz, der teils von Bürgerhäusern aus dem 18. Jahrhundert gesäumt wird, markiert das Geschäftszentrum der Stadt. Am östlichen

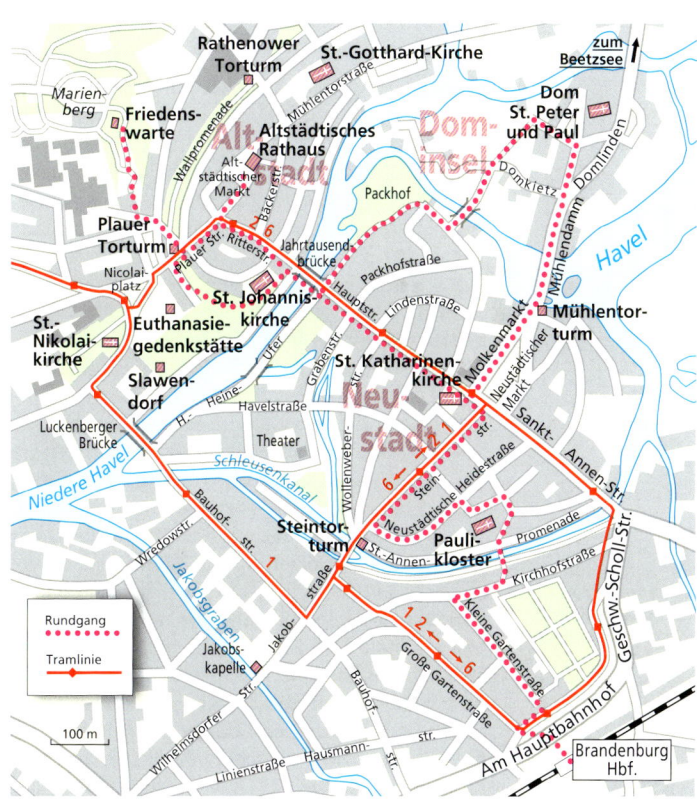

Das Paulikloster beherbergt das Archäologische Landesmuseum Brandenburg

Platzende befindet sich der Eingang zu einer modernen Shopping-Mall, westlich beginnt die Hauptstraße, Brandenburgs Einkaufs- und Flaniermeile. An deren Anfang steht, halb verdeckt von anderen Gebäuden, die **St. Katharinenkirche**, ein Meisterwerk norddeutscher Backsteinbaukunst. Der spätgotische Bau besticht besonders durch seine filigranen Schmuckelemente.

In die Fußgängerzone der Hauptstraße eingebogen, stößt man bald auf den **Fritze-Bollmann-Brunnen** von 1924. Die Hauptstraße führt, gesäumt von meist stilvoll renovierten Bürgerhäusern, durch die Neustadt zur **Jahrtausendbrücke**. Das imposante Brückenbauwerk wurde anlässlich der 1000-Jahr-Feier der Stadt 1929 erbaut und 1996 erweitert. Es überbrückt die Havel und verbindet die Neustadt mit der Altstadt. Auf der Neustädter Seite des Havelufers lohnt ein Abstecher entlang des grünen Heinrich-Heine-Ufers zur „Bauchschmerzenbrücke" von 1922, die über einen Kanalarm führt. Der Legende nach soll ein Müller Essig in den Wassergraben gekippt haben, wodurch sich die Brücke vor Bauchschmerzen krümmte und ihre auffällige Wölbung erhielt. In Wahrheit erlaubt sie die Durchfahrt von Kähnen.

Werft Restaurant
Abwechslungsreiche Küche mit regionalen Zutaten im stilvollen Ambiente der ehemaligen Volkswerft. Schöne Terrasse an der Havel.
Hauptstraße 77
Tel. (0 33 81) 3 28 17 99
www.werft-brandenburg.de
Tgl. 11–23 Uhr

Die Altstadt

Am **Humboldthain**, auf der anderen Seite der Havel, schiebt sich sogleich das nächste Gotteshaus in den Blick: die **Klosterkirche St. Johannis**. Sie wurde ab 1250 von Mönchen des Franziskanerordens erbaut und während des Zweiten Weltkriegs schwer beschädigt. Für die BUGA 2015 wurde das sakrale Gebäude zur lichtdurchfluteten Blumenhalle umgebaut. Seither finden dort Veranstaltungen und auch wieder Gottesdienste statt.

Rund um die Klosterkirche findet man drei Mops-Skulpturen – hier hat die Künstlerin Clara Walter ihr „Waldmops-Zentrum" errichtet, zu dem auch eine Infotafel zu Loriots Mops-Philosophie gehört.

Von hier führt ein schöner Fußweg durch die Grünanlagen entlang der Stadtmauer zum **Plauer Torturm**, dem Rest eines weiteren Stadttores. Wer will, kann dort den Aufstieg zum 67 Meter hohen Marienberg beginnen – einem weiteren Standort der BUGA. Hier sind unter anderem verschiedene Gärten, eine Rosenpergola und ein Weinberg zu besichtigen. Für Kinder wurde eine Drachenspiellandschaft errichtet. Auf dem Hügel steht seit 1974 auch der Aussichtsturm **Friedenswarte**. Von oben hat man einen weiten Rundblick über die Stadt (geöffnet Mitte April bis Ende Oktober Di–So 10–17 Uhr).

Slawendorf
Nachbildung einer slawischen Siedlung.
Neuendorfer Straße 89c
14770 Brandenburg an der Havel
Tel. (0 33 81) 20 87 40 33
Mai–Anfang Okt.
Eingang Salzhofufer
Mo–Fr 10–12 und 14–18 Uhr
Eingang Nikolaiplatz
Fr 13–18 Uhr,
Sa/So 11–18 Uhr

Blick von der Jahrtausendbrücke auf die Havel

TOUR 59

Brandenburg an der Havel

Am Altstädtischen Markt erhebt sich das Rathaus, davor steht der Roland aus dem Jahr 1474

Wenige hundert Meter westlich des Plauer Torturms liegt der Nicolaiplatz mit der **Nikolaikirche** aus dem 12. Jahrhundert. Am Nicolaiplatz ist auch der Eingang zu einer weiteren Attraktion Brandenburgs, dem **Slawendorf**, der Nachbildung einer slawischen Siedlung aus der Zeit des 11. Jahrhunderts.

Auf dem Weg zum Slawendorf liegt am Nicolaiplatz ein Ort, an dem in der Nazizeit unvorstellbare Grausamkeiten begangen wurden: Von Januar bis Oktober 1940 wurden hier 9000 Menschen aus psychiatrischen Kliniken in einer Gaskammer ermordet. Die **Gedenkstätte für die Opfer der Euthanasie-Morde** erinnert mit Fotos und Dokumenten an die tausendfachen Verbrechen.

Weiter in den Kern der **Altstadt** von Brandenburg: Über die Plauer Straße gelangt man zum **Altstädtischen Markt**. Dort steht das **Altstädtische Rathaus,** ein herausragendes Beispiel gotischer Backsteinbaukunst. Davor ragt das berühmte Wahrzeichen und Sinnbild städtischer Privilegien in die Höhe: der 5,34 Meter hohe **Roland**. Der im Jahre 1474 von einem unbekannten Meister in Sandstein gehauene „Lange Kerl" stand ursprünglich auf dem Neustädtischen Marktplatz. Weil er aber angeblich beim Exerzieren im Weg war, wurde er auf Weisung Friedrich Wilhelms I. vor das Neustädtische, nach dessen Zerstörung 1945 vor das Altstädtische Rathaus verfrachtet.

Um zum **Packhof**, dem zentralen BUGA-Ort in Brandenburg zu gelangen, geht es zurück über die Jahrtausendbrücke in die Neustadt. Kurz hinter der Brücke führt links der Weg zum Packhofgelände an der denkmalgeschützten Werfthalle. Das ehemalige Gelände der Schiffswerft hat sich in eine grüne Oase mit Gärten, Bühne, Uferweg und Spielwäldchen verwandelt.

Gedenkstätte für die Opfer der Euthanasie-Morde
Nicolaiplatz 28
Tel. (0 33 81) 7 93 51 12
www.stiftung-bg.de
Open-Air-Ausstellung ständig geöffnet, die Baracke mit weiteren Dokumenten Do/Fr 13–17, Sa/So 10–17 Uhr

Die Dominsel

Unweit des BUGA-Geländes führt eine Brücke über einen weiteren Havelarm auf die Dominsel mit dem Dombezirk. Ein Fußweg führt weiter bis zum Burghof.

Mittelpunkt des Dombezirks ist der eindrucksvolle **Dom St. Peter und Paul.** Der Grundstein für den Bau wurde 1165 gelegt. Er ist der älteste

Dom-Museum
Liturgische Textilien, Altäre, Bücher und Skulpturen des 13.–16. Jhs.
Burghof 10
14776 Brandenburg an der Havel
Tel. (0 33 81) 2 11 22 23
Mai–Okt.
Mo–Sa 10–17, So 12–17 Uhr

Industriemuseum
August-Sonntag-Str. 5
14770 Brandenburg an der Havel
Tel. (0 33 81) 30 46 46
www.industriemuseum-brandenburg.de
Di–So 10–17 Uhr
(Nov–Feb. bis 16 Uhr)
🚋 2, 12 Haltestelle Am Stadion/Industriemuseum

erhaltene Backsteinbau und Ausgangspunkt der Geschichte der Stadt Brandenburg an der Havel. Zunächst als einfache kreuzförmige Saalkirche im romanischen Stil errichtet, wurde er in den folgenden Jahrzehnten als romanische Basilika vollendet. Zwischen dem 13. und 15. Jahrhundert wurde das Gotteshaus im gotischen Stil umgebaut. Von dem schlichten Äußeren des Doms sollte man sich nicht beirren lassen, sein Inneres birgt eine reiche Ausstattung: der Böhmische Altar aus dem 14. Jahrhundert, die spätgotische Wagner-Orgel aus dem 18. Jahrhundert, das Dommuseum und der Raum der Stille in der Bunten Kapelle mit leuchtenden Malereien aus dem 13. bis 15. Jahrhundert.

Über den **Mühlendamm** kommt man nun wieder auf den Neustädtischen Markt.

Industriestadt Brandenburg

Wer sich jetzt noch mit der spannenden Industriegeschichte Brandenburgs beschäftigen möchte, der sollte von hier mit der Tramlinie 2 zum **Industriemuseum** fahren. Die Havelstadt entwickelte sich im 19. Jahrhundert zum bedeutenden Industriestandort. Davon zeugt heute vor allem der Norden der Stadt rund um den Silokanal. Eine führende Rolle übernahm Brandenburg vor allem im Verkehrswesen. Ob zu Lande, zu Wasser oder in der Luft – alles, was der Mobilität diente, wurde auch hier produziert: Schlepp- und Passagierdampfer auf der Wiemann-Werft, Flugzeuge in den Arado-Werken und Kinderwagen, Fahrräder, Motorräder und Autos bei Brennabor.

Mit dem Bau des ersten Stahlwerkes 1912 wurde eine Industrie etabliert, die das Leben der Stadt lange Zeit bestimmen sollte. Von 1914 bis 1993 wurde in elf Siemens-Martin-Öfen Stahl geschmolzen. Der letzte seiner Art in Westeuropa kann in der ehemaligen Stahlwerkshalle, dem heutigen Industriemuseum, besichtigt werden. Anschaulich werden im Industriemuseum die Herstellung und Verarbeitung von Stahl dargestellt. Besonders für Kinder spannend: Kräne, Loks und Fahrzeuge dürfen hier erkundet werden.

Die Stadt Brandenburg besitzt viele reizvolle Orte am Wasser

TOUR 59

Brandenburg an der Havel

TOUR 60

An- & Rückfahrt
RE 4 stündlich ab Berlin Stadtbahn nach Rathenow (ca. 1 Std.)

Radtour
Rathenow – Böhne – Milow – Premnitz – Rathenow

Länge
ca. 26 km hin & zurück

Karte ▸ Seite 173

Rathenow – Premnitz

Auf beiden Seiten der Havel

Eine schöne Radtour führt entlang der Havel von Rathenow nach Premnitz. Dabei lernt man zwei interessante ehemalige BUGA-Orte kennen. Und sieht viel vom Westhavelland.

Rathenow im Havelland hat sich in den letzten Jahren stark verändert. Aus einem zu DDR-Zeiten mausgrauen Industrieort ist eine lebendige Stadt im Grünen mit wiedererwachtem Zentrum und einem kleinen, restaurierten Altstadtkern geworden. Dazu beigetragen haben auch die Landesgartenschau 2006 und die BUGA 2015.

Start in Rathenow: Vom Bahnhof aus fahren wir zunächst ein kleines Stück nach links Richtung Westen, um an der nächsten Straßenecke rechts in die Bahnhofstraße mit ihren hübsch sanierten Bürgerhäusern einzubiegen. An deren Ende stoßen wir auf die Berliner Straße, in die wir links einbiegen (Radweg neben der Straße). Nach weiteren 500 Metern passiert man den **Märkischen Platz** mit dem lachsfarbenen Kulturhaus im Zentrum von Rathenow. Ab hier wird die Berliner Straße zum Boulevard mit breiten Bürgersteigen und Geschäften. Wieder 500 Meter weiter liegt linker Hand nach dem Überqueren des Stadtkanals der kleine Altstadtkern von Rathenow (▸ Seite 174).

Weiter dem Radweg der Hauptstraße folgend, die jetzt Steinstraße heißt, wird bald ein Havelarm überquert. Linker Hand liegt nun der **Optikpark** (▸ Seite 175). Weiter geradeaus erreichen wir im Ortsteil **Steckelsdorf Ausbau** einen Verkehrskreisel, an dem wir uns links halten, um gleich wieder links auf eine ruhige Wohnstraße einzubiegen – ab hier fahren wir auf dem Havelradweg/BUGA-Radweg abseits der großen Straßen.

Auf der Radroute unterfährt man bald Eisenbahn und Bundesstraße, danach geht es, oft in Sichtweite der Havel, durch Auen, Wiesen und kleine Wäldchen. Erstes Dorf am Wegesrand ist

An der Premnitzer Havelpromenade

Böhne. Dort ist das 1661 erbaute und bis heute erhaltene „Schwedenhaus" (Im Böhner Winkel 9/10) interessant. In diesem Anwesen soll der Große Kurfürst von Brandenburg die Nacht vor dem Angriff auf das von schwedischen Truppen besetzte Rathenow verbracht haben.

Über **Bützer** geht es weiter nach **Milow**. Hier lohnt das Naturpark-Zentrum Westhavelland mit einer interessanten Ausstellung zu Geschichte und Natur des Havellandes einen Besuch. Sehenswert ist auch der historische Ortskern mit der Fachwerkkirche.

In Milow geht es über die Havelbrücke weiter in Richtung Osten. Nach weiteren zwei Kilometern ist der Ortsrand von **Premnitz** erreicht. Hier wird rechts abgebogen. Auf dem Radweg an der Bundesstraße, die hier Alte Hauptstraße heißt, fahren wir zunächst durch den ältesten Teil der Stadt. Hier befand sich das ursprüngliche Zentrum des alten Dorfes Premnitz. Bis heute erhebt sich hier die 1858 im neoromanischen Stil erbaute evangelische Kirche.

Schnell ist die Havel erreicht und damit die BUGA-Anlagen von Premnitz. An der neuen **Uferpromenade** sind nahe des Bootsanlegers ein Auenwald, fantasievolle Spielplätze und ein Aussichtsturm entstanden. Von der Promenade führt ein Grünzug ins neue Zentrum der Kleinstadt.

Die idyllisch an der Havel gelegene Stadt im Naturpark Westhavelland war seit dem 19. Jahr-

NABU-Naturparkzentrum Westhavelland
Abwechslungsreiche Ausstellung zu Natur und Geschichte.
Stremmestraße 10
14715 Milow
Tel. (0 33 86) 21 12 27
www.nabu-westhavelland.de
Apr.–Okt. tgl. außer Mi 10–17 Uhr, Nov–März Do–So 10–16 Uhr

Naturbad Premnitz
Chlorfreies Schwimmbad mit 50-Meter-Sportbecken, großem Nichtschwimmerbecken mit 80 Meter langer Riesenrutsche. Im Außenbereich Spielplatz, Niedrigseilgarten und Volleyballfelder.
Bergstraße 81c
Tel. (0 33 86) 28 10 42
Mai–Sep. tgl. 10–20 Uhr

hundert ein Industriestandort, in DDR-Zeiten befand sich hier ein großes Chemiefaserwerk. Von dieser Vergangenheit zeugt heute noch der große Industrie- und Gewerbepark nordöstlich der Bahnlinie.

Das heutige neue Zentrum der Kleinstadt entstand erst in den 1990er-Jahren. Zwischen dem Bahnhof Premnitz-Zentrum und dem Havelufer finden sich rund um einen modernen Marktplatz Wohn- und Geschäftshäuser. Auch eine kleine Einkaufspassage hat hier ihren Platz gefunden.

Das auffälligste Bauwerk von Premnitz ist die **Steinbogenbrücke** nahe der Bahnstation Premnitz-Zentrum. Heute als Fußgängerbrücke genutzt, überspannen ihre beiden Bögen die Regionalbahnstrecke und die Bundesstraße B102.

An der Steinbogenbrücke beginnt auch der Rückweg nach Rathenow (alternativ kann man auch die Regionalbahn nehmen, die stündlich Premnitz mit Rathenow und Brandenburg an der Havel verbindet). Man fährt in die Fabrikstraße, die östlich der Bundesstraße beginnt. Nach 300 Metern biegt man vor den Industriebahngleisen links in die Friedrich-Engels-Straße ab. An der nächsten Kreuzung biegt man rechts ab, überquert die Industriebahngleise und fährt nun die Beethovenstraße bis zu deren Ende an der Bergstraße. Hier wird wieder rechts abgebogen.

Linker Hand liegt nun der **Postberg** mit einem Aussichtspunkt. Doch wir fahren weiter geradeaus Richtung Osten und passieren bald den **Premnitzer See**. Dieser entstand 1913 nach einem plötzlichen Wassereinbruch in der damaligen Tongrube. 1916 wurden rund um den See villenartige Wohnhäuser für die höheren Angestellten der Pulverfabrik gebaut. Gleich nach dem See biegen wir links in die Karl-Marx-Straße ein und folgen dieser bis in den Wald hinein, der hier Königsheide heißt. Auf gut befahrbaren Waldwegen geht es nun durch Kiefern- und Mischwälder bis nach Rathenow, wo man auf dem Grünauer Weg Richtung Zentrum radelt. Nachdem die Bundesstraße überquert ist, biegt man nach der Bahnunterführung rechts ab und fährt nun parallel zur Bahnstrecke bis zum Rathenower Bahnhof.

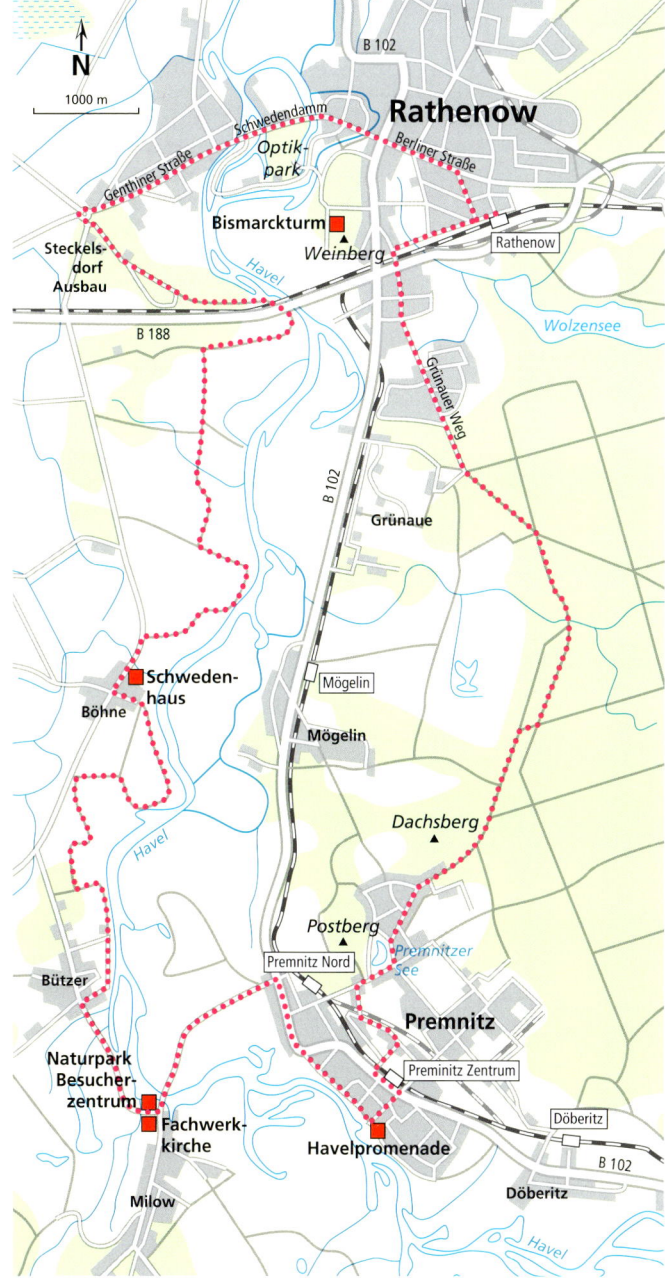

TOUR 61

An- & Rückfahrt
RE 4 stündlich von Berlin Stadtbahn nach Rathenow (ca. 1 Std.)

Stadtspaziergang

Karte ▸ Seite 173

Rathenow

Den Farben auf der Spur

Rathenow gilt als Wiege der optischen Industrie. Davon kann man sich unter anderem im Optikpark überzeugen, einem Ausstellungsort der BUGA 2015. Für gute Weitsicht sorgt auch die spektakuläre neue Bogenbrücke, die den Optikpark mit dem zweiten BUGA-Ort Weinberg verbindet.

Das in einer wald- und wasserreichen Gegend liegende Rathenow verdankt seinen Ruf als „Stadt der Optik" dem Pfarrer Johann Jacob Duncker. 1801 erhielt er das königliche Privileg zur Gründung der ersten optischen Industrieanstalt. Die von ihm entwickelte Schleifmaschine zur Fertigung von Brillengläsern und Mikroskoptechnik bereitete die Massenproduktion optischer Gläser vor und verhalf damit erstmals breiten Bevölkerungsschichten zu besserem Durchblick zu erschwinglichen Preisen.

Wegen starker Zerstörungen während des Zweiten Weltkrieges existiert die historische Stadtstruktur Rathenows nur noch in Resten. Der Altstadtkern ist klein, aber sehenswert. Man erreicht ihn zu Fuß in ca. 20 Minuten vom Bahnhof über die Bahnhofs- und Berliner Straße. Der gut ausgeschilderte Weg führt am **Kulturhaus** im Zentrum Rathenows vorbei. In dem hübsch sanierten Gebäude ist auch das Optik-Industriemuseum untergebracht. Es verfügt über eine erstaunliche Anzahl an historisch wertvollen, teilweise einmaligen Exponaten. Sie verdeutlichen dem Besucher, dass die Optik die Grundlage vieler Geräte ist und stellen die Bedeutung des Lichtes in vielfältiger Weise dar.

Vor den Toren der Rathenower Altstadtinsel hat der **Schleusenplatz** sein historisches Aussehen weitgehend bewahrt. Hier wird der Kurfürst Friedrich Wilhelm, der in der Schlacht von Fehrbellin 1675 die Schweden besiegte und die Rathenower somit von deren Besatzung erlöste, mit einem bedeutenden barocken Denkmal geehrt.

Optik-Industrie-Museum
Im Kulturhaus.
Märkischer Platz 3
14712 Rathenow
Tel. (0 33 85) 51 90 30
www.oimr.de
Di–So 11–17 Uhr

Gaststätte
Zum Alten Hafen
An der alten Stadtschleuse, schöner Biergarten.
Am Alten Hafen 1
14712 Rathenow
Tel. (0 33 85) 4 99 27 27
www.zum-alten-hafen.de
Tgl. ab 11.30 Uhr

Eine spektakuläre Bogenbrücke verbindet den Optikpark mit dem Weinberg

Nur wenige Meter weiter erreicht man die **Altstadtinsel,** die malerisch vom Wasser der Havel umschlossen liegt. Auf einer kleinen Anhöhe steht der spätromanische Backsteinbau der **St. Marien-Andreas-Kirche** aus dem Jahre 1280. Im 16. Jahrhundert wurde sie zu einer gotischen Hallenkirche umgebaut. Der Kirchplatz selbst ist von mehreren liebevoll restaurierten Fachwerkhäusern umgeben. An der Nummer 12 zeigt eine Metalltafel das Geburtshaus Dunckers an. Über die neue **Kirchbergbrücke** gelangt man auf den **Weinberg**, einer der beiden Standorte der BUGA 2015. Für große und kleine Kinder gibt es am Weinberg seitdem den riesigen Spielplatz „Echsenland". Highlight ist eine grüne Riesenechse, in die man hineinkrabbeln kann. Gleich dahinter steht der 1914 errichtete **Bismarckturm**. Von oben hat man einen schönen Blick auf die Havellandschaft.

Noch spektakulärer ist die neue **Bogenbrücke**, die vom Weinberg aus mit elegantem Schwung über die tief unter ihr liegende Havel hinüber bis zum **Optikpark** führt. Dort angelangt, kann man die außergewöhnliche Parklandschaft mit ihren Farb- und Lichtspielen, einer Seerosenarena und einem Optik-Spielplatz erleben. Als weiteres Highlight steht das größte Brachymedial-Fernrohr der Welt im Optik-Park, erbaut von einem Rathenower Konstrukteur.

Eisbar Rokoko
Bestes Eis im Westhavelland.
Märkischer Platz 2 (am Kulturhaus)
Tel. (0 33 85) 5 53 54 12

TOUR 62

An- & Rückfahrt
RE 2, RB 10, RB 14
ab Berlin Hbf nach
Nauen
(ca. 30 Min.)

Stadtspaziergang

Altstadtcafé Nickel
Verschnaufpause mit
Kaffee, Kuchen oder
Mittagstisch. Schöner
Innenhof.
Marktstr. 3
14641 Nauen
Tel. (0 33 21) 45 30 35
www.altstadt-cafe-
nickel.de
Winter Mo–Fr 8.30–
20 Uhr, Sa/So ab 9 Uhr,
Sommer Mo–Fr 8.30–
21 Uhr, Sa/So ab 9 Uhr

Havelländer Luch
In dem von Seen, Wiesen
und Wäldern geprägten
Landschaftsgebiet kann
man seltene Vogelarten,
wie Kraniche, Fischadler
und Störche, beobach-
ten.

Nauen

Von Nauen in die Welt

Obgleich eine Kleinstadt: „Nauen kennt die Welt, und die Welt kennt Nauen." Denn nahe des 16 500-Einwohner-Städtchens befindet sich die weltweit größte und europaweit erste Funkstation. Sie liegt 4 Kilometer außerhalb der Stadt, deren historischen Altstadtkern man sich nicht entgehen lassen sollte.

Um in die historische **Altstadt** zu gelangen, läuft man vom Bahnhof die Dammstraße in südlicher Richtung hinunter. Am Beginn der Altstadt geht es links in die **Wallgasse** hinein. Sie wurde zu Beginn des 18. Jahrhunderts auf den Resten der abgetragenen Stadtmauer erbaut und war lange Zeit von den ärmeren Bevölkerungsschichten bewohnt. Sie lebten, anders als die reicheren Ackerbauern, von der Ziegen-, Schaf- und Hühnerhaltung. Rund um die Steintreppe, den so genannten Zickenberg, wurden die Tiere geweidet.

Am Ende der Wallstraße führt der Weg in die **Lindengasse**, die auf die Lindenstraße stößt; dort biegt man rechts ab und schlendert zur **Jüdenstraße** bis zur Jacobikirche an der Mittelstraße. Sie wurde im 12. Jahrhundert erbaut und ist damit älter als die Stadt Nauen, die ihre Stadtrechte Ende des 13. Jahrhunderts erhielt. Doch vom Original des Gotteshauses ist nur noch der Turmunterbau erhalten. Nach einem Brand im Jahre 1695 wurde sie im spätgotischen Stil wiederaufgebaut, der ihr äußeres Erscheinungsbild nach umfassenden Sanierungsarbeiten heute wieder bestimmt.

Die **Mittelstraße** erzählt vom wirtschaftlichen Aufschwung Nauens an der Wende vom 19. zum 20. Jahrhundert Vor allem die Bürgerhäuser zeugen davon: das Voss'sche Haus Nr. 33, das Barz'sche Haus Nr. 12–16 und das Rumpf'sche Haus an der Ecke zur Marktstraße, der heutigen Geschäftsstraße Nauens.

Der kurze Rundgang führt nun über die **Markt-** und die **Baderstraße** zurück zur Dammstraße und zum Bahnhof. Wer die Atmosphäre der kleinen Gassen noch ein wenig genießen möchte, der sollte über die **Goethestraße,** deren Haus Nr. 52 den „Alten Fritz" im Jahre 1732 kurzzeitig beherbergte, Richtung Rathaus weiter zur Mauerstraße spazieren. Ihr Name und Verlauf deutet es bereits an: hier verlief einst der westliche Teil der Stadtmauer. Auch wenn die heutige Mauer nichts mit der alten Festung zu tun hat, der Spaziergang entlang der Grenze zum Garten des Landratsamtes lohnt sich.

Löst man den Blick vom alten Pflasterstein und der von Efeu umwucherten roten Backsteinmauer, schiebt sich immer wieder das Dach des alten **Wasserturms** in den Blick. Der 1898 erbaute Turm versorgte lange Jahre die umliegenden Häuser mit Wasser und steht heute unter Denkmalschutz. Vorbei am Goethe-Gymnasium geht es nun über die Georgen- zur Dammstraße und zum Bahnhof zurück.

Heute ist Nauen ein beliebter Wohnort für Pendler, die in Berlin arbeiten, aber im Grünen wohnen möchten. Dank der guten Bahnanbindung kann man das Berliner Stadtzentrum in einer halben Stunde erreichen.

Wer jetzt noch wenigstens in die Nähe der **Funkstation** gelangen will, nimmt den Fuß- und Radweg entlang der B273 bis zum 3 Kilometer entfernten Ortsteil **Am Weinberg.** Von dort führt eine Straße zur historischen Funkstation – die allerdings mit einer Schranke versperrt ist. Seit 2008 gehört die Sendeanlage dem Unternehmen Broadcast Media. Nur zu besonderen Anlässen darf die Öffentlichkeit die Anlage besichtigen. 40 000 Quadratmeter umfasst das Gelände der Funkstation, dessen Hauptgebäude heute unter Denkmalschutz steht. Der 1920 eingeweihte Bau wurde von dem Werkbund-Architekten Hermann Muthesius entworfen.

Stadtbad Nauen
Freibad mit 40 Meter langer Wasserrutsche.
Karl-Thon-Straße
14641 Nauen
Tel. (0 33 21) 45 50 67
Mitte Mai–Mitte Sep. tgl. je nach Wetter

Käthe-Kollwitz-Schule in der Altstadt

TOUR 63

Anfahrt
RE 2 stündlich ab Berlin Hbf nach Paulinenaue (ca. 45 Min.)

Radtour
Paulinenaue – Ribbeck – Nauen

Länge
18 km

Rückfahrt
RE 2, RB 10, RB 14 mehrmals stündlich ab Nauen nach Berlin (ca. 30 Min.)

Ribbeck

Rund um den Birnbaum

„Herr von Ribbeck auf Ribbeck im Havelland, ein Birnbaum in seinem Garten stand …". So beginnt die berühmte Ballade von Theodor Fontane. In Ribbeck dreht sich bis heute fast alles um den Birnbaum und seine Geschichte.

Ankunft in **Paulinenaue,** einem Dorf im Havelland. Ruhig ist es hier, der Blick reicht weit über Felder und Wiesen. Von der Südseite des Bahnhofs biegt man links in die Bahnhofstraße, die bald zu einer Allee mit alten Bäumen wird, gesäumt von meist eingeschossigen Häusern. Am Ende von Paulinenaue fahren wir links in den Bienenfarmweg. Auf der wenig befahrenen Landstraße sind es 3 Kilometer, bis auf Höhe des kleinen Flugplatzes rechts ein Hinweisschild nach Ribbeck weist.

Vorbei am **Kinderbauernhof Marienhof** taucht nach 3 Kilometern ein Dorf mit Bilderbuchpanorama auf: **Ribbeck.** Am Ortseingang steht eine Art Hochsitz, darauf ein großes Schild: „Ein weites Feld". Ein Ausspruch von Theodor Fontane. Fontane war es auch, der Ribbeck berühmt gemacht hat.

In Ribbeck sollen sie gelebt haben, der großzügige Gutsherr und sein hartherziger Sohn. Hier stand das **Gutshaus,** das Fontane zu seinem Gedicht inspirierte. An der Stelle des Gutshauses erstrahlt heute das Schloss, das 1897 im neoba-

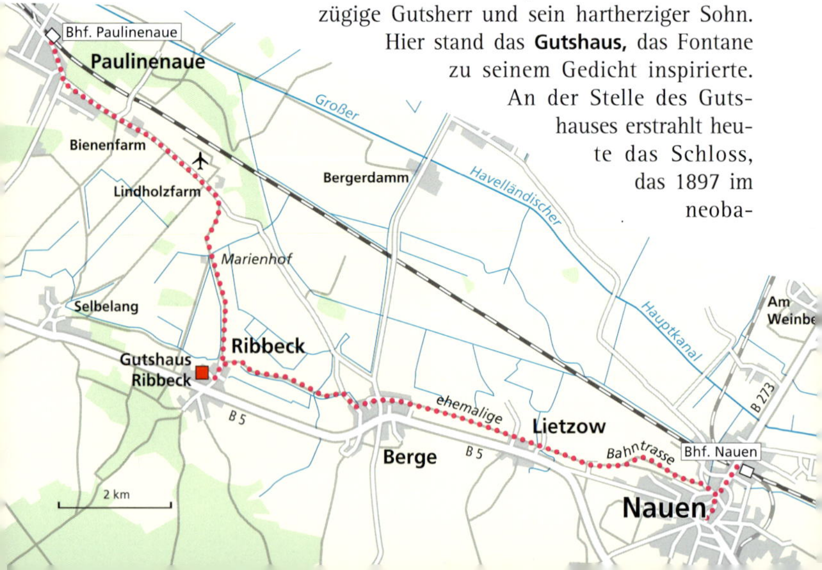

Schloss Ribbeck wurde an der Stelle des berühmten Gutshauses erbaut

rocken Stil erbaut und kürzlich restauriert wurde. In einer Ausstellung im Schlossgebäude wird die Geschichte der Familie von Ribbeck erzählt. Aber auch zum Dorf, zur Geschichte des Schlosses und zu Theodor Fontane erfährt man einiges.

Gleich nebenan, auf dem weiten Platz in der Dorfmitte, steht die kleine **Kirche,** in deren Hof der Birnbaum stand. Heute kann man an seiner Stelle einen neuen Birnbaum andächtig betrachten. In der Kirche gibt es neben Kaffee und Kuchen auch Birnen zu kaufen – und etliche Ausgaben der Ribbeck-Ballade.

Auch in der hübsch renovierten **Dorfschule** am Platz, in der ein Schulmuseum und die Tourist-Information untergebracht sind, werden Ribbeck-Souvenirs angeboten, im Museumsshop des Schlosses sowieso. Fast könnte man sich in Ribbeck wie in einem Freiluftmuseum fühlen. Zum Glück kreuzen aber ab und zu Bäuerinnen in Kittelschürzen den Weg der Besucher.

Weiter geht die Radtour auf dem sehr gut ausgebauten Havellandradweg Richtung Osten. Der Weg verläuft abseits vom Autoverkehr auf einer ehemaligen Bahntrasse. Dabei nähert man sich auf dem Weg Richtung Nauen einigen Dörfern von der Rückseite, so dass man eine viel reizvollere Ansicht als von der Autostraße aus bekommt. Nach ca. 10 Kilometern ist dann das Städtchen **Nauen** mit seiner gut erhaltenen Altstadt erreicht (▶ Seite 176).

Alte Schule
Touristinformation, historisches Klassenzimmer, Café mit Gartenplätzen.
Am Birnbaum 3
14641 Ribbeck
Tel. (03 32 37) 8 54 58
www.alteschule-ribbeck.de

Schloss Ribbeck
Sehenswerte Ausstellung, Restaurant mit Cafégarten.
Theodor-Fontane-Straße 10
14641 Ribbeck
Tel. (03 32 37) 85 90-0
www.schlossribbeck.de
Tgl. 10–17 Uhr

TOUR 64

- Neustadt (Dosse)
- Friesack (Mark)
- Paulinenaue

An- & Rückfahrt
RE 2 stündlich ab Berlin Stadtbahn nach Friesack (ca. 50 Min.)

Radtour
Friesack – Görne – Schönholz – Stölln & zurück

Länge
36 km hin & zurück

Karte ▸ Seite 183

Heimatmuseum
Historische Gegenstände dürfen angefasst und technische Geräte bewegt werden, deshalb eignet sich das Museum auch für Kinder.
Marktstraße 19
14662 Friesack
Tel. (03 32 35) 15 37
Di/Do 13–15 Uhr

Stölln

Zum ersten Flieger

Wie kommt ein Düsenclipper ins Maisfeld? Die Antwort auf diese Frage kann man bei einer Radtour durch das sanft hügelige Westhavelland finden – und dabei noch einen Ort der BUGA 2015 entdecken.

Unsere Tour beginnt in Friesack, einer Kleinstadt etwa 60 Kilometer westlich von Berlin. Vom Bahnhof führt ein Radweg in das 2 Kilometer entfernte Städtchen. Dass **Friesack** einmal bedeutender war als heute, ahnt man am großen Marktplatz. An der lang gezogenen, kopfsteingepflasterten Platzanlage stehen historische Fachwerkhäuser, gegenüber thront das renovierte Rathaus. Der Marktplatz war in früheren Jahren ein Umschlagplatz für Waren aller Art und für Vieh. In der alten Schlossereischmiede, einem hübsch sanierten Fachwerkgebäude am Markt, ist heute das Friesacker **Heimathaus** mit Stadtbibliothek und kleinem Heimatmuseum untergebracht.

Auch eine Burg gab es einst in Friesack. Sie soll schon existiert haben, als Albrecht der Bär 1150 in die Mark kam. Später lebten dort Raubritter, die wiederum vom Burggrafen Friedrich VI. von Hohenzollern vertrieben wurden. Die Burg ist im Laufe der Zeit mehrfach abgebrannt. An ihrer Stelle errichtete die Gutsfamilie derer von Bredow zwei Herrenhäuser, die allerdings zu DDR-Zeiten entweder abgerissen oder durch Feuer zerstört wurden. Die Bredows gehörten seit dem 14. Jahrhundert zu den einflussreichsten Familien der Mark Brandenburg.

Doch nun weiter: An der großen Kreuzung am südlichen Ortsende biegen wir rechts in Richtung Stölln ab. Aber nur, bis links die Abzweigung nach Görne kommt (sie ist ausgeschildert). Jetzt wird es richtig schön: Die kaum befahrene Straße führt mitten durch das sanft hügelige **Ländchen Friesack** – Wiesen und Felder wechseln sich mit Kiefern und Mischwäldern ab.

Nach 5 Kilometern ist **Görne** erreicht – ein idyllisches Dorf in einem Taleinschnitt inmitten von ausgedehnten Getreidefeldern. Mitten im Dorf steht ein weiteres Gutshaus der Familie von Bredow. An der Fachwerkkirche mit Schindelturm am westlichen Ende der Dorfstraße fahren wir geradeaus und folgen dem Wegweiser Richtung Schönholz, das man auf einem geteerten Fahrweg nach ca. 9 Kilometern erreicht. Dort ist der Weg nach Stölln ausgeschildert.

Jetzt haben wir das **Ländchen Rhinow** erreicht. Das unterscheidet sich vom Ländchen Friesack, das wir hinter uns gelassen haben, vor allem dadurch, dass die Hügel hier noch etwas höher sind. Bis zu 110 Meter nämlich, und das ist für das ansonsten flache Havelland eine ganz beachtliche Höhe.

Kurz vor dem Ortseingang von Stölln taucht es rechter Hand auf: ein Düsenflugzeug hinterm Maisfeld. Deutlich zu erkennen ist der Schriftzug Interflug auf dem Rumpf. Wie kommt der Düsenclipper ins Maisfeld? Um das herauszufinden, müssen wir allerdings den Hügel hinunter nach Stölln fahren.

Stölln hat 340 Einwohner, ein Restaurant, einen Segelflugplatz – und ein 4-strahliges Düsenflugzeug auf grüner Wiese. Schuld daran,

Jet im Maisfeld: In einer ausrangierten Il 62 der Interflug kann man sich über die DDR-Fluggesellschaft informieren – und heiraten

TOUR 64

Stölln

Auf dem Gollenberg machte Otto Lilienthal seine Flugversuche – heute führt der Schäfer seine Herde hierher

dass der Jet hier steht, ist Otto Lilienthal, jedenfalls indirekt. Der Flugpionier kam ab 1893 nach Stölln, um Flugversuche mit seinen selbst gebauten Fluggeräten zu machen. Vom 110 Meter hohen **Gollenberg**, der sich gleich neben dem heutigen Flugplatz erhebt, hob Lilienthal ab. Hier fand er ideale Bedingungen vor. So flog Lilienthal bis zu 250 Meter weit. Auch schaffte er es, in der Luft eine Kehrtwende zu machen. Am 9. August 1896 hatte er bereits einige erfolgreiche Flugversuche absolviert. Bei seinem letzten Flug aber erfasste unerwartet eine Windböe das Fluggerät – Lilienthal stürzte aus einer Höhe von 17 Metern senkrecht ab. Schwer verletzt wurde er in eine Klinik nach Berlin gebracht. Dort starb er am folgenden Tag an seinen schweren Wirbelsäulenverletzungen.

Gut 90 Jahre später beschloss man in Stölln, ein Lilienthal-Museum einzurichten. Und wollte dafür ein ausrangiertes Düsenflugzeug haben. Gesagt, getan: An einem schönen Oktobertag im Jahr 1989 landete eine riesige Iljuschin 62 mit einem waghalsigen Landemanöver auf der Graspiste (!) in Stölln. Die Landung, die ins Guinnessbuch der Rekorde einging, kann man heute auf einem Video im Flugzeug noch einmal erleben.

via Tipp

Fliegerpark Stölln
Rund um das Interflug-Flugzeug gibt es Pflanzen auf Steppengleitern, einen Naturerlebnispfad und einen Aussichtspunkt zu entdecken.

Der Langstreckenjet stand seit 1973 in den Diensten der DDR-Fluglinie Interflug. Im vorderen Teil des Fliegers befindet sich eine Ausstellung über die Entwicklung der Il 62 und deren Einsatz bei der Interflug. Hinten hat man ein Standesamt eingerichtet. Die Maschine wird auch liebevoll „Lady Agnes" genannt, nach dem Vornamen von Lilienthals Ehefrau.

Auch die BUGA 2015 huldigte dem Flugpionier: Rund um das Fluggelände ist der Fliegerpark entstanden. Hier locken ein Naturerlebnispfad und ein Aussichtpunkt.

Außerdem wurde zwischen Flugplatz und Dorf ein Flieger- und Landschaftspfad angelegt. Auch das Lilienthal-Centrum in Stölln wurde in das BUGA-Konzept miteinbezogen.

Otto Lilienthal hat mit seinen bahnbrechenden Flugversuchen Grundlagen für die Entwicklung der modernen Fliegerei geschaffen. Das Centrum befindet sich in der „Alten Brennerei", bietet eine Ausstellung zu Otto Lilienthal und informiert über Flugtechniken.

Jetzt wäre es schön, zurückfliegen zu können. Oder wenigstens von Stölln die Eisenbahn zu nehmen. Doch der Bahnhof im nahen **Rhinow** ist seit Dezember 2003 geschlossen. Also stärken wir uns noch im Gasthof „Schwalbennest" nahe dem Museumsflugzeug. Und treten dann die Rückreise mit dem Rad durch das schöne, hügelige Westhavelland nach Friesack an.

Flugsportverein Otto Lilienthal
Rundflüge mit Motor- und Segelflugzeugen.
Tel. (03 38 75) 3 05 35
www.edor.de

Hotel-Restaurant Schwalbennest
Gasthof mit Blick auf „Lady Agnes".
Am Gollenberg 2c
14728 Stölln
Tel. (03 38 75) 9 09 34

Lilienthal Centrum Stölln
Dauerausstellung über Otto Lilienthal und Flugtechnik.
Otto-Lilienthal-Straße 50
14728 Gollenberg
Tel. (03 38 75) 9 06 90
www.otto-lilienthal.de
März Sa/So 11–16,
Apr.–Okt. Di–So 10–17,
Nov.–Feb. So 11–16 Uhr

TOUR 65

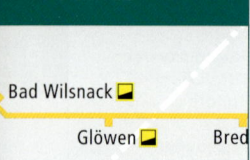

Bad Wilsnack
Glöwen   Bred

An- & Rückfahrt
RE 2 stündlich ab Berlin Stadtbahn bis Glöwen (ca. 1 Std. 10 Min.) und
BUS 900 bis Havelberg (Mo–Fr stündlich, Sa/So alle zwei Stunden) oder
Radtour nach Havelberg (ca. 20 km hin & zurück)

Stadtbesichtigung

Havelberg

Hansestadt im Grünen

Eine Tour nach Havelberg lohnt sich gleich aus mehreren Gründen: wegen der schönen Lage der Stadt an der Havel, wegen des einzigartigen Doms und wegen der Attraktionen, die die BUGA 2015 hinterlassen hat.

Wer mit der Bahn nach Havelberg fährt, kommt am Bahnhof Glöwen an. Von dort fährt der Bus 900 ins 10 Kilometer entfernte Havelberg. Wer das Fahrrad dabei hat, kann einen sehr schönen Radweg durch Wälder, Felder und Dörfer bis nach Havelberg nehmen.

Lange Zeit gehörte die über 1 000 Jahre alte Hanse- und Bischofsstadt zu Brandenburg, heute liegt Havelberg in Sachsen-Anhalt. Das Zentrum des idyllischen Städtchens mit 6 700 Einwohnern liegt auf einer Insel in der Havel.

Nördlich gegenüber, auf der anderen Havelseite, erhebt sich am Bischofsberg der mächtige Havelberger Dom mit dem Dombezirk. Verbunden sind beide Ortsteile durch die Dombrücke.

Die Stadt hat eine lange, bewegte Geschichte: Schon zur Zeit der slawischen Besiedlung befand sich auf dem Havelberg ein slawisches Heiligtum. Nach der Vertreibung der Slawen durch Kaiser Otto I. ließ dieser hier im Jahr 948 das Bistum Havelberg gründen. Ab dem 11. Jahrhundert wurden der Dom, das Kloster und die Inselstadt errichtet.

Havelberg gewann rasch an Bedeutung: Neben Ackerbau und Viehzucht bildete die Fischerei die wichtigste wirtschaftliche Grundlage der Stadt. Die günstige Lage nahe des Zusammenflusses von Havel und Elbe führte dazu, dass die Havelberger im Mittelalter das Verkaufsrecht für Fische und Krebse von Berlin bis Hamburg besaßen. Und Havelberg war Mitglied der Hanse. Deshalb führt die Stadt im Namen auch wieder den Zusatz Hansestadt.

Heute kann man in der historischen Havelberger **Inselstadt** zwischen behutsam instand gesetzten Fachwerkhäusern aus dem 17. und

Auf einer Anhöhe thront der Dom St. Marien

18. Jahrhundert flanieren. Auf dem Festland am anderen Havelufer lässt sich nach dem Aufstieg durch den Dombezirk der gewaltige **Dom St. Marien** bestaunen. Letzterer präsentiert sich als ehemalige romanische Basilika, die nach einem Brand im Jahr 1279 gotisch umgebaut wurde. Im Stiftsgebäude des Klosters neben dem Dom ist das sehenswerte **Prignitz-Museum** untergebracht.

Die **BUGA** war mit drei Standorten in Havelberg vertreten: In der **Stadtkirche St. Laurentius** wurden prächtige Hallenschauen inszeniert. Im **Dombezirk** wiederum wurde vieles neu gestaltet. Motto war dabei die Erkenntnis, dass alle Lebenswege von Schönheit begleitet sind. Im **Haus der Flüsse** am Havelufer kann man sich über das Biosphärenreservat Mittelelbe informieren. Wenige Kilometer von Havelberg entfernt mündet die Havel in die Elbe. Das Biosphärenreservat, das der Gegend rund um die Elbe ein unverwechselbares Gesicht gibt, ist mit seinen Auenwäldern, Stromtalwiesen, Sandufern und Binnendünen Heimat für Biber, Weiß- und Schwarzstörche und Zugkorridor für nordische Gastvögel.

Berühmt ist Havelberg auch für seinen Pferdemarkt: Jährlich am ersten Wochenende im September besuchen mehr als 100 000 Menschen dieses Ereignis mit Rummel, Marktplatz und Flohmarkt.

Tourist-Information Havelberg
Uferstraße 1
39539 Hansestadt Havelberg
Tel. (03 93 87) 7 90 91

Dom St. Marien
Domstraße 3
Apr.–Okt. Mo–Sa 10–18,
So 12–18 Uhr,
Nov.–März Mi–Sa 10–16,
So 12–16 Uhr

Prignitz-Museum
Regional- und kirchengeschichtliches Museum.
Domstraße 3
Tel. (03 93 87) 2 14 22
www.prignitz-museum.de
Apr.–Sep. Di–So
10–12 und 13–18 Uhr,
Okt.–März Mi–So 10–12
und 13–17 Uhr

Prignitz Ruppiner Land

Nord-westen

TOUR 66

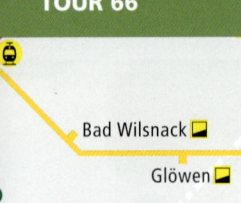

An- & Rückfahrt
RE 2 stündlich ab Berlin Stadtbahn nach Bad Wilsnack (ca. 1 Std. 25 Min.)

Stadtspaziergang & Wanderung
Bad Wilsnack – Plattenburg & zurück

Länge
10 km hin & zurück

Karte ▸ Seite 192/193

Kirche St. Nikolai
Die „Wunderblutkirche" hat wertvolle Schnitzaltäre und Wandgemälde.

Kristall Kur- und Gradiertherme
Relaxen bei Wassertemperaturen von 34–36 °C.
Am Kurpark 1
19336 Bad Wilsnack
Tel. (03 87 91) 8 08 80
www.kristalltherme-bad-wilsnack.de
So–Do 9–22,
Fr/Sa 9–23 Uhr
Therme ab 12,50 € /
7,60 € / 2 €, mit Sauna
15,50 €/ 10 € / 6 €

Bad Wilsnack

Wunder und Heilwasser

Im Mittelalter war Wilsnack das größte Pilgerzentrum Nordeuropas. Heute kommen die Gäste zum Baden in die Therme.

Im August 1383 war es, als Raubritter den kleinen Ort **Wilsnack** samt bescheidener Dorfkirche niederbrannten. Die Trümmer rauchten noch, als dem Priester von Wilsnack in den Überresten seiner Kirche ein Wunder widerfährt: Er findet drei mit Blut befleckte Hostien. Bald strömen Tausende von Pilgern herbei, um das Wunder mit eigenen Augen zu erleben. In der Hoffnung auf Heilung oder Straferlass nehmen die Pilger dafür lange Fußmärsche in Kauf. Bis ins 16. Jahrhundert ist Wilsnack einer der bedeutendsten Wallfahrtsorte in Europa. Die Pilger leisten hohe Abgaben und machen so den Neubau der Kirche möglich. Die Wunderblutkirche St. Nikolai wird schließlich so groß wie ein Dom: 58 Meter lang und 40 Meter breit. Nie ganz fertig gestellt, und deshalb ohne Türme, überragt **St. Nikolai** bis heute die kleine Stadt. Sehenswert sind besonders die Schnitzaltäre und die wieder freigelegte Wandmalerei des Heiligen Christophorus.

Mit der Reformation kommt nach 160 Jahren das Ende des lukrativen Wallfahrtstourismus: Der erste evangelische Pfarrer verbrennt 1552 vor versammelter Gemeinde die Hostien. Wilsnack versinkt in die Bedeutungslosigkeit. Das ändert sich erst gut 350 Jahre später wieder: 1906 entdeckt der Ortsförster eisenoxidhaltige Moorerde. In der Folge entsteht eine Moorbadelandschaft. Und seit den 1920er-Jahren darf sich das Städtchen „Heilbade- und Luftkurort Bad Wilsnack" nennen. Viele Fremde kommen wieder in den Ort, in der Hoffnung auf Heilung oder Linderung von Beschwerden. Heute gibt es neben der Kurklinik auch ein großes **Thermalbad** mit Saunadorf. Das recht aufwendig gestaltete Bad ist auch beliebt bei Tagesausflüglern. Bis zu tausend Menschen planschen täglich in dem gesunden Wasser.

St. Nikolai: Die „Wunderblutkirche" von Bad Wilsnack ist fast so groß wie ein Dom

Eine sehr schöne Wanderung führt durch den Wilsnacker Forst zum abgelegenen Ort **Plattenburg**. Die dortige Burg aus dem 14. Jahrhundert ist die größte erhaltene Wasserburg Norddeutschlands. Das Bistum Havelberg kaufte die Plattenburg „mit dem Damme und der Mühle zu Groß Leppin", so die Urkunde, als Lehen für 600 Silbermark vom Markgrafen Waldemar. Fortan war sie bis 1552 der Sommer- und Lieblingssitz der Havelberger Bischöfe. Von 1560 bis 1945 bestimmte das Adelsgeschlecht derer von Saldern die Geschicke auf der Burg.

Der Weg zur Plattenburg führt vom Bahnhof Bad Wilsnack über den nördlichen Ausgang zunächst an der Bahnstrecke (Richtung Berlin) entlang. Außerhalb der Stadt zweigt der Weg, markiert als Meilensteinweg, halb links ab. Diesem Meilensteinweg folgt man und kommt nach ca. 5 Kilometern nach Plattenburg. Am Ortseingang kann man einen Blick auf Schmidts Hof werfen: Hier werden gefährdete Haustierrassen gezüchtet und landwirtschaftliche Produkte auf traditionelle Weise hergestellt. Auch ein Hofcafé gibt es.

Plattenburg
Älteste erhaltene Wasserburg Norddeutschlands. Mit Restaurant.
Auf der Burg 1
19336 Plattenburg
Apr.–Okt.
Di–So 10–16 Uhr,
Nov.–März
Fr/Sa/So 11–16 Uhr

TOUR 67

Anfahrt
RE 2 stündlich ab Berlin Stadtbahn nach Wittenberge (ca. 1 Std. 30 Min.)

Radtour
Wittenberge – Rühstädt – Bad Wilsnack

Länge
25 km

Rückfahrt
RE 2 stündlich ab Bad Wilsnack (ca. 1 Std. 25 Min.)

Karte ▶ Seite 192/193

Wittenberge

Immer an der Elbe lang

Die Elbe war lange die Lebensader von Wittenberge. Heute wendet sich die Stadt erneut dem Fluss zu: Auf den alten Fabrikgeländen am Elbufer eröffnen Kulturzentren und gastronomische Betriebe. Auch für eine Radtour auf dem Elbradweg ins Storchendorf Rühstädt ist die Stadt ein guter Ausgangsort.

In Wittenberge, der alten Industriestadt in der Prignitz, dreht sich vieles ums Wasser. Der Ausbau des Elbhafens zu Beginn des 19. Jahrhunderts machte die Stadt zu einer wichtigen Station auf dem Weg zwischen Hamburg und Berlin. Bis heute kann man am Hafen viele Speicher bestaunen. Die Industrialisierung und der Handel bescherten Wittenberge besonders im 19. Jahrhundert einigen Wohlstand. Davon zeugen noch heute die Bürgerhäuser im Stadtzentrum. Und auch das Wahrzeichen der Stadt, der riesige **Uhrturm** des ehemaligen Singer-Nähmaschinenwerks, verweist auf die glorreiche Vergangenheit.

Um vom Bahnhof ins Zentrum von Wittenberge zu gelangen, nimmt man links die Bahnstraße. Diese wird im nahen Stadtzentrum zur (beschaulichen) Einkaufsstraße und teilweise zur Fußgängerzone. Neben etlichen Läden (darunter

zwei Buchhandlungen) und einigen Gaststätten gibt es hier auch ein Festspielhaus aus DDR-Zeiten. Südlich der Bahnstraße beginnt die **Altstadt**: Viele schön renovierte Fachwerkhäuser stehen hier, auch ein mittelalterliches Stadttor existiert noch. Im ältesten Gebäude der Stadt, einem 1669 erbauten Fachwerkhaus, ist heute das Stadtmuseum untergebracht. Die Altstadt zieht sich fast bis zum Flussufer. Dort schließen sich noch einige alte Hafen- und Speichergebäude an.

Um auf den Elbradweg Richtung Süden – also Rühstädt – zu gelangen, fährt man wieder ein Stück zurück auf der Bahnstraße und hält sich dann rechts (Wegweiser führen ab dem Stadtkern zum Elbradweg). Auf dem Weg dorthin passiert man die 1856 errichtete **Alte Ölmühle**. Auf dem weitläufigen Gelände mit seinen Backsteingebäuden sind heute ein Restaurant, ein Hotel und Veranstaltungsareale zu finden. Am Ufer lädt im Sommerhalbjahr eine Strandbar zum Entspannen ein. Das ganze gründerzeitliche Industriegelände besticht mit seinem Charme zwischen Verfall, neuer Zwischennutzung und anspruchsvoller Gastronomie.

Eine Radtour von Wittenberge an der Elbe entlang ist in beide Richtungen reizvoll: Sowohl nach Norden wie auch in südlicher Richtung dehnt sich das **Biosphärenreservat Flusslandschaft Elbe-Brandenburg** aus: Reste alter Auwaldbestände, weite Überschwemmungsflächen und

Das Kranhaus
Frische Gerichte aus der Region im liebevoll restaurierten Kranhaus an der Elbe, gehobenes Ambiente.
Elbstraße 4a
19322 Wittenberge
Tel. (0 38 77) 40 20 50
www.kranhaus-wittenberge.de
Mi–Mo 11.30–14.30 und 18–22 Uhr

Alte Ölmühle
Hotel, Brauhausrestaurant, Strandbar und Veranstaltungsort in einem backsteinernen Gründerzeit-Industrie-Ensemble.
Bad-Wilsnacker-Str. 52
19322 Wittenberge
Tel. (0 38 77) 5 67 99 46 00
www.oelmuehle-wittenberge.de
Tgl. von 11.30–14 und 17.30–21.30 Uhr

Stadt am Strom: Wittenberge

verlandete Altarme der Elbe prägen die Landschaft.

Unsere Tour führt elbaufwärts Richtung Storchendorf. Immer den Biegungen des Flusses, oder besser, des gut ausgebauten Elberadwegs folgend, kommt man zügig voran. Der Weg verläuft teils auf, teils neben dem Damm. Idylle hinterm Deich erlebt man in **Hinzdorf** mit seinen Bauernhäusern, der Kapelle und zwei Gasthäusern (darunter das „Pfannkuchenhaus").

Weiter bis **Bälow** führt der Weg auf einer Landstraße mit sehr wenig Verkehr. Die weite, flache Landschaft rechts und links des Weges besteht aus Wiesen, Wäldchen, kleinen Alleen und einzelnen Baumreihen.

Nach 15 Kilometern erreichen wir das Storchendorf **Rühstädt**. Storchendorf deshalb, weil in Rühstädt bis zu 40 Storchenpaare nisten. Rühstädt gilt als das storchenreichste Dorf Europas.

Mit ein bisschen Glück kann man im Frühjahr und Sommer den jungen Weißstörchen bei

ihren ersten Flugversuchen zuschauen.

Das Dorf selbst besteht vor allem aus meist hübsch renovierten Backsteinhäusern mit tief heruntergezogenen Dächern. Auf vielen Schornsteinen kann man Storchennester entdecken. Dass die Weißstörche den Sommer gern in Rühstädt verbringen, liegt nicht nur an der naturbelassenen Landschaft der Elbauen, sondern auch an der Storchenliebe der Rühstädter: die hatten vor 40 Jahren damit begonnen, Nistunterlagen auf ihren Dächern zu bauen.

Mehr über das Leben der Weißstörche erfährt man im **NABU-Besucherzentrum** in Rühstädt. Auch im **Storchenhaus** dreht sich alles um „Adebar".

Sehenswert in Rühstädt sind auch das **Schloss** und der Schlosspark. Das Schloss, das ursprünglich eine Wasserburg war, wird heute als Hotel genutzt.

Von Rühstädt fahren wir wieder landeinwärts. Über gut zu befahrende, meist asphaltierte Wege und kleine Straßen geht es durch flache Landschaft zunächst in das abgelegene Dorf Legde und weiter ins ca. 12 Kilometer entfernte Bad Wilsnack (▶ Seite 188).

NABU-Besucherzentrum
Neuhausstraße 9
19322 Rühstädt
Tel. (03 87 91) 9 80 24
Apr.–Sep. Di–So 9.30–18 Uhr,
Okt. 11–17 Uhr

Storchenhaus Rühstädt
Tel. (03 87 91) 67 03
www.storchen-club.de
Apr.–Sep. Mo–Fr 10–16, Sa/So 12–16 Uhr, Okt.–März Mo–Fr 9–15 Uhr

Schlosshotel Rühstädt
Tel. (03 87 91) 8 08 50
www.schlosshotel-ruehstaedt.de
DZ ab 110 €

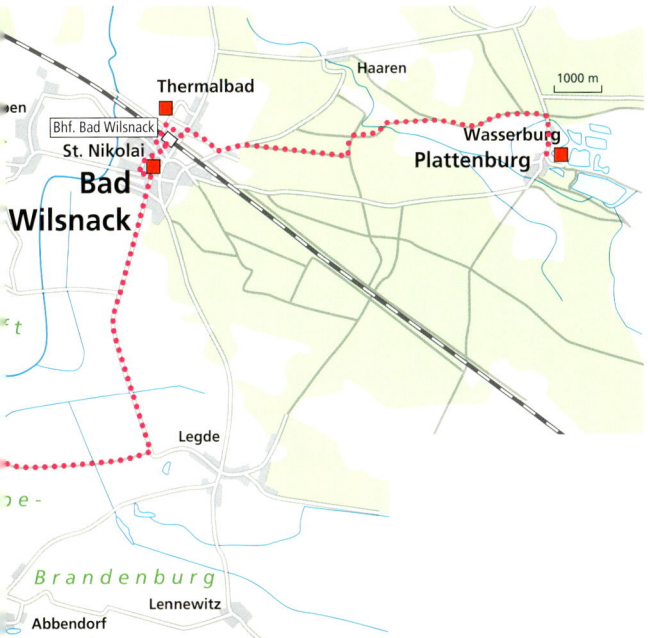

TOUR 68

An- & Rückfahrt
RE 6 stündlich ab
Berlin-Spandau
(ca. 1 Std. 30 Min.)
und Hennigsdorf
(ca. 1 Std. 10 Min.)
nach Wittstock

Stadtspaziergang

Wittstock

Die Schweden kommen

Wittstock ist eine kleine Stadt mit engen, kopfsteingepflasterten Straßen und einer fast vollständig erhaltenen Stadtmauer.

Die Stadtmauer aus Backstein ist 2,5 Kilometer lang und bis zu 7 Meter hoch. Besonders wegen dieser Mauer galt die Stadt in der Ostprignitz als uneinnehmbar. Bis 1636, als im Dreißigjährigen Krieg die Schweden kamen: Unter dem Befehl von Stefan Baner schlug das schwedische Heer am Scharfenberg vor den Toren Wittstocks die kaiserlichen und sächsischen Truppen. Damit sicherten sich die Schweden für lange Zeit die Vorherrschaft in weiten Teilen Deutschlands.

In Schweden lernt das jedes Schulkind – und kennt damit auch Wittstock. Kein Wunder also, dass dort die meisten ausländischen Touristen aus Schweden sind.

Doch Touristen wird in Wittstock einiges mehr geboten: Die Stadt wurde in den letzten Jahren hübsch herausgeputzt. Das **Rathaus** mit seinen imposanten Giebeln ist restauriert, ebenso die **Altstadt** rund um den Marktplatz, der von Gründerzeit- und Jugendstilhäusern aus dem 18. und 19. Jahrhundert umgeben ist. Vom 68 Meter hohen Turm der **St.-Marien-Kirche** kann man deutlich sehen, wie stark geschlossen sich das historische Ensemble präsentiert.

Entlang der **Stadtmauer** sind über 30 Wiekhäuser zu bewundern. Von den drei Stadttoren ist noch eines erhalten, das Gröpertor. Die Stadtmauer selbst lädt mit einer Promenade, einer naturnah gestalteten Parkanlage und Gaststätten zum Flanieren ein.

Das Wittstocker Rathaus steht am Marktplatz

Nahe den Toren der Stadtmauer, beim ehemaligen Schlachtfeld am Scharfenberg, stehen die Reste der **Bischofsburg**: Dort residierten zwischen 1271 und 1571 die Havelberger Bischöfe. Heute existiert von der Burg nur noch der 32 Meter hohe **Amtsturm**. In dem Gebäude ist auf mehreren Stockwerken das „Museum des Dreißigjährigen Krieges" untergebracht. Glanzstück der Ausstellung ist eine Erstausgabe des „Simplicissimus" von Hans Jakob von Grimmelshausen.

Ganz in der Nähe der Bischofsburg liegt seit 1997 der **Schwedenstein**. Er markiert die Stelle, wo der siegreiche schwedische Feldherr einst seinen Dankgottesdienst feierte. Alle zwei Jahre erinnert ein großes Spektakel an die Schlacht. Unter dem Titel „Die Schweden kommen" werden viele der einstigen Ereignisse nachgespielt, inklusive Rathauserstürmung und Stadtplünderung.

Nach dem Zusammenbruch der DDR kämpften die Bürger von Wittstock eine andere Schlacht. Diesmal war die Bundeswehr der Gegner. Sie wollte in der Wittstocker Heide, gleich östlich der Stadt, einen Bombenabwurfplatz einrichten, wie es schon zu DDR-Zeiten einen gab. Dabei eignet sich das riesige Areal viel besser zum Spazierengehen oder Radfahren. Dieser Einsicht beugte sich nach 20 Jahren des Bürgerprotestes und unzähligen verlorenen Gerichtsverfahren schließlich auch die Bundeswehr und gab ihre Pläne auf.

Entlang der Stadtmauer sind über 30 Wiekhäuser erhalten

Tourist-Information
Walter-Schulz-Platz 1
16909 Wittstock
Tel. (0 33 94) 43 34 42
www.wittstock.de
Di–Sa 10–17 Uhr,
So/Fei 13–16 Uhr

Museum des Dreißigjährigen Krieges
Sehenswertes Museum in der alten Bischofsburg.
Amtshof 1–4
16909 Wittstock
Tel. (0 33 94) 43 37 25
Mai–Aug. Di–Do 9–17, Fr 9–15, Sa/So 11–16.30 Uhr,
Sep.–Apr. Di–Do 9–16, Fr 9–14, Sa 13–16, So 11–16.30 Uhr

TOUR 69

thal Wittstock
tz) (Dosse)

Dossow (Prignitz)
Fretzdorf

Anfahrt
RE 6 stündlich ab Berlin-Spandau (ca. 1 Std. 30 Min.) und Hennigsdorf (ca. 1 Std. 10 Min.) nach Wittstock

Radtour
Radwanderung auf dem Bischofsweg nach Heiligengrabe

Länge
15 km

Rückfahrt
RE 6 alle 1–2 Stunden ab Heiligengrabe nach Hennigsdorf und Berlin (Entfernung zum Bhf ca. 1 km)

Heiligengrabe

Auf dem Bischofsweg

Auf den Spuren der Bischöfe führt eine Radroute durch die Prignitz. Wer will, kann die insgesamt 95 Kilometer lange Tour von Wittstock bis ins altmärkische Havelberg machen, vorbei an alten Städten, Kirchen und Klöstern. Weniger ambitionierten Radlern sei hier die Strecke von Wittstock nach Heiligengrabe empfohlen, der schönsten Klosteranlage in Brandenburg.

In **Wittstock** startet man entweder am Bahnhof, oder besser, nach einer Stadtbesichtigung vom Amtsturm aus (▸ Seite 195). Der Turm, ursprünglich Teil der Bischofsburg, gehört schon zu den Sehenswürdigkeiten der Radroute.

Vom **Amtsturm** geht es durch die Stadtmauer hindurch und über zwei Bahngleise hinweg in die Schützenstraße. Dieser folgen wir in südlicher Richtung. Bald kann man linker Hand den **Schwedenstein** bewundern, an dem die siegreichen Skandinavier einst ihres Sieges gedachten (▸ Seite 195).

Unser Weg führt weiter Richtung Süden, auf einem gut befahrbaren Rad-Fuß-Weg entlang der Rosa-Luxemburg-Straße. Auf diesem verlässt man Wittstock. Nach etwa 3 Kilometern biegen wir hinter dem Ortsteil **Scharfenberg** (mit Ausflugslokal) rechts in einen Waldweg ab (nicht vorher dem „Klosterweg" folgen!). Auf dem teil-

Kloster Heiligengrabe

weise sandigen Fahrweg fährt man immer geradeaus durch den Wald. Ab der Autobahn-Überführung geht es dann auf einem Teer-/Betonweg durch die flache Landschaft. Die etwas verschlafen wirkenden Dörfer **Papenbruch** und **Blandikow** werden durchquert, der purpurne Bischof weist weiterhin den Weg.

Ab Blandikow führt ein Radweg durch die jetzt leicht hügelige Landschaft Richtung Heiligengrabe. **Heiligengrabe,** das nach ca. einer Stunde Radfahrt erreicht wird, sieht zunächst unspektakulär aus. Die Attraktion des Ortes versteckt sich am nordwestlichen Rand hinter einer Grünanlage: Das **Kloster** zum Heiligengrabe. Hier ändert sich schlagartig das Bild, man taucht plötzlich ein in eine Welt der Kontemplation. Die Anlage ist im Stil der Backsteingotik errichtet, Fachwerkhäuschen ergänzen das kleine „Dorf im Dorf". Grünanlagen und Kräutergärten sorgen für eine Atmosphäre der Ruhe, Ordensschwestern in hellblauen Trachten kreuzen die Wege der Besucher.

Das 1287 gegründete Zisterzienserkloster ist das einzige in Brandenburg, das eine vollständige Klosteranlage mit Stiftskirche, Konventsgebäude und Kreuzgang aufweist. In der Zeit vor der Reformation war Heiligengrabe ein Wallfahrtsort. Bis heute ist es ein Frauenkloster. In der 1512 geweihten Kapelle finden regelmäßig Konzerte statt.

Nach so viel Erbauung kann man nun die Bischofstour weiter Richtung Pritzwalk fortsetzen – oder vom nahen Bahnhof Heiligengrabe aus die Rückfahrt antreten.

Kloster Heiligengrabe
Stiftsgelände 1
16909 Heiligengrabe
Tel. (03 39 62) 80 80
klosterstift-
heiligengrabe.de
Führungen:
März–Dez. Di–So, Feb. Sa/So 14 Uhr (Karfreitag und in den Weihnachtsferien keine Führungen) Start an der Heiliggrabkapelle

Museum
Ausstellungen zur Klostergeschichte.
März und Okt.–Dez. Di–So 11–16 Uhr,
Apr.–Sep. bis 17 Uhr,
Feb. Sa/So 11–16 Uhr

TOUR 70

[Netzeband]
[a]lsleben (b Neuruppin)
[Neuruppin West]
[Neuruppin Rheinsberger Tor]
[Wustrau-Radensleben]
[Beetz-Sommerf[eld]]
[Kremmen]
[S[…]]

An- & Rückfahrt
RE 6 stündlich ab Berlin-Spandau (ca. 1 Std.) und Hennigsdorf (ca. 40 Min.) nach Neuruppin Rheinsberger Tor

Stadtspaziergang

Museum Neuruppin
Fontane-Zimmer, Schinkel-Zimmer, Neuruppiner Bilderbogen als Reprint zum Verkauf.
August-Bebel-Str. 15
16816 Neuruppin
Tel. (0 33 91) 3 55 51 00
Apr.–Sep. Di–So 10–17 Uhr, Okt.–März Di–Fr 11–16, Sa/So 10–16 Uhr

Café Tempelgarten
Brandenburgische Speisen mit Blick auf den Tempelgarten.
Präsidentenstraße 64
Tel. (0 33 91) 21 22
Mi–Sa 11–22,
So 11–18 Uhr

Fontanestadt Neuruppin

Einladend preußisch

Großzügig und freundlich wirkt die Geburtsstadt von Theodor Fontane und Karl Friedrich Schinkel. Und gleich hinter Neuruppin liegt eines der schönsten Seengebiete Brandenburgs.

Ein Sonntag im Jahr 1787: Eine Feuersbrunst wütet im mittelalterlichen Stadtkern von Neuruppin. Der starke Wind treibt die Flammen über die strohgedeckten Dächer der Fachwerkhäuser. Innerhalb weniger Stunden sind zwei Drittel der Gebäude ausgebrannt und Tausende Einwohner obdachlos.

Dies ist eine Katastrophe für die kleine Stadt am Ruppiner See – und gleichzeitig die Geburtsstunde der heute berühmten Stadtanlage: Friedrich Wilhelm II. greift tief in die Staatskasse und lässt innerhalb von 8 Jahren eine preußische Modellstadt nach einheitlichem Bauplan errichten. Es entsteht ein frühklassizistisches Ensemble mit breiten Straßen, die streng rechtwinklig aufeinander treffen. Sie werden unterbrochen von drei riesigen, quadratischen Plätzen, „auf deren Areal unsere Vorvordern wieder kleine Städte gebaut haben würden", wie der aus Neuruppin stammende Schriftsteller Theodor Fontane später bemerkt.

Fontane wurde 1819 in der Wohnung über der Löwen-Apotheke in der heutigen **Karl-Marx-Straße,** der zentralen Achse der Stadt, geboren. Sein Vater führte die Apotheke. Allerdings lebte der kleine Theodor nur bis zum siebten Lebensjahr in Neuruppin. Dann verkaufte die Familie die Apotheke und zog nach Swinemünde.

Karl Friedrich Schinkel, der große preußische Architekt, wurde 1781 ebenfalls in Neuruppin geboren. An die beiden berühmten Söhne der Stadt erinnern zwei Denkmäler und ständige Ausstellungen im Museum Neuruppin. Dort kann man auch eine weitere Erfolgsgeschichte aus Neuruppin im Original begutachten: den Neuruppiner Bilderbogen, eine Art Vorläufer heutiger

Theodor Fontanes Geburtsstadt liegt malerisch am Ruppiner See

Comic-Literatur. Das Druckwerk erschien zwischen 1810 und 1910 und bestand aus kolorierten und mit Text ergänzten Zeichnungen zum Weltgeschehen.

Gleich hinter dem Heimatmuseum liegt der **Tempelgarten,** der von Georg Wenzeslaus von Knobelsdorff entworfen wurde. Der preußische Baumeister hat die alte Stadtbefestigung in den Park miteinbezogen. Am Tempelgarten kann man auch bei Kaffee und Eierpfannkuchen in einem orientalisch anmutenden Wintergarten aus dem Jahr 1730 sitzen.

Der historische Stadtkern von Neuruppin ist fast vollständig erhalten und steht unter Denkmalschutz. Die Stadt mit den großen Plätzen macht einen gastfreundlichen Eindruck: Die breiten Straßen sind belebt, die meisten Häuser sind hübsch renoviert. In den kleineren Gassen laden Pensionen und Hotels zum Übernachten ein.

Am **Niemöllerplatz** mit seiner **Klosterkirche St. Trinitatis** öffnet sich Neuruppin zum See. Die Kirche ist der einzige Überrest des im 13. Jahrhundert gegründeten Dominikanerklosters – sie trotzte mit ihren starken Mauern den Flammen. 1836–41 wurde das Gotteshaus von Karl Friedrich Schinkel umgebaut.

Am Seeufer unterhalb der Klosterkirche starten die Schiffe zu den Fahrten über den Ruppiner See und die angrenzenden Gewässer sowie in die Ruppiner Schweiz (▶ Seite 200).

Fontane Therme im Resort Mark Brandenburg
Deutschlands größte schwimmende Seesauna direkt am Ruppiner See. Der schönste Wellness-Tempel in Brandenburg.
An der Seepromenade 21
Tel. (0 33 91) 4 03 50
www.fontane-therme.de
Mo–So 10–22 Uhr
Tageskarte ab 35 €

Gerda's Cupcake Café
Täglich frisch gebackene Kuchenspezialitäten und leichte Gerichte mit Seeblick.
An der Seepromenade 10a
Tel. (0 33 91) 65 99 79
Tgl. 9–18 Uhr

TOUR 71

Ruppiner Schweiz

Seen und Berge

Nördlich der Fontanestadt Neuruppin zeigt sich das Ruppiner Land mit idyllischen Gewässern, dichten Mischwäldern und der Schluchtenlandschaft der Ruppiner Schweiz von seiner schönsten Seite.

An- & Rückfahrt
RE 6 stündlich ab Berlin-Spandau (ca. 1 Std.) und Hennigsdorf (ca. 40 Min.) nach Neuruppin Rheinsberger Tor

(Rad-) Wanderung
Neuruppin – Altruppin – Zermützel – Boltenmühle – (Binenwalde) & zurück

Länge
32 bzw. 36 km hin & zurück

Tierpark Kunsterspring
Kunsterspring 4
16818 Kunsterspring
Tel. (03 39 29) 7 02 71
www.tierpark-kunster-spring.com
Apr.–Sep. 9–19 Uhr
Okt.–März 9–17 Uhr
794 (nur Mo–Fr) nach Neuruppin und Rheinsberg

Gasthof Boltenmühle
Im Wald 1
16818 Gühlen-Glienicke
Tel. (03 39 29) 7 05 00
www.boltenmuehle.de
DZ ab 89 €

Baden
An allen Seen möglich

Ein guter Ausgangspunkt für eine Tour in die Ruppiner Schweiz ist der **Bahnhof Rheinsberger Tor** in Neuruppin (▶ Seite 198). Von dort geht es zunächst in nördlicher Richtung über die Straße des Friedens, dann halb rechts in die Gartenstraße. Ab dem Strandbad führt der Weg am Ruppiner See entlang. Nach 4 Kilometern kreuzt man am Ortseingang von Altruppin die Bundesstraße.

Altruppin an der Nordspitze des Ruppiner Sees war einst das Zentrum der Herrschaft Ruppin, einem selbstständigen Territorium innerhalb der Mark Brandenburg. Heute ist Altruppin ein Ferienort mit Fachwerkhäusern, landschaftlich schön gelegen zwischen zwei Rhinarmen und dem Ruppiner See. Die sehenswerte Backsteinkirche St. Nicolai stammt aus dem 13. Jahrhundert.

Der Wanderweg in die Ruppiner Schweiz führt nun am Rhin entlang, überquert den Fluss an der Schleuse Altruppin und verläuft östlich am Molchow- und Tetzensee. Dabei kommt man am idyllisch gelegenen Dorf **Molchow** vorbei. Kurz vor dem Zermützelsee gabelt sich der Weg: rechts beginnt das Dorf **Zermützel,** links geht es nach **Stendenitz.** Wir nehmen den Weg nach Stendenitz und biegen bald wieder rechts ab. Der Zermützelsee liegt jetzt rechter Hand. Hinter dem nächsten Waldstück taucht bald der Tornowsee auf. Wir bleiben auf der westlichen Seite des Gewässers. Nach dem Überqueren des Flüsschens Kunster muss man sich entscheiden: Links führt der Weg durch den Wald zum **Tierpark Kunsterspring**: Dort wird einheimisches Wild gehalten, 90 Tierarten kann man bestaunen. In dem 16 Hektar großen Gehege tummeln sich auch Wölfe, die man von einer Plattform aus beobachten kann. Der Weg rechts herum führt rasch

zum Gasthaus **Boltenmühle**. Die Boltenmühle war früher eine Sägemühle. Das ursprüngliche Gebäude wurde 1718 errichtet. Es brannte jedoch 1992 nieder, wurde aber wieder aufgebaut. Bis heute rauscht ein Wasserlauf durch das Gebäude, der Binenbach. Im Sommer ist die Boltenmühle ein beliebtes Ausflugslokal.

Wer es lieber ruhiger mag, wandert oder radelt noch 2 Kilometer weiter bis ins Dorf **Binenwalde am Kalksee**. Der Ort enstand 1753 unter Friedrich II. und verdankt seinen Namen angeblich einer ländlichen Liebe des Kronprinzen, der Försterstochter Sabine. Die lebte am Ufer des Kalksees, und der Prinz soll sie dort des Öfteren besucht haben.

Zwischen dem Tornowsee und der Nordwestbucht des Kalksees erstreckt sich mit tief eingeschnittenen Tälern, Buchen und Traubeneichen das Naturschutzgebiet **Ruppiner Schweiz**. Die Hügelkuppen mit für märkische Verhältnisse Schwindel erregendem Gefälle entstanden in der letzten Eiszeit. Die höchsten Erhebungen sind 80 Meter hoch.

Nach dem „Gebirgsausflug" geht es auf bereits bekanntem Weg zurück nach Neuruppin.

Neuruppiner Fahrgastschifffahrt
Mai–Sep. tgl. Neuruppin – Boltenmühle und zurück (ab 10 Personen)
Tel. (0 33 91) 4 54 60
www.schifffahrt-neuruppin.de

TOUR 72

Rheinsberg (Mark)* RB54

Lindow (Mark)*

An- & Rückfahrt
April–Oktober
RB 54 6 x täglich ab Berlin via Löwenberg nach Rheinsberg
Im Winterhalbjahr
RE 5 stündlich nach Gransee und
BUS 784 nach Rheinsberg

Stadtspaziergang

Karte ▶ Seite 204

Schloss Rheinsberg
Tel. (03 39 31) 72 60
www.spsg.de
Apr.–Okt.
Di–So 10–18 Uhr,
Nov.–März
Di–So 10–17 Uhr
Eintritt mit Führung
10 € / 7 €
(inkl. Tucholsky-Literaturmuseum)

Seerundfahrten und Bootsverleih
Reederei Halbeck
Kurt-Tucholsky-Straße
16831 Rheinsberg
Tel. (03 39 31) 3 93 90
www.schifffahrt-rheinsberg.de
Apr.–Okt.
Mo–So 9–19 Uhr

Rheinsberg

Prinzen und Dichter

Rheinsberg am südlichen Rand der Mecklenburgischen Seenplatte ist die kulturvollste Kleinstadt Brandenburgs. Das anmutige Schloss und die schöne Lage am See inspirieren bis heute Künstler aller Art.

Sonntagnachmittag am weitläufigen **Marktplatz** von Rheinsberg: Besucher und Einheimische flanieren unter alten Kastanien- und Ahornbäumen, Fuhrleute bieten Kutsch- und Kremsertouren an, Cafés und Restaurants aller Preisklassen warten auf Gäste – und am südlichen Rand des Platzes prunkt das Schloss. Wären da nicht auch Autos, die den Marktplatz ab und zu überqueren, könnte man sich leicht in frühere Zeiten zurückversetzt fühlen.

Seine besondere Ausstrahlung verdankt Rheinsberg dem barocken Wasserschloss: Die dreiflügelige Anlage wurde nach Plänen des preußischen Hofarchitekten Knobelsdorff im 18. Jahrhundert umgebaut und ergibt zusammen mit dem großen **Schlosspark** ein reizvolles Ensemble unmittelbar am Seeufer.

Auch die regelmäßige Stadtanlage mit Bezug auf das Schloss ist Knobelsdorff zu verdanken: Nach dem großen Brand von 1740 entstanden ein- bis zweigeschossige Traufhäuser auf einem rechtwinkligen Straßenraster, das in so genannte „Quarrés" eingeteilt wurde. Die **Pfarrkirche St. Laurentius,** ein frühgotischer Granitbau, hatte die Feuersbrunst überstanden und steht heute etwas quer zum strengen preußischen Stadtgrundriss.

Dass Rheinsberg ab der zweiten Hälfte des 19. Jahrhunderts zum beliebten Ausflugs- und Luftkurort wurde, ist auch zwei Schriftstellern zu verdanken: Theodor Fontane hatte den Reiz von Stadt, Schloss und Seenlandschaft schon in seinen zwischen 1862 und 1882 erschienenen „Wanderungen durch die Mark" entdeckt. 1912 wurde Kurt Tucholsky mit der Liebesgeschichte „Rheinsberg – ein Bilderbuch für Verliebte" bekannt und setzte dem Landstädtchen ein

Im Rheinsberger Schloss lebte der junge Kronprinz Friedrich

literarisches Denkmal. Die Stadt dankt es dem Autor heute mit einer Ausstellung in der Kurt-Tucholsky-Gedenkstätte im Schloss Rheinsberg.

Das ganz von Wasser umgebene **Schloss** mit seinem kunstvoll gestalteten Park gehört zu den schönsten Schlossanlagen Brandenburgs. Dies ist hauptsächlich dem jungen Kronprinzen Friedrich, später Friedrich der Große, zu verdanken: Nachdem er von seinem Vater, dem „Soldatenkönig" Friedrich Wilhelm I., das ursprünglich mittelalterliche Renaissance-Palais geschenkt bekommen hatte, ließ der kunstbegeisterte Friedrich das Gebäude in den Jahren 1734 bis 1740 umbauen. Es entstand die symmetrische Anlage mit Rokoko-Interieur, die noch heute zu bewundern ist. Der junge Friedrich zog mit seiner frisch angetrauten Frau ins Schloss. Weit genug von seinem despotischen Vater entfernt, konnte er seinen Leidenschaften nachgehen: Der Prinz philosophierte und musizierte im Kreis von Gelehrten, Künstlern und Musikern.

Für die fantasiereiche Gestaltung des Parks und späterer Schlossanbauten ist Friedrichs

Zum Alten Fritz
Regionale Produkte, frische Zubereitung, gemütliches Ambiente.
Schlossstraße 11
16831 Rheinsberg
Tel. (03 39 31) 20 86
Di–Fr 18–23 Uhr,
Sa/So/Fei 12–23 Uhr
www.alterfritz-rheinsberg.de

Keramikmuseum
Rheinsberger Keramik aus 250 Jahren.
Kirchplatz 1
Tel. (03 39 31) 3 76 31
www.museum-rheinsberg.de
Apr.–Okt. Mo und Mi–Sa 10–18, So 12–16 Uhr,
Nov.–März Mi/Do 12–17,
Sa 10–17 Uhr

jüngerer Bruder Heinrich verantwortlich: Dieser kümmerte sich um Schloss Rheinsberg, nachdem Friedrich 1740 in Berlin ins Berufsleben eintreten musste – nach dem Tod des Soldatenkönigs wurde Friedrich König von Preußen. Heinrich, ein ebenfalls den Künsten zugewandter Mensch, widmete sich besonders der Gestaltung der Außenflächen. So entstand am Grienerick-See eine preußische Kulturlandschaft mit raffiniert angelegten Sichtachsen, Skulpturen, Grotten und Denkmälern. Prinz Heinrich residierte bis zu seinem Tod 1802 im Schloss Rheinsberg. Er ließ auch das **Schlosstheater** bauen, das im Zweiten Weltkrieg zerstört wurde und heute in neuem Glanz erstrahlt.

Die Kammeroper Schloss Rheinsberg veranstaltet alljährlich im Sommer ein internationales Opernfestival. Es treten ausschließlich junge talentierte Opernsänger auf, die auf diese Weise gefördert werden. Die sehens- und hörenswerten Aufführungen finden im Schlosspark oder im Schlosstheater statt.

Ratskeller
Brandenburgische Küche
am Marktplatz
Markt 1
Tel. (03 39 31) 22 64
www.ratskeller-rheinsberg.de
Tgl. 11–23 Uhr

**Kammeroper
Schloss Rheinsberg**
Tel. (03 39 31) 72 50
www.kammeroper-schloss-rheinsberg.de

TOUR 72

Durch das Rheinsberger Seengebiet zum Großen Zechliner See

Rheinsberg ist ein hervorragender Ausgangspunkt für Ausflüge in die Natur: Von hier aus kann man per Boot, mit dem Fahrrad oder zu Fuß durch die leicht hügelige Wald- und Seenlandschaft bis zu den mecklenburgischen Seen gelangen.

Ein schöner Ausflug beginnt am Schloss: Von hier geht es zunächst in südöstlicher Richtung um den **Grienericksee** herum, vorbei am Haupteingang des Schlossparks. Am ersten befahrbaren Waldweg biegt man rechts in den Wald ein und sieht bald rechts auf einer Lichtung zum See hin einen Obelisken. Dieses Denkmal hat Prinz Heinrich 1791 als Erinnerung für die gefallenen Soldaten des Siebenjährigen Krieges (1756–63) errichten lassen. Von hier aus hat man auch den schönsten Blick auf das Rheinsberger Schloss am gegenüberliegenden Seeufer.

Weiter geht es in Richtung Nordwesten am **Rheinsberger See** vorbei. Möglich ist ein kurzer Abstecher zur winzigen Ortschaft **Warenthin** am Rheinsberger See. Der Rad- und Wanderweg führt weiter durch den Wald und an Seen vorbei nach **Zechlinerhütte**. Auf dem Weg dorthin gibt es etliche Gelegenheiten, sich in einem der Seen mit einem Bad zu erfrischen. Wer es noch abgeschiedener liebt, radelt oder wandert weiter Richtung Norden, wo im Sommer viele stille Waldseen zum Baden einladen.

Start
Schlosspark Rheinsberg

(Rad-) Wanderung
Rheinsberg Schlosspark – Obelisk – Warenthin – Zechlinerhütte & zurück

Länge
20 km hin & zurück, Radwanderweg R4

Baden
Viele Badestellen an den Seen nördlich und östlich von Rheinsberg

Ausgangspunkt für wunderbare Touren ins Seenland: Schloss Rheinsberg

TOUR 73

An- & Rückfahrt
RE 5 stündlich ab
Berlin Hbf
nach Gransee
(ca. 50 Min.)

Stadtspaziergang

Granseer Sommermusiken
In der St.-Marien-Kirche
Apr.–Okt. vierzehntägig
am Wochenende.
www.gransee-info.de

Fallschirmspringen in Gransee
Sprungplatz
(3 km Richtung Zehdenick)
Tel. (030) 24 53 40 30
www.gojump.de
Apr.–Okt.

Gransee

Von oben gesehen

Gerade, symmetrisch angeordnete Straßen, Tore, Türme, Kirche und Wallgärten. Und alles umschlossen von einer Stadtmauer. So liegt Gransee da, zwischen den Feldern und dem Gehronsee.

Und so kann man es auch sehen, wenn man sich traut: Von oben. Nur 3 Kilometer außerhalb des Orts befindet sich nämlich der Fallschirmsprungplatz, Mutige können hier spontan einen Tandemsprung wagen.

Doch gehen wir hinein in die Stadt: **Gransee** wurde bereits 1262 gegründet, die symmetrische Anlage ist in ihrer heutigen Form allerdings erst im 18. Jahrhundert entstanden; nach einem großen Brand im Jahre 1711 wurde die Stadt vollkommen neu entworfen. Die **Pfarrkirche St. Marien,** deren Fundamente teilweise noch aus dem 13. Jahrhundert stammen, überstand diesen und andere Brände zwar nicht ohne Schäden, dennoch hat sie einige Schätze bewahrt: Besonders bestaunenswert sind ihre zwei mittelalterlichen Altäre, besonders hörenswert die Wagner-Orgel während der traditionellen Sommerkonzerte. Ein Stück nördlich der Kirche stößt man auf die Klosterruine. Bis zur Reformation gehörte das Kloster zum Orden der Franziskaner.

Wer durch Gransee spaziert, kann den ehemaligen Marktplatz mit dem **Luisen-Denkmal** nicht verfehlen. Die hiesige Bevölkerung liebte und verehrte die einstige Königin von Preußen Luise; sie war Symbolfigur im Widerstand gegen Napoleon. Im Jahre 1810 starb sie mit nur 34 Jahren. Als der Trauerzug auf dem Weg nach Berlin in Gransee Halt machte, wurde sie für eine Nacht hier aufgebahrt. Das Denkmal erinnert an dieses Ereignis, ausgeführt wurde es nach Entwürfen von Karl Friedrich Schinkel. „Das Luisen-Denkmal zu Gransee hält das rechte Maß; es spricht nur für sich und die Stadt und ist rein persönlich in dem Ausdruck ihrer Trauer. Und deshalb rührt es." Mit diesen Worten würdigt

Das Denkmal für Königin Luise steht auf dem Schinkelplatz

Theodor Fontane das Denkmal in seinen „Wanderungen durch die Mark Brandenburg".

Nur wenige Schritte sind es zur Hospitalskapelle, in der heute das Heimatmuseum untergebracht ist. Neben der Ausstellung zur Stadtgeschichte kann man auch das **Ruppiner Tor** und den Pulverturm, die nur einen Steinwurf entfernt sind, besichtigen; die Schlüssel dafür erhält man im Museum. Tor wie Turm gehören zur Stadtbefestigung; das Tor ist geprägt von spätgotischer Backsteinarchitektur der Mark, der Turm besticht durch seine schlichten geometrischen Formen. Steigt man in ihnen empor, kann man den Blick auf die Straßen der Stadt und die Umgebung genießen, ohne den Boden unter den Füßen zu verlieren.

Tour nach Meseberg

Eine schöne kleine Radtour oder Wanderung führt von Gransee nach Meseberg. Das dortige **Barockschloss** beherbergt das Gästehaus der Bundesregierung. Man verlässt die Altstadt von Gransee in westlicher Richtung durch das Ruppiner Tor und die Ruppiner Straße. An der zweiten Kreuzung biegt man links in die Oranienburger Straße ein. Von dieser zweigt nach ca. 400 Metern rechts der Meseberger Weg ab, der bald in den Wald und bis nach Meseberg führt.

Wanderung
Gransee – Meseberg & zurück

Länge
12 km hin & zurück

TOUR 74

- Vogelsang
- Zehdenick-Neuhof
- Zehdenick (Mark)
- Bergsdorf

öwenberg (Mark)

An- & Rückfahrt
RB 12 stündlich ab Berlin-Ostkreuz nach Zehdenick
(ca. 1 Std. 10 Min.)

(Rad-) Wanderung
Zehdenick – Ziegeleipark Mildenberg & zurück

Länge
14 km hin & zurück

Ziegeleipark Mildenberg
Ziegelei 10
16792 Mildenberg
Tel. (0 33 07) 31 04 10
www.ziegeleipark.de
Apr.–Nov. tgl. 10–18 Uhr
Parkeintritt & Ziegeleibahn 8 € / Kinder 4 €

Gasthaus & Pension Alter Hafen
Frische, regionale Küche, Biergarten, Wasserterasse mit Hafenblick.
Im Ziegeleipark
Ziegelei 11
16792 Mildenberg
Tel. (0 33 07) 30 18 70
www.gasthaus-alter-hafen.de
Tgl. 11.30–22 Uhr

Zehdenick

Tonstich und Ziegelstein

Zu einem technischen Denkmal der besonderen Art führt dieser Ausflug in die Tonstichlandschaft von Zehdenick. Dabei lernt man auch die wald- und wasserreiche Landschaft der Oberhavel kennen.

Ausgangspunkt für die Tour ist der Bahnhof von Zehdenick. Von hier führt ein Rad- und Fußweg zunächst parallel zur Bahnstrecke, dann durch die einzigartige Tonstichlandschaft zum **Ziegeleipark Mildenberg** (6 Kilometer).

Ende des 19. Jahrhunderts benötigte die schnell wachsende Stadt Berlin große Mengen von Mauerziegeln für den Bau von Mietshäusern und Fabriken. Hier, nördlich von Zehdenick, waren beim Bau einer Eisenbahnstrecke Tonvorkommen in hoher Qualität entdeckt worden. Idealerweise bot sich auch die nahe Havel als Wasserweg für den Transport in die Hauptstadt an. Schnell siedelten sich viele Ziegeleibetriebe an. Im Jahre 1910 war Zehdenick der größte Ziegeleistandort in Europa: In 57 Ringöfen wurden zusammen 625 Millionen Mauerziegel pro Jahr produziert. Ab 1928 begann die mechanisierte Herstellung der Ziegel: Geformt wurden die Ziegel nun mit Strangpressen und Abschneideautomaten. Nach dem Zweiten Weltkrieg entwickelte sich die Zehdenicker Ziegelindustrie noch einmal zum größten Ziegelproduzenten der DDR. Doch mit dem Einzug von Beton als Baumaterial ging die Produktion stetig zurück. 1991 wurde die letzte Ziegelei in Zehdenick geschlossen.

Um der Nachwelt die einstige Produktionsweise der Ziegelindustrie zu erhalten, wurde der Ziegelpark Mildenberg ins Leben gerufen. Hier kann man die Geschichte der Ziegelherstellung vom Tonstich über die Formung der Backsteine bis zum Brennen erleben. Neben den typischen Ringöfen, historischen Werkstätten und einer funktionstüchtigen Dampfmaschine ist auch eine **Ziegeleibahn** erhalten geblieben und wieder in Betrieb. Und mit einer **Tonlorenbahn** kann man

Im Ziegeleipark Mildenberg erfährt man, wie Ziegel hergestellt wurden

sich durch die Tonstichlandschaft fahren lassen. Im Ziegeleimuseum sind Exponate zur Geschichte der Ziegelherstellung ausgestellt.

Seit der Stilllegung der Ziegelproduktion hat sich auf dem riesigen Areal eine naturnahe Landschaft mit seltener Flora und Fauna entwickelt. Mittlerweile leben hier Rohrdommeln und Drosselrohrsänger, Biber und Fischotter.

Wer nach so viel Geschichte und Technik etwas Abkühlung braucht, findet diese am Badesee im nahen Örtchen Burgwall. Burgwall ist auch die Endstation der Tonlorenbahn, die im Ziegeleipark startet.

Nach dem kühlen Bad sollte man unbedingt noch einen Abstecher in die Stadt Zehdenick machen (von Burgwall zunächst auf der Landstraße, dann auf dem Haveluferweg).

Zehdenick ist eine Stadt am Wasser. Im Zentrum bestimmen die Schleuse, eine hydraulisch betriebene Zugbrücke und nicht zuletzt der Hafen das Bild. 1281 erstmals urkundlich erwähnt, war Zehdenick im Mittelalter von Bedeutung für den Handel, da sich hier die Havel gut überqueren ließ. Aus dieser Zeit stammt noch der Feldsteinunterbau des mächtigen Westturms der Stadtkirche. Von dem 1249 gegründeten Zisterzienserkloster kann man heute die Ruine besichtigen.

Gasthaus & Pension Zur Fähre
Märkische Küche, Havelblick.
Havelstraße 50
16775 Burgwall
Tel. (03 30 80) 6 02 44
www.gasthaus-zur-faehre-burgwall.de
Tgl. 9–23 Uhr

TOUR 75

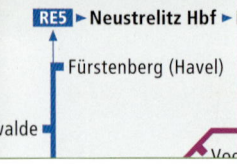

An- & Rückfahrt
RE 5 stündlich ab
Berlin Hbf
nach Fürstenberg
(ca. 1 Std.)

Stadtspaziergang & Wanderung
Fürstenberg/Havel –
Himmelpfort &
zurück

Länge
14 km hin & zurück

Karte ▸ Seite 30

Stadtkirche Fürstenberg

Fürstenberg/Havel

Zwischen den Seen

Die Stadt Fürstenberg liegt malerisch auf drei Inseln. Und sie bietet sich als Ausgangspunkt für schöne Touren in die wald- und seenreiche Umgebung an.

Fürstenberg liegt fast an der Grenze – an der Grenze zu Mecklenburg-Vorpommern. Auch darum nennt sich die 6000-Einwohner-Stadt gern „Tor zur Mecklenburgischen Seenplatte". Und das ist nicht gelogen: von Fürstenberg aus kann man auf dem Wasserweg die Seen des benachbarten Bundeslandes erreichen.

Fürstenberg wurde erstmals 1287 erwähnt. Die askanischen Markgrafen von Brandenburg nahmen in der ersten Hälfte des 13. Jahrhunderts das Fürstenberger Gebiet in Besitz. Sie ließen eine Burg als vorgeschobenen Stützpunkt errichten. In deren Schutz entstand eine deutsche Ansiedlung, die 1305 den Namen „Vorstenberge" erhielt. In späteren Jahrhunderten gehörte Fürstenberg zu Mecklenburg. Erst 1950 kam es zum Land Brandenburg, später gehörte es zum Bezirk Potsdam.

Fürstenberg war zu DDR-Zeiten Standort der Sowjetischen Streitkräfte in Deutschland. 1958 stationierte die Sowjetunion hier sogar für kurze Zeit zwei Abschussrampen mit sechs nuklearen Mittelstreckenraketen. Doch das ist nun schon lange her. Heute sind die Militärgelände längst geräumt, Sperrgebiete gibt es auch keine mehr. Stattdessen hat man freien Zugang zu allen drei Seen: Dem **Röblinsee** im Westen, dem **Baalensee** im Süden und dem **Schwedtsee** im Osten.

Aber bevor man sich auf einen der Seen begibt, lohnt auf jeden Fall ein Blick in die Altstadt: Am Marktplatz steht die eindrucksvolle neobyzantinische **Stadtkirche**. Rund um den Platz bestimmen kleine alte Gassen das Bild.

Klosterruine in Himmelpfort

Sehenswert ist auch das barocke **Schloss** gegenüber dem Stadtpark am Seeufer. Es soll zu einem Wellnesshotel umgebaut werden.

Am Ufer des Schwedtsees selbst kann man sich ein Ruderboot ausleihen und über die idyllischen Kanäle rudern, die die Seen der Stadt miteinander verbinden – sehr empfehlenswert!

Ein kurzer Ausflug führt von Fürstenberg zur **Gendenkstätte Ravensbrück** auf dem gegenüberliegenden Ufer des Schwedtsees. Dies lässt sich auch gut mit dem Ruderboot machen. Oder man durchquert zu Fuß den Ortsteil **Ravensbrück** und gelangt so zur Gedenkstätte. Hier befand sich zwischen 1938 und 1945 das größte deutsche Frauenkonzentrationslager. Heute erinnert eine eindrucksvolle Mahn- und Gedenkstätte an den Schreckensort.

5 Kilometer weiter liegt, von Seen umgeben, das idyllische Dörfchen **Himmelpfort.** Hier gründeten die Zisterzienser 1299 ein Kloster. Von der ehemaligen Klosteranlage existiert heute noch die efeubewachsene Ruine der Klosterkirche. In Richtung der Schleusenbrücke steht das im Jahr 2010 ausgebrannte Brauhaus mit seinem gegliederten Blendengiebel. Gegenüber liegt der sehenswerte Klosterkräutergarten. An der Kreuzung Klosterstraße/Zur Hasenheide finden sich Reste der alten Klostermauer (▸ Seite 30).

Gedenkstätte Ravensbrück
Tel. (03 30 93) 60 80
Okt.–Apr. Di–So 9–17,
Mai–Sep. 9–20 Uhr

JH Ravensbrück
Straße der Nationen 3
16798 Fürstenberg
Tel. (03 30 93) 6 05 90

TOUR 76

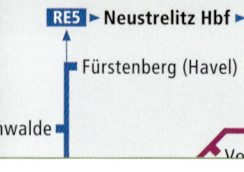

An- & Rückfahrt
RE 5 stündlich ab Berlin Hbf nach Fürstenberg (ca. 1 Std.)

(Rad-) Wanderung
Fürstenberg – Neuglobsow & zurück

Länge
24 km hin & zurück

Fischerei Stechlinsee
Einfache Fischgaststätte mit exzellentem Frisch- und Räucherfisch, am See.
Fischerweg 3
16775 Neuglobsow
Tel. (03 30 81) 7 04 22
www.fischerei-stechlinsee.de
Apr.–Okt. Di–So 10–18, Nov.–März
Fr–So 11–17 Uhr

Gaststätte & Pension Fontanehaus
Schöne Gaststätte in einer ehemaligen Glasmacherschenke. Wild- und Fischgerichte.
Fontanestraße 1
16775 Neuglobsow
Tel. (03 30 82) 64 90
www.fontanehaus.com

Stechlin

Der Große Stechlinsee

Er ist der tiefste und klarste See Brandenburgs – und auch der berühmteste: Theodor Fontane benannte einen Roman nach dem geheimnisumwobenen Gewässer.

Der **Große Stechlinsee**, wie er geografisch korrekt heißt, ist fast eine Art Mythos: Tief im Wald liegt er verborgen, abseits aller großen Straßen- und Schienenwege. Fast jeder hat schon einmal davon gehört, aber nur wenige machen sich auf den Weg, ihn zu besuchen. Um die besondere Lage und Ausstrahlung wirklich zu erleben, sollte man sich am besten mit dem Rad oder zu Fuß dem See nähern.

Dazu nimmt man von Füstenberg aus die kleine Straße nördlich des Röblinsees in Richtung Steinhavelmühle. Ab Steinförde führt die Route über einen Waldweg (blaue Markierung), teilweise in Sichtweise zum Peetschsee. Bei **Dagow** trifft man wieder auf eine Straße und von hier ist es auch nicht mehr weit bis Neuglobsow. **Neuglobsow** liegt nicht direkt am Stechlinsee, sondern versteckt sich hinter Buchen- und Nadelwald auf einer Anhöhe südöstlich vom See. Trotzdem ist der Ort so etwas wie das touristische Zentrum des Stechlin. Ferienhäuser, Bootsverleih, Campingplatz, Gaststätten und eine Badestelle werden geboten.

Neuglobsow lebte früher vor allem vom Fischfang und der Glasbläserei. Über letzteres Handwerk kann man sich in einen zum Museum umgestalteten, 225 Jahre alten Glasbläserhaus informieren. Auch soll sich der Name Stechlin vom slawischen Wort für Glas „steklo" herleiten. Unterhalb von Neuglobsow schimmert er bald durch den Wald. Der ganz von Buchenwäldern eingerahmte Stechlinsee hat etwas Dunkles und Faszinierendes.

Wer einen ruhigeren Badeplatz sucht, sollte ab Neuglobsow den Schildern zur Nordbucht folgen. Vorbei am Fischerhaus erreicht man die nördliche Ausbuchtung des Stechlin mit ihren abgelegenen Badestellen und der urwüchsigen Natur. Für eine Seeumrundung zu Fuß sollte man sich Zeit nehmen: Der Rundweg ist ca. 12 Kilometer lang.

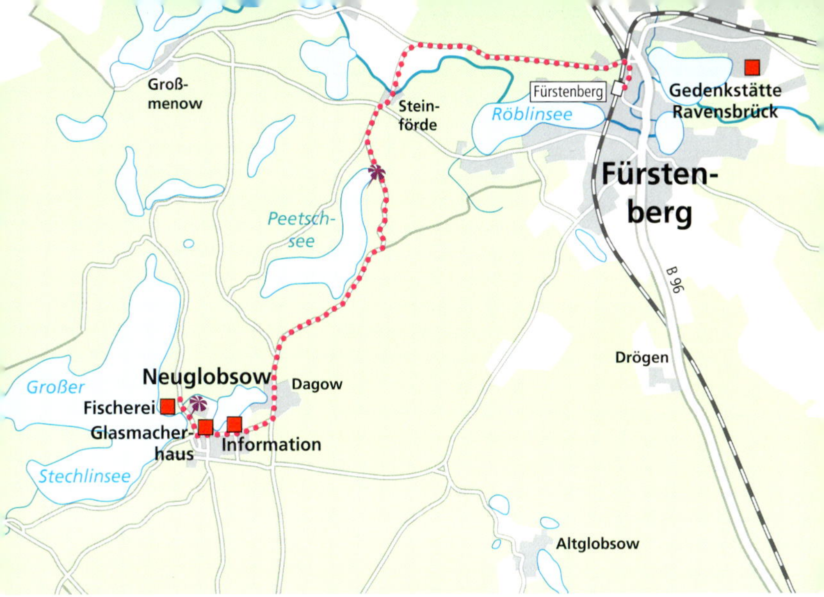

Mit seiner maximalen Tiefe von fast 70 Metern ist der Stechlin der tiefste See Brandenburgs. Entstanden ist er vor ca. 12 000 Jahren in der Eiszeit. Der Stechlin ist für seine exzellente Wasserqualität bekannt. Die Sichttiefe beträgt bis zu 11 Meter. Das Wasser hat Trinkwasserqualität.

Theodor Fontane gab seinem letzten Roman den Titel „Der Stechlin". Beschrieben wird das Schicksal eines Adelsgeschlechtes mit Namen Stechlin, das am Stechlinsee ansässig ist. Der Roman erschien 1899 und wurde zum Erfolg. Im Jahr 1975 wurde er vom NDR verfilmt. Noch unheimlicher geht es in der Sage vom Roten Hahn zu: Dieser kommt vom Grund des Stechlinsees herauf, wenn ein Fischer an einer ihm nicht genehmen Stelle fischt.

Der Rote Hahn ist bis heute das Wahrzeichen von Neuglobsow.

Natur pur am tiefsten See Brandenburgs

REGISTER

A

Alexandrowka 152
Altdöbern 112
Altenhof 13, 25
Althüttendorf 35
Altkünkendorf 35
Alt-Placht 28
Altranft 48
Altruppin 200
Angermünde 32, 35, 36
Archäologisches Landesmuseum Brandenburg 162
Arensdorf 59
Aussichtsturm Stützkow 39

B

Baa-See 49
Bad Belzig 146
Bad Freienwalde 46, 48
Bad Saarow 82, 84
Bad Wilsnack 188
Barfußpark 142
Barnim Panorama 10
Baruth 124
Baruther Urstromtal 124
Baumkronenpfad 142
Beelitz 144
Beelitz-Heilstätten 142
Beeskow 88
Behlendorf 59
Belvedere 152
Bergheider See 119
Bergholz 148
Binenwalde am Kalksee 201
Biosphärenreservat Spreewald 97
Bismarckturm 175
Blandikow 197
Blankensee 138
Bleyen 68
Blumberger Mühle 32
Bockwindmühle Wilhelmsaue 67
Böhne 171
Bölow 192
Boltenmühle 201
Brandenburg an der Havel 162
Brecht-Weigel-Haus 51
Brodowin 22
Bücherstadt 123
Buckow 50
BUGA 175, 180, 185
Burg Beeskow 89
Burg Eisenhardt 146
Burg Rabenstein 148
Burg Storkow 84
Bützer 171

C

Chorin 20
Cottbus 106
Criewen 39

D

Dagow 212
Dahme 137
Dennewitz 136
Diedersdorf 61
Diplomatentreppe 74
Dokumentationszentrum Alltagskultur DDR 93
Dornswalde 124

E

Eberswalde 16, 18
Eberswalder Zoo 17
Eichhorst 13
Eisenhüttenstadt 92

F

Falkenhagen 59
Familiengarten Eberswalde 16
Finowkanal 16
Finsterwalde 116
Fläming-Skate 128
Fontanestadt Neuruppin 198, 200
Förderbrücke F60 118
Forstbotanischer Garten 17
Frankfurt (Oder) 76, 86
Freundschaftsinsel 150
Friedrichsaue 65
Friesack 180
Fritze-Bollmann-Brunnen 164
Fürstenberg (Eisenhüttenstadt) 93
Fürstenberg/Havel 210

G

Gandenitz 28
Gatow 40
Gedenkstätte für die Opfer der Euthanasie-Morde 167
Gedenkstätte Seelower Höhen 61, 62
Gellmersdorf 36
Genschmar 68
Glashütte 124
Glau 140
Gollenberg 182
Golzow 64
Görne 180
Götz 160
Gransee 206
Grienericksee 205
Grimnitzsee 24, 35
Großer Stechlinsee 212
Großer Storkower See 84
Großer Treppelsee 91
Groß Neuendorf 70
Groß Schönebeck 12, 14
Grubo 148
Grumsiner Forst 35

H

Hagelberg 147
Hasenfelde 59
Havelberg 184
Heiligengrabe 196
Heinersdorfer See 59
Helenesee 87
Hermersdorf 54
Herzsprung 36
Himmelpfort 30
Hinzdorf 192
Hohenseefeld 137
Holländisches Viertel 151

I

Inselstadt Havelberg 184

J

Joachimsthal 24
Jüterbog 132, 136

K

Kähnsdorf 138
Karlslust 84
Kienitz 68
Klasdorf 127
Kleist-Museum 87
Kloster Chorin 20, 22
Kloster Lehnin 160
Kloster Zinna 134
Kostrzyn 72
Kristall Kur- und Gradiertherme 188
Krugberg 52
Kunstwanderweg 147
Kupferhammer 90
Küstrin-Kietz 68, 72

L

Landesgartenschau 2013 42
Lebus 75
Lehde 101
Lehnin 160
Letschin 66
Liepnitzsee 10
Lietzen 60
Löwendorf 141
Lübben 96
Lübbenau 100
Luckau 110
Luckenwalde 128
Lychen 28

214

REGISTER

M

Marga, Gartenstadt **115**
Märkische Schweiz **52**
Maxim-Gorki-Gedenkstätte **82**
Meelake **15**
Meseberg **207**
Meuro, Tagebaugebiet **115**
Meyenburg **39**
Milow **171**
Mixdorf **91**
Molchow **200**
Müllrose **90**
Müncheberg **58**
Münchehofe **54**
Mündesee **32**
Museum Barberini **150**

N

Nahmitz **160**
Nationalpark Unteres Odertal **38**, **40**
Nationalpark Warthemündung **73**
Naturpark Hoher Fläming **146**, **148**
Nauen **176**, **179**
Neuentempel **61**
Neuglobsow **212**
Neuhardenberg **54**
Neukünkendorf **36**
Neuruppin **198**, **200**
Neuzelle **94**
Niederfinow **18**

O

Oberuckersee **43**
Oderbruch **48**, **68**
Oderbruchbahn-Radweg **58**
Oder-Neiße-Radweg **76**
Optikpark Rathenow **175**

P

Papenbruch **197**
Park Branitz **108**
Parsteiner See **23**
Pehlitzwerder **23**
Petzow **158**
Pinnowseen **14**
Plattenburg **189**
Potsdam **150**
Potzlow **44**
Premnitz **171**
Premnitzer See **172**
Prenzlau **42**
Prignitz-Museum **185**

R

Raben **148**
Raddusch **104**
Radeland **125**
Ragower Mühle **90**
Rathenow **170**, **174**
Ravensbrück **31**, **211**
Reitwein **74**
Rheinsberg **202**
Rheinsberger See **205**
Rhinow **183**
Ribbeck **178**
Röpersdorf **44**
Rühstädt **192**
Ruppiner Schweiz **200**

S

Scharmützelsee **84**
Schenkenberg **160**
Schermützelsee **52**
Schiffshebewerk Niederfinow **18**
Schinkelkirche **56**
Schlaubetal **90**
Schlepzig **97**
Schloss
  Altdöbern **112**
  Baruth **124**
  Branitz **109**
  Cecilienhof **152**
  Charlottenhof **154**
  Finsterwalde **117**
  Freienwalde **47**
  Groß Schönebeck **12**
  Gusow **63**
  Jagdschloss Hubertushöhe **84**
  Lübben **96**
  Meseberg **207**
  Neuhardenberg **56**
  Petzow **158**
  Potsdamer Stadtschloss **150**
  Rheinsberg **202**
  Ribbeck **178**
  Rühstedt **193**
  Sanssouci **154**
  Wiepersdorf **136**
Schlosspark Neuhardenberg **57**
Schlosspark Wiesenburg **147**
Schlunkendorf **145**
Schmerwitz **147**
Schorfheide **12**, **34**
Schwedt **39**, **40**
Seddin **138**
Seehausen **44**
Seelow **62**, **68**
Seelübbe **45**
Senftenberg **114**
Senftenberger See **114**
Silberberg **83**
Slawenburg **104**
Slonsk **73**
Slubice **77**, **87**
Snowtropolis **115**
Sophienthal **65**, **68**
Spreewald **96**, **100**, **104**
Stecherschleuse **18**
SteinTherme Belzig **146**
Steintorturm **163**
Stendenitz **200**
Stölln **181**
Stolpe **36**
Storkow **84**
Stücken **139**

T

Templin **26**
Tierpark Kunsterspring **200**
Trebbin **141**
Treidelweg **18**
Tropical Islands Resort **80**

U

Uckersee **43**
Uckro **136**
Unteruckersee **43**
Ützdorf **11**

V

Vierraden **41**

W

Waldsiedlung **11**
Waldstadt **122**
Wandlitz **10**
Wandlitzsee **10**
Warenthin **205**
Weinberg **175**
Weißenberg **140**
Wendisch-Rietz **85**
Werbellinsee **13**, **24**
Werder **156**
Wiesenburg **147**
Wildpark Johannismühle **127**
Wildpark Schorfheide **12**
Wittenberge **190**
Wittstock **194**, **196**
Wolletz **35**
Wollup **65**
Wünsdorf **122**
Wustrow **90**

Z

Zechin **65**
Zechlinerhütte **205**
Zehdenick **208**
Zermützel **200**
Ziegeleimuseum Glindow **157**
Ziegeleipark Mildenberg **208**
Zollchow **44**
Zützen **39**

IMPRESSUM

Liebe Leserinnen und Leser,

alle Angaben in diesem Ausflugsführer sind gewissenhaft geprüft. Trotz gründlicher Recherche unserer Autorinnen und Autoren können sich manchmal Fehler einschleichen. Wir bitten um Verständnis, dass der Verlag dafür keine Haftung übernehmen kann. Über Hinweise, Berichtigungen und Ergänzungsvorschläge freuen wir uns jederzeit.

via reise verlag
Lehderstraße 16–19
13086 Berlin
post@viareise.de
www.viareise.de

© via reise verlag Klaus Scheddel
10. vollständig überarbeitete und aktualisierte Neuauflage, Berlin 2018
ISBN 978-3-945983-50-8
Alle Rechte vorbehalten

Herausgeber
Klaus Scheddel

Text und Recherche
Reiner Elwers, Maja Kunze, Andrea Kuserau, Harald Lachmann, Anna Peters, Birgit Reiß, Klaus Scheddel, Christiane Thiel, Indre Zetzsche

Recherche und Aktualisierung 2018
Klaus Scheddel

Redaktion
Kristina Becker

Layout und Gestaltung
Annelie Krupicka

Kartografie
Carlos Borrell, Berlin
Tanja Onken (via reise verlag)
Annelie Krupicka (via reise verlag)

Druck
Ruksaldruck, Berlin

MIX
Papier aus verantwortungsvollen Quellen
FSC® C104247

Fotos
Klaus Scheddel, außer:
ArTo/Fotolia 83; babelsberger/Fotolia 133, 157; Borchert, Jan 97; BUGA GmbH 175; CeHa/Fotolia 195; Cottbus Service 107; elxeneize/Fotolia 145; Familiengarten Eberswalde 17; Fontanestadt Neuruppin 199; Gedenkstätte Seelower Höhen 63; gemeinfrei 73; ginton/Fotolia 190/191; Handke, Elke/PIXELIO 101; Handke, Rolf/PIXELIO 165, 210; Henry Czauderna/Fotolia 98; Künstlerhaus Schloss Wiepersdorf 137; Kultur- und Tourismusamt Märkische Schweiz 51; Lachmann, Harald 139, 140; Makrodepecher/PIXELIO 113; Pernack, Ralf/PIXELIO 4 (4. v. o.), 103; Pixabay 122; pure-life-pictures/Fotolia 135; Schulz, Armin/Fotolia 185; Schulz, Lienhard 124; Stadtmarketing Bad Wilsnack 189; Thomas Jablonksi/Fotolia 4 (3. v. o.), 56; Tilo Grellmann/Fotolia 38, 44–45; TMB Fotoarchiv Steffen Lehmann 1; TMB Fotoarchiv Matthias Schaefer 21; Tourismus-Marketing Brandenburg GmbH 4 (2. v. o.), 5 (3. v. o.), 7, 22, 33, 35, 92, 105, 117, 129, 131, 149, 203; Tourismusverband Havelland e. V. 3 (o.), 120–121, 182; traveldia/Fotolia 111; travelguide/Fotolia 161; Tropical Islands 81; Udo Kruse/Fotolia 179; Verein Glashütte e. V. 125; Wallroth, Sebastian 75; Wattenberg, Uwe/PIXELIO 95; Wiebrecht, Ulrike 2 (o.), 3 (u.), 5 (4. v. o.), 8–9, 29, 47, 69, 70, 186–187, 205, 211, 213; Wildpark Johannismühle 127; Ziegeleipark Mildenberg 209.

Umschlagfoto vorn: Blick auf den Rhin bei Molchow (Ulrike Wiebrecht)

Umschlagfoto hinten: Auf dem Fläming-Skate (Kreisverwaltung Teltow-Fläming, Redaktion Fläming-Skate)